Bo Coolsaet & Erlend Hamerlijnck

Liebe, Lust und was wirklich zählt

Die Wiederentdeckung der Sinnlichkeit

Aus dem Niederländischen von Marlene Müller-Haas
und Diete Oudesluijs

Kiepenheuer & Witsch

1. Auflage 2001

Titel der Originalausgabe: *Het Masker is de ziel. Gesprekken over de liefde.*
Aus dem Niederländischen von Marlene Müller-Haas und Diete Oudesluijs.

Umschlaggestaltung: Philipp Starke, Hamburg
Umschlagfoto: © photonica/Barnaby Matt
Gesetzt aus der Times (Berthold)
bei Kalle Giese, Overath
Druck und Bindearbeiten: Franz Spiegel Buch GmbH, Ulm
ISBN 3-462-02983-5

Inhalt

Vorwort

In meinem ersten Buch »Der Pinsel der Liebe« habe ich in einer Reihe von Gesprächen mit meinem Freund Laurens De Keyzer die Eigenschaften und Eigenarten der männlichen Geschlechtsorgane beschrieben. Leben und Werk des Penis sind untrennbar mit dem Leben und Werk des Mannes und seinem weiblichen Anteil verbunden. In vielen Ländern wurde das Buch zum Beststeller.

Leser, Patienten und Freunde baten mich, die Maske, die der Mann in unserer heutigen Gesellschaft trägt, ein wenig genauer zu beschreiben. Dies habe ich in wöchentlichen Gesprächen mit Erlend Hamerlijnck getan. Meine Antworten auf seine und auf die Fragen Hunderter Leserinnen und Leser einer großen belgischen Tageszeitung spiegeln meine Erfahrung mit Patienten, meine Studien und meine Überlegungen wider. Auch Organspezialisten wie etwa Urologen werden sich in Zukunft nicht ausschließlich mit den biologischen Systemen des Menschen befassen können.

Der cartesianische Dualismus zwischen dem innersten Ego und der es umgebenden Welt gehört der Vergangenheit an. Die Auffassungen vom Menschen sind einem tief greifenden Wandel unterworfen. Er ist kein nackter Affe, der aus der großen Lotterie der natürlichen Auslese hervorgegangen ist. Der Mensch hat Eigenschaften und Motive, die weit über seine biologischen Anlagen hinaus gehen. Die Musik Bachs ist nicht durch natürliche Auslese entstanden. Das Individuum wird heute immer mehr als aktives Persönlichkeitssystem betrachtet, bei dem vor allem drei Gruppen von Faktoren eine Rolle spielen.

Bei der sexuellen Befruchtung bekommt jeder Mensch ein Genom mit, eine Sammlung von mehr als hunderttausend Genen. Für jedes Individuum ergibt sich daraus ein einzigartiges Mosaik. Aber die Gene sind keine träge Masse. Wie sich die Erbanlagen auswirken, hängt von externen

Faktoren ab. Beispielsweise wird die Persönlichkeitsentwicklung schon ganz von Beginn an von Erfahrungen und Reflexen beeinflusst. Die Erfahrungen mit den Eltern prägen die Art des späteren emotionalen und sexuellen Erlebens in besonderem Maße. Der Mensch unterliegt ständig dem Einfluss seiner Umwelt und seiner Mitmenschen. Das ganze System der Werbung baut darauf auf. Doch zum Glück kann der Mensch auch sein persönliches, inneres, dynamisches System bewahren, das zu einem gewissen Grad eigene Freiheit ermöglicht.

Diese drei Systeme bestimmen, wie jedes Individuum in einer konkreten kulturellen Situation seine Identität und seine Beziehungen erlebt. Beobachter haben wenig Zweifel am »Sinken der Kurve«, an der Dekadenz der westlichen Kultur. Vieles richtet sich heute auf das unmittelbare Erleben von Genuss, es fehlt ein Bewusstsein für den Mangel, der Langeweile mit sich bringt und eine immer größere Steigerung von Reizen erzwingt. Auf die Weise ist ein extremer Individualismus entstanden. Männer und Frauen, die in Paarbeziehungen leben, machen eine Identitätskrise durch. Niemand weiß, wie sich die westliche Kultur entwickeln wird. Doch manche Tendenzen lassen sich schon erahnen. So rechnet man mit einer Verschmelzung der östlichen und westlichen Kulturen. Dazu wird gewiss auch die stürmische Entwicklung der neuen Kommunikationssysteme beitragen. Und es hat den Anschein, als ob sich innerhalb der neuen Kulturen auch neue Liebesszenarien entwickeln werden, in denen sich Männer und Frauen ebenbürtig und gleichermaßen emanzipiert in bindender Freiheit lieben können.

Meinen Freunden und Kollegen danke ich für ihre Hilfe und Unterstützung während meiner Entdeckungsreise durch diese sich ständig neu verzweigenden Labyrinthe. Auch Fragen von Journalisten, Patienten und Lesern haben oft meine Einsicht in diese komplexe, kaum entwirrbare Materie vertieft, in der es mehr als nur eine Wahrheit gibt.

Männerängste und Frauentrümpfe

Mit einer duftenden Tasse Kaffee und einem Stück Kuchen setze ich mich zu Bo Coolsaet an den Schreibtisch. Nach dem überwältigenden Erfolg seines Buches »Der Pinsel der Liebe« haben wir uns vorgenommen, einmal ausführlich über die Liebe zu sprechen. Heute führen wir das erste einer langen Reihe von Gesprächen über Liebesbeziehungen, Sinnlichkeit, Sexualität, und über das scheinbar endlose Ringen um Normen und Phantasien, Ehe, Scheidung und Elternschaft, über die Art, wie wir unser Leben organisieren, und das Bild, das wir jungen Menschen weitergeben. Zunächst skizziert Bo Coolsaet ein allgemeines Bild der Themen und Probleme in der Beziehung zwischen Männern und Frauen im ausgehenden zwanzigsten und zu Beginn des einundzwanzigsten Jahrhunderts.

Die Befreiung der Frau ist für mich die wichtigste Entwicklung auf dem Weg ins einundzwanzigste Jahrhundert. Seit vor zehntausend Jahren die Städte entstanden sind, unterdrückt der Mann die Frau. Er hat sie sozial-ökonomisch wie in der Intimbeziehung ausgebeutet, manchmal in sehr extremer Weise. Darauf hat die Frau zwar reagiert, anfangs wurde das jedoch nicht zur Kenntnis genommen. Dann kam es aber zu dieser Explosion technologischer und wirtschaftlicher Entwicklung, zu der auch die Antibabypille gehört. Die Pille hat die Frau befreit, indem sie sie vom Zwang der Fortpflanzung befreit hat.

Willst du damit sagen, dass der wissenschaftliche Fortschritt für die Befreiung der Frau wichtiger war als die Frauenbewegung und alles was mit ihr zusammenhängt?
In der Tat, im Grunde haben die Männer die Befreiung der Frau möglich gemacht. Der Mann hatte das nicht so geplant; er hat die Pille sicherlich aus purem Eigennutz entwickelt.

Aber die Frauen haben die Pille brav geschluckt und sich so vom Zwang zur Fortpflanzung befreit. Und allmählich wurden sie sich ihrer Möglichkeiten bewusst. Denn der Mann hat immer behauptet, nur er sei intelligent und kreativ, und deshalb solle die Frau tun, was er ihr befiehlt. Als sie endlich eine Chance bekam, entdeckte die Frau jedoch, dass sie mindestens genauso viel kann wie der Mann und manches sogar besser. Sie hat ihre Energie genutzt, um sich einen Platz neben dem Mann zu erobern.

Noch immer wehren sich die Männer gegen diesen Prozess, auch weil sie merken, dass die Frau Qualitäten besitzt, die es dem Mann, sogar im Berufs- und Geschäftsleben, ziemlich schwer machen werden. Frauen haben eine empathische Gabe, ein Einfühlungsvermögen, das es ihnen erleichtert, gut mit anderen Menschen - Mitarbeitern wie Kunden - umzugehen. Mit ihrer Intelligenz und ihrem Geschäftssinn sind sie besonders geeignet, Unternehmen zu führen.

Haben Frauen denn andere Eigenschaften als Männer? Heutzutage sind Mann und Frau doch gleich?
Die Geschlechter sind nicht gleich, sie sind gleichwertig. Im Lauf der menschlichen Evolution, die Millionen Jahre gedauert hat, entwickelte die Frau andere Eigenschaften als der Mann; sie hatte ja auch völlig andere Aufgaben. Mit seinen Eigenschaften, die der Mann aus der Urzeit behalten hat - der Muskelmasse, den schweren Knochen, seiner Aggressivität, dem Dominanzgefühl, dem Jagdinstinkt -, kann der Mann in der heutigen Arbeitswelt nicht mehr viel anfangen. Daher gerät er in dieser Hinsicht im Vergleich zur Frau in eine unterlegene Position. Denn sie profitiert nun von den Eigenschaften, die sie im Laufe der Evolution entwickeln konnte. Aber auch sie hat eine »Behinderung«, obwohl diese zugleich ein unerhörtes Geschenk der Natur ist: Sie kann schwanger werden, sie kann ein Kind gebären und muss für das Kind sorgen. Hier beginnt für die Frau der große Konflikt. Meist kann sie eine Spitzenfunktion in einem Unternehmen nicht damit vereinbaren, jedes Jahr

oder alle zwei Jahre Kinder zu bekommen. Das stürzt moderne Frauen in große Konflikte.

Sie müssen sich zwischen Kind und Karriere entscheiden.
Viele Frauen versuchen, beides zu kombinieren. Eine Frau kann sich entscheiden, früh Mutter zu werden und ihre Kinder einer Tagesmutter anzuvertrauen. Sie muss ihrem Kind nicht unbedingt selbst die Brust geben und es erziehen. Babynahrung hat die Muttermilch ersetzt. Die Mutter bringt das Kind zur Krippe und überlässt die Erziehung anderen. Mutter und Vater arbeiten ganztags, um ihre Stellvertreter bezahlen zu können und noch etwas fürs Leben übrig zu behalten. Eine andere Möglichkeit besteht darin, dass die Frau ihren Kinderwunsch aufschiebt. Heute kann sie selbst über das biologische Fortpflanzungsalter hinaus noch Kinder bekommen. Zur Zeit gibt es viele junge Frauen, die sich Eizellen entnehmen und sie anschließend einfrieren lassen. Über diese Praxis wird unter sozialen und ethischen Gesichtspunkten heftig debattiert, aber im Grunde ist die Tendenz nicht mehr aufzuhalten. Es wird so vieles eingefroren, warum sollte eine Frau ihre Eizellen nicht konservieren dürfen, bis sie und ihr Partner der Meinung sind, dass es nun Zeit zum Kinderkriegen ist? Die technischen Möglichkeiten sind vorhanden und werden ständig erweitert. Wir dürfen uns dieser Entwicklung nicht entgegenstellen, weil sie mitentscheidend ist für die Freiheit der Frau.

Die Kinder müssen dann eben mit alten Eltern zurechtkommen.
Ich weiß nicht, ob das prinzipiell schlecht ist. Ich kenne Menschen, die sehr spät Kinder bekommen haben, und ich weiß, dass sich ihre Kinder mit ihnen wohl fühlen. Solche Eltern nehmen sich im Allgemeinen sehr viel Zeit. Sie schenken dem Kind besondere Fürsorge. Sie sind mit sich im Gleichgewicht und haben eine gewisse Zärtlichkeit entwickelt; sie gehen völlig anders mit dem Kind um als jüngere Eltern, die ständig arbeiten. Vielleicht bekommt dieses Kind im Lauf der Erziehung mehr Kenntnisse und Emotionalität mit als

Kinder von jungen Paaren, in denen beide Partner eine Karriere verfolgen. Für das Kind ist das also nicht unbedingt eine schlechte Situation, und für die Eltern auch nicht. Bei Menschen mit Lebenserfahrung beobachte ich ein sehr gut entwickeltes Elterngefühl. Man sieht, dass sie wirklich glücklich sind. Ihr Glück ist nicht vorgetäuscht, wie es bei vielen jüngeren Paaren der Fall ist, die häufig von der Familie zu diesem »Glück« gedrängt werden. Oft sind es die Schwiegermütter, die sich das Kind wünschen und dann alle möglichen bürgerlichen Feste organisieren.

Jede Schwiegermutter ist doch entzückt, wenn sie Großmutter wird?
Natürlich ist ein Enkelkind wichtig für die Großeltern. Und bei älteren Paaren gibt es oft gar keine Großeltern mehr. Aber bei jüngeren Paaren können sich die Großeltern oft auch nicht um die Enkelkinder kümmern, weil sie isoliert in Altersheimen leben. Wie auch immer, die Elternschaft im späteren Alter hat eine Reihe von Vorzügen. Sie lässt der Frau die Freiheit zu tun, was sie möchte, und dem Mann gibt sie die Chance, sich mehr Zeit für sein Kind zu nehmen. Meist steht er dann auf dem Höhepunkt seiner Karriere oder hat ihn gerade hinter sich. Er kann sich auf seine Vaterschaft einlassen. Erwiesenermaßen haben nur sehr wenige Kinder eine intensive emotionale Bindung zu ihrem Vater, ganz einfach, weil dieser Vater nie da ist.

Wenn nun die Mutter ebenfalls ständig fehlt, ist die Katastrophe komplett. Ich denke, dass viele Frauen, die heute bewusst an ihrer Karriere arbeiten, nach einiger Zeit gern darauf verzichten werden. Ich glaube, dass Frauen mit zwanzig oder fünfundzwanzig Jahren Berufserfahrung in der Wirtschaft froh sein werden, wenn sie aussteigen können, um ein Kind zu bekommen. Und ich denke, dass sie dann, mit dem Kind und dem alternden Mann, noch eine sehr schöne gemeinsame Zeit verbringen können. Ich schließe also keineswegs aus, dass ältere Paare eine Familie gründen. Es gibt sogar Argumente, die dafür sprechen.

Aber ältere Menschen sterben früher. Einen jungen Vater sieht man vielleicht selten, aber es könnte sein, dass man den älteren Vater plötzlich ganz verliert.
Das ist die Kehrseite der Medaille. Bei jüngeren Paaren gibt es dagegen mehr Scheidungen. Wie oft junge Paare auseinander gehen, das ist im Augenblick wirklich dramatisch. Die Gesellschaft muss heute mit einer sehr großen Zahl von Alleinerziehenden leben. Das allein wäre ja vielleicht noch akzeptabel. Wir sind jedoch auch von Familien umgeben, in denen zwischen den Eltern eine feindselige Stimmung herrscht, beispielsweise wegen einer schlecht verlaufenden Trennung. Das ist für ein Kind noch viel schlimmer, also ein weiteres Argument für die Erfüllung des Kinderwunsches im höheren Alter.

Für die Frau ist das doch nicht ohne Risiko?
Das war früher so. Heute stehen uns Mittel zur Verfügung, um die Risiken zu verringern oder nahezu auszuschließen. Aber es ist de facto so, dass ein älterer Vater oder eine ältere Mutter erkranken und schließlich ganz wegfallen kann. Wenn einer der beiden nach einer glücklichen Zeit nicht mehr da ist, hat das jedoch eine ganz andere Dimension als bei einer unerfreulichen Scheidung. Ich denke, dass eine schlecht verlaufende Trennung so ziemlich das Schlimmste ist, was einem Kind passieren kann. Leider kommt Derartiges sehr häufig vor.

Aber wir haben über die Wahlmöglichkeiten der Frau gesprochen, über ihre Freiheit.
Es gibt Frauen, die sich für ihre sozial-ökonomische Position entscheiden. Alle Untersuchungen zeigen, dass Frauen mindestens ebenso gute Studienergebnisse erzielen wie Männer. Sie können relativ problemlos Karriere machen. Obwohl der Markt begrenzt ist und die Männer seit eh und je die besten Stellen bekommen und auch versuchen, diese Situation beizubehalten, stellt sich heraus, dass Frauen mit Leichtigkeit dennoch einen Teil dieser Ränge erobern. Dann kann die Frau ihre Beziehung auf ihre sozial-ökonomische

Position abstimmen: Sie kann sich für einen einzigen Partner entscheiden; sie kann wechselnde Partner haben; sie kann eine feste Beziehung eingehen, diese jedoch auf rekreative Sexualität beschränken, also auf eine Sexualität, die nicht auf die Zeugung von Kindern abzielt; sie kann planen, früher oder später eine Familie zu gründen. So kann sie in aller Freiheit selbst bestimmen, wie sie ihr Frausein erleben möchte. Vielleicht möchte sie auch in erster Linie Mutter sein. Selbst wenn sie über alle intellektuellen Vorzüge verfügt, kann sie sich dennoch für Mann und Kinder entscheiden. Dann wird sie einen Mann suchen, der in ihren Augen ein guter Vater sein wird; mit diesem Lebensentwurf kann sie rundherum glücklich werden. Manche glauben, ich würde für die Rückkehr der Frauen an den Herd plädieren – aber ich plädiere nur für die freie Entscheidung der Frau. Ich möchte, dass Frauen, die sich bewusst für Kinder und Familie entscheiden, mindestens ebenso respektiert werden wie Frauen, die ein Unternehmen führen.

»Mindestens«, sagst du. Die Frau am Herd wäre also das bessere Modell?
Nein, darüber möchte ich nicht urteilen. Wir leben heute in einer Zeit, in der eine Frau, wenn sie es möchte, die Macht erobern kann, die ihr so lange vorenthalten wurde. Auf bestimmten Posten wird sie von den Männern noch auf Distanz gehalten, aber das wird nicht mehr lange währen. Mich beschäftigt die Frage, ob sich die Frau langfristig wirklich für die Macht entscheidet. Möglicherweise ist es Teil ihrer Weiblichkeit, sich nicht in sinnlosem Machtstreben verlieren zu wollen. Jeder wünscht sich das, was er nicht hat. Ich frage mich, wie eine Frau reagiert, wenn sie von der Macht gekostet hat; wenn sie weiß, was es heißt, Politikerin zu sein, Tag und Nacht zu arbeiten oder sich dem Stress eines Geschäftsführerjobs auszusetzen. Frauen haben das vollste Recht zu beweisen, dass sie alles ebenso gut können wie die Männer. Aber ich denke – und die Zukunft wird zeigen, ob ich Recht behalte –, dass viele Frauen, die so scharf auf Männerfunktionen waren, durchaus freiwillig darauf verzichten

werden, sobald sie einmal wissen, was diese Entscheidung wirklich bedeutet. Ich denke, und ich stehe damit nicht allein, dass sich die Frau wieder auf ihre Weiblichkeit besinnen wird; aber dann ohne Zwang.

Wenn der Mann bis dahin nicht schon gesagt hat: »Lasst die Frauen doch machen. Ein Leben ohne Stress ist recht bequem und besser für's Herz«.

Ich denke tatsächlich, dass manche Männer es gar nicht negativ sehen, wenn ihre Frau eine hohe Position in der Wirtschaft oder in der Politik einnimmt. Sie werden allmählich die Hausmann- und sogar die Vaterrolle übernehmen. Warum sollte ein Mann nicht seine Vaterrolle annehmen? Denn was ist der Kern unserer heutigen großen Krise? Der Mann ist den ganzen Tag damit beschäftigt, die Pyramide der Macht zu erklimmen. Er ist tagaus, tagein damit beschäftigt, mehr Geld, mehr Macht, mehr Ansehen zu erwerben. Bei vielen Paaren hat die Frau ebenfalls diesen Weg eingeschlagen. Keiner hat mehr Zeit für den anderen und die eventuell vorhandenen Kinder. Beide Partner, die sich nahezu unabhängig voneinander in der Wirtschaftspyramide abarbeiten, kommen nach Hause, und dann ist auch dort noch alles Mögliche zu erledigen. Sind Kinder in der Familie, dann werden die noch schnell mit einer Sturzflut von Aufmerksamkeit überschüttet. Nur scheint eine solche geballte Emotionalität nicht gerade optimal zu sein. Mann und Frau entfremden sich, weil sie keine Zeit füreinander finden, weil sie sich keine Zeit füreinander nehmen. Und Zeit ist eine der Grundvoraussetzungen für die Liebe. Wenn sie keine Zeit füreinander haben, dann haben sie auch einen grundsätzlichen Mangel an Liebe, selbst wenn sie sich gern mögen und sich mit den besten Absichten halb zu Tode schuften.

Bei der Frau führt das fast mit Sicherheit – ich sehe es täglich – zu einer bestimmten Form von Frigidität. Diese Frau ist meilenweit von der ursprünglichen arbeitsteiligen Gemeinschaft mit ihrem Partner entfernt. Sie sieht ihn so gut wie nie und hat nur noch eine geringe emotionale Bindung zu ihm. Wenn sie müde nach Hause kommt, entsteht keine Sinnlichkeit. Vielleicht gibt es schnellen Sex, bei dem sie sich oft kaum engagiert. Und das alles wird bei der Frau nur zu mangelndem Interesse führen, zu Distanz und - ein wenig grob und extrem formuliert - zu Frigidität.

Wenn wir von Liebe sprechen, meinen wir oft nur Sex. Hat das, was du jetzt beschreibst, damit zu tun, dass wir die Begriffe Sex und Liebe miteinander verwechseln?
Liebe hat natürlich mit Sexualität zu tun, aber man kann beides nicht gleichsetzen. Es gibt Paare, die sehr gern zusammen sind und sich innig lieben, aber kaum ein Bedürfnis nach Sexualität verspüren. Bei anderen Paaren spielt die Sexualität die Hauptrolle und ist von Liebe kaum die Rede. Diese beiden Extreme kommen vor. Natürlich ist ein Gleichgewicht am besten; und glücklicherweise gibt es solche Beziehungen tatsächlich auch.

Wird eine Frau, die ein Defizit in ihrer Beziehung spürt, nicht an anderer Stelle nach dem suchen, was ihr fehlt?
Eine solche Frau kann tatsächlich untreu werden. Frauen, die Macht gewinnen und den zärtlichen Kontakt zu ihrem Mann verlieren, werden versuchen, ihren Wunsch nach Intimität oder Sexualität anderswo zu befriedigen. Sie fühlen einen Druck, der sie aus der Partnerschaft hinausdrängt und in die Untreue treibt.

Auch der Mann hat ein Bedürfnis nach Wärme, Sinnlichkeit und Sexualität. Wenn beide, Mann wie Frau, in die falsche Richtung gehen, weg von der Zweisamkeit und der Liebe, wird auch der Mann sich weniger für seine Frau interessieren, wird auch er nicht mehr von ihr sexuell angezogen. Er nimmt sich keine Zeit mehr, ihr zuzuhören, sie zu riechen, sie zu streicheln. Und seine Sexualität beschränkt sich auf den flüchtigen Geschlechtsakt mit schnellem Samenerguss. Bei dieser Art von schnellem Sex nimmt der Mann oft keine Rücksicht auf die Gefühle seiner Frau. Ob sie einen Orgasmus erlebt, interessiert ihn herzlich wenig, es schmeichelt höchstens seiner Männlichkeit.

Kennt der Mann die Frau eigentlich? Weiß er, was sie sucht? Ist nicht der Mangel an Einsicht in das, was die Frau bewegt, die Ursache für die ganze Aufregung um Viagra?
Ich glaube, das eine hat nichts mit dem anderen zu tun. Erstens gibt es Männer, die Viagra einnehmen, weil sie es brauchen. Der Hersteller hat die Pille entwickelt, um Männern mit Potenzstörungen zu helfen - bei minimalen Nebenwirkungen. Für manche Männer ist Viagra der letzte Strohhalm, an den sie sich klammern, weil ihnen klar wird, dass sie nicht nur auf der Ebene von Macht und Ansehen viel weniger bedeuten, als sie selbst dachten. Sie haben sich ein Bild von sich gemacht und es der Frau aufgedrängt. Nun glauben sie, sie hätten ein Mittel gefunden, um dieses falsche Bild doch noch wahr werden zu lassen. Viagra kann Männern mit bestimmten Problemen helfen. Aber wenn ein Mann glaubt, er könne durch die Einnahme von Viagra die Frau wieder dominieren, dann ist sein Scheitern vorprogrammiert. Viagra mag seinen Penis härter werden lassen, aber den Mann selbst ändert es nicht.

Frauen warten also nicht unbedingt auf die Supererektion?
Natürlich nicht. Auch Karrierefrauen sehnen sich in erster Linie nach Sinnlichkeit, nach Zärtlichkeit, aber auch nach einem echten Mann, einem Mann, der sensibel und zärtlich ist, aber kein Schwächling. Im Gegenteil. Eine Frau will einen Mann, der sich wirklich als Mann fühlt, der seine Grenzen eingestehen kann, der aber auch seine Stärken kennt.

Also doch ein starker Mann?
Ein echter Mann, darum geht es. Daher ist es so wichtig, dass ein Mann weiß, was ein Mann ist. Der Mann ist über die Stränge geschlagen. Er hat sich verhoben, sozial-ökonomisch wie in der Intimität und in der Sexualität. Er weiß selbst nicht mehr, wer er ist und was er kann. Er weiß nicht, was seine Möglichkeiten sind, wie sich sein Körper entwickelt und altert. Als ich »Der Pinsel der Liebe« geschrieben habe, wollte ich genau darüber Klarheit herstellen.

Heute kann sich auch die Frau über die biologischen Eigenschaften des Mannes kundig machen. Heute braucht auch sie keine zu hohen oder zu niedrigen Erwartungen mehr zu haben.

Vom Materialismus

Um zu erkennen, was heute zwischen Mann und Frau vor sich geht, und um die Ursache der vielen Konflikte zwischen ihnen zu begreifen, ist es nützlich, die Unterschiede zwischen Mann und Frau zu kennen und zu wissen, wie die Evolution die so genannten typisch männlichen bzw. weiblichen Eigenschaften hervorgebracht hat. In der Ruhe seines Arbeitszimmers erzählt Bo Coolsaet vom Ursprung und von der Zukunft der Menschen. »Seit etwa vier Milliarden Jahren gibt es Leben auf der Erde«, sagt er. »Krustentiere gibt es seit etwa anderthalb Milliarden Jahren, und der Mensch hat sich erst vor etwa fünf Millionen Jahren von den Schimpansen und Bonobos losgelöst. Der Orang-Utan existiert seit etwa sieben, der Gorilla seit etwa neun Millionen Jahren. So gewaltig sind die Unterschiede also nicht.«

Der Unterschied zwischen dem Menschen und seinem nächsten Verwandten, dem Bonobo, ist wirklich minimal. Er macht, grob gesagt, etwa zwei Prozent des Erbguts aus. In der Urzeit, die etwa fünf Millionen Jahre gedauert hat, haben sich Mann und Frau ganz allmählich ihren Aufgaben entsprechend entwickelt. Der Mann ging auf die Jagd; dafür war er mit seinen etwa fünfundzwanzig Prozent mehr Muskeln geeigneter als die Frau. Er hat auch einen stärkeren Knochenbau. Bei der Jagd hat er gelernt, zu planen und Risiken einzugehen. Er entwickelte Aggressivität und Dominanzgefühl. Diese Eigenschaften musste er besitzen oder entwickeln, um ein guter Jäger zu sein. Die Frau blieb sesshaft, in der Nähe der Hütte oder der Höhle. Sie brauchte Fettreserven, weil sie gewisse Zeiten ohne Nahrung überleben musste. Durch die Lokalisierung der Fettansammlungen in Höhe der Brüste und der Hüften bekam sie die für den Mann attraktiven runden Formen. Ihre Fettreserven dienten also auch dazu, den Mann zu verführen.

Warum gingen die Frauen nicht mit auf die Jagd?

Die Frau hatte eine andere Aufgabe, die natürlich mit dem Fortbestand der menschlichen Art verbunden war. Nur sie kann schwanger werden und Kinder gebären. Um die Kinder zu gebären und großzuziehen, blieben die Frauen in der Nähe der Wohnstätte. So entstanden lokale Gemeinschaften mit Frauen an der Spitze. Dabei entwickelte die Frau im Laufe der Evolution ihre Sprachgewandtheit und eine besondere soziale Kompetenz. In den Gemeinschaften gab es keine ernsthaften Auseinandersetzungen, keine großen Konflikte oder zumindest keine Kämpfe. Die Frauen regelten alle Angelegenheiten in Harmonie und Solidarität. Die Kinder wurden erzogen; die in der Umgebung gesammelte Nahrung wurde geteilt; Frauen stellten die Kleidung her, entwickelten Geschick und Feinfühligkeit.

Mann und Frau erwarben also in fünf Millionen Jahren unterschiedliche Eigenschaften, die für den Menschen als Art außerordentlich nützlich waren. Mit der Entstehung des Ackerbaus begannen die Männer in der Nähe der Wohnungen Pflanzen zu kultivieren und blieben deshalb über längere Zeiträume hinweg zu Hause. Weil nun die Nahrungsmittel in der Nähe der Wohnstätten zu finden waren, zogen auch die Tiere dorthin. So entstand die Viehzucht. Die Männer begannen Tiere zu züchten und konnten daher auf die Jagd verzichten. Einige von ihnen begannen Handel zu treiben mit dem, was sie selbst produziert hatten. Aus der Kombination von Ackerbau, Viehzucht und Handel entstanden Dörfer und später Städte. Die Entstehung der Städte war auch der Beginn der männlichen Vorherrschaft.

Der Mann besaß ja die physische Kraft, und in der Urzeit hatte er ein Dominanzgefühl entwickelt. Er glaubte, über die Natur zu herrschen, und die Frau war für ihn Teil dieser Natur. Weil er dominant war, verdrängte er die Frau von ihrem Platz in den lokalen Gemeinschaften. Er nahm ihr Gemeinschaftsaufgaben ab und drängte sie mit ihren Kindern ins Haus zurück. Der Frau blieben nur noch die Kindererziehung und die sexuelle Dienstleistung für den Mann. Das ging etwa zehntausend Jahre so. Zehntausend Jahre lang lag nahezu die gesamte Macht in der Hand der Männer. Zehntausend Jahre lang haben sie Pyramiden der Macht errichtet.

Ein Mann an der Spitze und andere Männer unter ihm?
Ja, nicht nur Frauen wurden in eine untergeordnete Position gedrängt. Kluge Männer ließen die Arbeit von anderen Männern verrichten, das beste Beispiel dafür ist die Sklaverei. Und die klassische Form der Sklaverei wurde im Rahmen der industriellen Entwicklung zu einem System der Industriesklaven. Die schlimmsten Auswirkungen der männlichen Machtpyramiden sind heute vielleicht nicht mehr so offensichtlich, aber das heißt noch lange nicht, dass sie verschwunden wären. Man muss sich nur die Situation in den so genannten Niedriglohnländern, in den Ländern der Dritten Welt ansehen.

Der Mann, der selbst von anderen Männern ausgebeutet wird, beutet nun seinerseits die Frau aus?
Der Mann hat die Frau tatsächlich weltweit in allen möglichen Varianten unterdrückt, beispielsweise durch weltliche Gesetze, die von Männern verfasst wurden, wie auch durch religiöse Dogmen, die ebenfalls von Männern stammen. Nach dem Gesetz war die Frau verpflichtet, ihrem Mann zu folgen und ihm zu dienen. In bestimmten Religionen galt die Frau kaum als Mensch. Paulus stellte einst die Hypothese auf, dass die Frau keine Seele hätte. In der katholischen Kirche, die bei uns im Westen immer großen Einfluss besaß, ist die Frau dem Mann noch immer nicht ebenbürtig.

Inzwischen hat sich die Frau von der männlichen Vorherrschaft befreit oder ist dabei, es zu tun. Jetzt hat sie die Wahl.
Heute kann die Frau ihre Talente entwickeln. Im Prinzip ist das eine gute Sache. Die Frau verlässt das Haus, das gemeinsame Heim der Familie, das Territorium, und erkundet ihre Fähigkeiten. In der Zeit der männlichen Vorherrschaft hat der Mann immer wieder behauptet, er allein besitze alle Kenntnisse und Fähigkeiten, die Frau tauge nur

zum Gebären von Kindern und zu deren Erziehung. In den letzten fünftausend Jahren haben die Männer enorme sozial-ökonomische Fortschritte der Menschheit bewerkstelligt, vielleicht sogar zu viele, aber das gibt ihnen noch nicht das Recht zu behaupten, Frauen hätten keine Fähigkeiten und Talente. Ihnen wurde einfach keine Gelegenheit gegeben, sie zu erproben. Heute verfügen Frauen über diese Möglichkeit, und nach wenigen Jahrzehnten – die auf zehntausend Jahre Unterdrückung folgten! – stellt sich heraus, dass Frauen vieles sogar besser machen als Männer.

Wir dürfen es nun nicht zu einem Konkurrenzkampf zwischen Mann und Frau kommen lassen. Mann und Frau müssen nach einem Gleichgewicht suchen. Sie müssen sich klarmachen, dass sie verschieden, aber ebenbürtig sind.

Die Frau muss ihre Gaben und Talente mit ihren Fähigkeiten kombinieren können. Damit meine ich das unerhörte Geschenk der Natur, Kinder gebären und nähren zu können, wie auch ihre Fähigkeiten, die sie die Evolution der Urzeit gelehrt hat: ihre empathischen Qualitäten, ihr Talent, in einer Gemeinschaft Solidarität entstehen zu lassen und Konflikte zu vermeiden. Ich sagte bereits, dass die Frauen Millionen von Jahren die örtlichen Gemeinschaften betreuten. Ich denke, dass sie diese Aufgabe heute wieder übernehmen sollten. Eigentlich müssten in Stadt- und Gemeinderäten nur Frauen sitzen.

Und die Jagd nach Geld und Gut würden sie dann den Männern überlassen?

Wenn Mann und Frau gemeinsam die Entscheidung treffen, sich beide um materiellen Wohlstand zu bemühen, dann ist das ihr gutes Recht. Uns steht darüber kein Urteil zu. Jeder hat die Freiheit der Wahl. Aber ich halte es doch für meine Pflicht, vor den Folgen dieser Entscheidung zu warnen. Wenn der Mensch seine ganze Energie auf den Erwerb materieller Güter konzentriert, verliert er dabei seine schönste, seine einzigartige Qualität: die Fähigkeit zu lieben.

Wir nutzen unsere Zeit für immer mehr Leistung und immer mehr Besitz. Das muss einfach zu Unbehagen führen, denn man wird niemals genug bekommen. Nie ist das Haus groß genug; nie das Auto teuer genug; nie ist genug Geld auf dem Konto. Der materielle Wohlstand kennt prinzipiell keine Grenzen. Aber materieller Wohlstand allein macht nicht glücklich. Im Gegenteil, er macht einsam und unglücklich.

Menschen, die unter sehr Stress fördernden Bedingungen arbeiten, können nicht einfach am Ende des Arbeitstages nach Hause gehen und dann plötzlich liebevoll zueinander sein.

Es gibt Menschen, die behaupten, sie könnten zu Hause den Knopf einfach umdrehen.

Man kann versuchen, zu Hause an etwas anderes zu denken. Dem einen gelingt das ein wenig besser als dem anderen, aber es bleibt ein oberflächlicher Mechanismus. Mann und Frau müssen sich bewusst Zeit füreinander nehmen, so lautet meine Botschaft. Das klassische Muster: Man heiratet, bekommt Kinder, baut einen gewissen Wohlstand auf, kauft ein Auto, ein Haus. Am Anfang einer Beziehung sind all diese Aspekte nicht nur faszinierend, sondern sie verbinden auch. Die Kinder halten ein Ehepaar zusammen. Die Hypothek hält ein Ehepaar zusammen. Aber dabei handelt es sich um keine wirkliche Liebe, sondern um soziale und ökonomische Zwänge. Wenn sich Mann und Frau nicht Zeit füreinander nehmen, dann entwickeln sie sich in der Liebe auseinander. Das geschieht allmählich, fast unmerklich. Wir müssen uns die Zeit gönnen, uns voll und ganz zu lieben. Und wenn aus dieser Liebe Kinder hervorgehen, müssen wir beide für sie sorgen. Ich denke, dies ist meine Botschaft an Ehepaare, die beide berufstätig sind.

Aber wenn beide außer Haus arbeiten, dann fehlt einfach die Zeit.

Wenn ihnen die Zeit fehlt, sollten sie beide besser Teilzeit arbeiten. Machen wir doch einmal die Augen auf. Jeder kann beobachten, dass wir in katastrophale Zustände hineingeraten. Wo sind die Emotionalität, die Intimität und letztendlich die Liebe geblieben? In unserem Eifern nach Wohlstand drohen wir einen der wichtigsten Aspekte des Menschseins aus den Augen zu verlieren. Wir sind dabei, die Liebe zu verlieren.

Während deiner Meinung nach die Liebe die Grundlage von allem sein sollte?
Im westlichen Verständnis ist die Liebe in all ihren Variationen die Grundlage von allem.

Untreue und klare Vereinbarungen

Nach einer Fahrt über volle Autobahnen biege ich erfreut in die Straße zum Haus Coolsaet ein. Gedankenversunken spaziert Bo Coolsaet im schönen herbstlichen Grün. Er grüßt mich freundschaftlich und sagt: »Wir wollten heute über Untreue reden. Da müssen wir doch zuallererst über die Liebe sprechen: Wir müssen uns bewusst werden, dass die Liebe eine ganze Palette von Nuancen enthält. Hauptsächlich geht es um die Beziehung zwischen Mann und Frau, aber es gibt in der Liebe noch viele andere Varianten, wie zum Beispiel die Eltern-Kind-Beziehung. Die finde ich persönlich besonders faszinierend, auch im Zusammenhang mit dem Thema Untreue. Wenn sich Eltern untreu sind, dann spüren die Kinder das.«

Sprichst du jetzt über Jugendliche?
Nein, über kleine Kinder. Vier-, Fünfjährige spüren, dass etwas vorgeht, wenn sich ihre Eltern in irgendeiner Form untreu sind.

Vierjährige Kinder wissen doch noch gar nicht, was Untreue ist?
Das ist ja das Besondere an diesem Phänomen. Dieses Kind kennt den Begriff Untreue noch gar nicht, es weiß noch nicht einmal, was Liebe ist, welche Vereinbarungen es in einer Beziehung geben kann. Und dennoch spürt es, dass etwas nicht in Ordnung ist. Darüber liest man niemals etwas, aber mir scheint es sehr wichtig zu sein, auch für die Eltern-Kind-Beziehung. Wir alle wissen, dass Kinder für Signale besonders empfänglich sind - auch sehr kleine Kinder. Sie brauchen körperlichen wie geistigen Kontakt zu ihren Eltern. Wir aber lassen kleine Kinder, sogar Babys, immer häufiger von Tagesmüttern erziehen. Das ist vielleicht unvermeidlich, aber es ist nicht ausgeschlossen, dass die

Kinder Veränderungen im Verhalten als eine Art Untreue empfinden. Wir sollten uns gelegentlich fragen, inwieweit Menschen, die ein Kind zeugen, diesem Kind gegenüber nicht zur Treue verpflichtet sind.

Wenn wir von Treue sprechen, denken wir in erster Linie an die Treue zwischen zwei Menschen, meist zwischen Mann und Frau.

Auch in der Beziehung Mann-Frau ist die Art und die Form der Liebe von einer Reihe von Faktoren abhängig. Das Alter spielt beispielsweise eine Rolle. Wenn wir davon ausgehen, dass beide die Phase der Verliebtheit schon hinter sich haben, gestaltet sich die Liebe zwischen Vierzig-, Fünfzig- oder Sechzigjährigen anders als die Liebe zwischen Achtzehnjährigen. Auch die Persönlichkeit ist sehr wichtig, und bei der Entwicklung der Persönlichkeit spielt die Erziehung eine große Rolle. Was wissen junge Menschen eigentlich von der Liebe? Wenn man im Fernsehen jugendliche Urlauber auf Ibiza sieht, wenn man sieht, wie sie mit der Sexualität umgehen, dann fragt man sich, was sie wohl von der Bedeutung der Liebe wissen.

Was ist deiner Meinung nach Liebe?

Das allein wäre schon ein Thema für ein ganzes Gespräch. Aber es gibt einige grundsätzliche Aspekte der Liebe, die für fast alle Gruppen, für fast alle Altersstufen und für fast alle Kulturen gelten. Weil sie so grundlegend sind, sollten wir sie kurz besprechen.

Einer der wichtigsten Eckpfeiler der Liebe ist die Ebenbürtigkeit. Wenn zwischen zwei Menschen keine Gleichwertigkeit herrscht, kann kaum von Liebe gesprochen werden. Macht ist nie völlig auszuschließen, aber diese Macht muss Grenzen haben. Sie muss auch gegenseitig sein, weil Unausgewogenheit eine echte Liebesbeziehung unmöglich macht.

In einer Fernsehsendung sagte ein Mädchen über den jungen Mann, mit dem sie die Ferien verbracht hatte: »Er ist mir zu wenig dominant.«

Sie wollte damit vermutlich etwas anderes ausdrücken. Ein Mann soll ein Mann sein, zupackend und resolut. Er muss mich unterstützen können und im Notfall auch ohne Hilfe für eventuell vorhandene Kinder sorgen können. Er soll kreativ sein. Vielleicht war der Blind-Date-Mann nicht dezidiert genug, aber das ist etwas anders als dominant. Sobald der eine Partner dem anderen gegenüber überlegen auftritt, gerät die Liebe in Probleme. Dann entsteht ein Machtverhältnis zwischen Mann und Frau, wie wir es aus anderen Kulturen kennen und wie es auch früher hier bei uns existierte. Solche Beziehungen müssen wir hinter uns lassen, weil ein Machtverhältnis die Freiheit des einen Partners einschränkt. Und Freiheit ist die zweite wichtige Voraussetzung, einen anderen Menschen lieben zu können, auch wenn wir den Begriff Freiheit keineswegs als die Möglichkeit verstehen dürfen, alles tun zu können, worauf man Lust hat. Freiheit bedeutet, sich der Liebesbeziehung freiwillig hinzugeben. Und Geben setzt eine gewisse Gegenseitigkeit voraus.

Man muss auch bekommen, ohne darum bitten zu müssen. Es muss selbstverständlich sein, etwas zu bekommen. Die Wechselseitigkeit ist eine Grundvoraussetzung der Liebe und besonders wichtig, wenn das Thema Treue und Fremdgehen heißt. Wechselseitigkeit setzt Vertrauen voraus. Einer Bank, der man nicht traut, vertraut man nicht sein Geld an. Seine Liebe, Intimität, Emotionalität, ja, fast sein ganzes Leben, schenkt man nicht einem Menschen, dem man misstraut. Und um einem anderen vertrauen zu können, muss man in erster Linie sich selbst vertrauen. Man kann sich also in der Liebe nur so weit hingeben, wie man sich selbst erkennt, schätzt und auch vertraut.

Man muss sich selbst mögen, um einen anderen mögen zu können?

Man sollte eine gewisse Portion Selbstbewusstsein besitzen, damit man sich selbst hingeben kann, ohne sich zu verlieren. Liebe verlangt gewissermaßen, seine eigene Person weitgehend in einen anderen zu investieren. Und durch die notwendige Wechselseitigkeit wird es eine wechselseitige Investition. Bei manchen Menschen geht das sehr weit, sogar so weit, dass sie nicht ohne ihren Partner leben können.

Solche Beziehungen gibt es doch nur in Filmen und Schnulzen?
Nein, das ist die Realität. Aber - und da komme ich auf die Untreue zurück - Liebe bedeutet, eine Wahl zu treffen, und eine Entscheidung zu treffen bedeutet, sich einzuschränken. Darüber muss man sich im Klaren sein. Eine Frau entscheidet sich für einen Mann, weil er bestimmte Eigenschaften hat, die sie anziehend findet. In ihrem weiteren Leben wird sie bestimmt anderen Männern begegnen, die sie ebenfalls faszinieren. Männer mit anderen Vorzügen, die sie ebenfalls attraktiv findet. Sie kann so fasziniert sein, dass sie an den Rand der Versuchung gerät. Das ist normal. Es kommt tagtäglich vor.

Im »Pinsel der Liebe« rätst du Ehepaaren und Menschen mit einer festen Beziehung, einer außerehelichen Versuchung zu widerstehen. Menschen, die sich in einen anderen verlieben, rätst du, dem bisherigen Partner treu zu bleiben.
Liebe fängt normalerweise mit Verliebtheit an. Diese Phase ist sehr schön, sehr faszinierend, sehr reizvoll, aber auch sehr gefährlich. Verliebtheit raubt einem Menschen den Verstand. Man ist zu keinem objektiven Urteil in der Lage. Wenn das zwischen zwei jungen Menschen passiert, kann es der Anfang eines Szenarios sein, das schließlich zur Liebe führt. Aber es gibt andere Umstände, in denen Verliebtheit eine Gefahr bedeutet. Eheleute können in Schwierigkeiten geraten, aber auch Menschen in bestimmten Funktionen. Dafür gibt es genügend Beispiele von Parteivorsitzenden oder Präsidenten. Einer Verliebtheit nachzugeben kann mehr bedeuten, als nur die feste Beziehung zu riskieren. Es kann Folgen für das gesamte soziale Funktionieren eines Menschen haben.

Aber doch vor allem, weil die Umwelt damit Probleme hat?
Man muss Verständnis für Menschen haben, die Regierungschefs oder andere Führungspersonen kritisieren, die sich von ihrer Verliebtheit mitreißen lassen. Wer eine große Verantwortung übernommen hat und wichtige Entscheidungen treffen muss, braucht all seine geistige Leistungsfähigkeit. Die Vorstellung, dass bei diesem Menschen rationales Denken nicht mehr möglich ist, weil er oder sie bis über beide Ohren verliebt ist, ist natürlich untragbar.

Aber man kann doch nichts dafür, wenn man sich verliebt?
Man weiß sehr gut, wenn man dabei ist, sich zu verlieben. Man kann es zulassen, aber unter bestimmten Umständen muss ein Mensch meiner Meinung nach alles tun, es zu vermeiden. Das klingt moralisierend, ich weiß, aber so ist es nicht gemeint. Ich sage es nur, um Mitmenschen in solchen Positionen vor unbedachten Schritten zu bewahren. Verliebtheit geht vorbei, aber die möglicherweise daraus erwachsenden Probleme bleiben in der Regel. Nachdem die Verliebtheit vorüber ist, kann das Ruder kaum mehr herumgeworfen werden. Und das ist immer höchst bedauerlich.

Untreue ist nicht immer eine Folge von Verliebtheit. Es gibt auch außerehelichen Sex, bei dem gar keine Liebe, und nicht einmal Verliebtheit, im Spiel ist.
Aus einer aktuellen amerikanischen Studie geht hervor, dass Männer generell dazu neigen, gelegentlich fremdzugehen. Wahrscheinlich stammt diese Neigung aus unserem Erbgut. Unsere Vorfahren waren fast per definitionem promisk. Um sein genetisches Material weiterzugeben, versuchte der Mann, so viele Frauen wie möglich zu schwängern. Im Laufe der Evolution hat sich herausgestellt, dass dieses Verhalten nicht die beste Lösung ist, weder für den individuellen Mann noch für die menschliche Art. Also setzte eine Entwicklung hin zur Monogamie ein.

Nicht der Mann, der sich auf ein Abenteuer einlässt, ist dafür verantwortlich, sondern seine Gene.

Wir sind nicht rein biologisch gesteuert. Wir haben die Gabe des Gefühls, der Emotionalität, aber auch die Fähigkeit zu denken. Ich finde, wer aus rein genitalen Gründen einer schönen Liebesbeziehung untreu wird, handelt ziemlich kurzsichtig.

Du plädierst also für die Einhaltung der Monogamie?
Ich weiß, dass sich in Bezug auf die Monogamie im Westen alles Mögliche bewegt. Ich weiß, dass es Abweichungen gibt. Man könnte beinahe sagen, wir lebten eine Art Scheinmonogamie. Man kann das Problem lösen durch die freie, gemeinsame Entscheidung, in bestimmten Bereichen monogam zu sein. Man kann zum Beispiel eine wechselseitige Monogamie für die Zeugung von Kindern vereinbaren, aber für nichts weiter. Das ist keine Theorie. Das kommt tatsächlich vor. Ich habe beispielsweise gehört, dass ein bekannter homosexueller Adeliger eine Ehe eingegangen ist, um eine Familie zu gründen. Er möchte sein ruhmreiches Familiengeschlecht fortsetzen und tut, was dazu notwendig ist. Abgesehen davon möchte er jedoch keine Sexualität mit seiner Ehefrau erleben. Neu und völlig anders als früher ist dabei, dass seine Ehefrau und er klare Vereinbarungen getroffen haben. Sie schaffen eine Monogamie auf der Ebene der Fortpflanzung. Ansonsten kann er seine Homosexualität ausleben.

Er darf untreu sein.
Er kann gar nicht untreu sein. Seine Umgebung, die diese Vereinbarung nicht kennt, wird ihn untreu nennen. Aber in der Paarbeziehung ist dieser Mann nicht untreu, weil er sich an die Vereinbarung hält. Gerade durch eine solche eingeschränkte Paarbildung vermeidet man Untreue.

Ich habe Freunde, die eine offene Ehe geführt, die sich die Freiheit zugestanden haben, mit anderen als ihrem Partner Geschlechtsverkehr zu haben. Diese Ehe hat etwa fünfzehn Jahre gehalten. Schließlich ist der Mann doch zu einer jüngeren Frau gezogen.

Ich plädiere gewiss nicht für die freie Liebe. In dieser Frage will ich nicht missverstanden werden. Mein Idealbild ist die ideale Liebe. Was du jetzt erzählst, kam in einer bestimmten Zeit tatsächlich häufig vor. Ich denke, dass es heute weniger dieser so genannten offenen Ehen gibt. Es ist normal, dass eine solche »freie« Beziehung nach einigen Jahren zerbricht. Der Vereinbarung über freie Sexualität in einer offenen Beziehung ist fast inhärent, dass diese Beziehung zeitlich beschränkt bleibt. Das ist die Konsequenz, und das muss man akzeptieren. Man darf sich dann auch keine Vorwürfe machen, wenn es zum Bruch kommt.

Das unterstreicht eigentlich noch einmal die Bedeutung der Sexualität in einer Beziehung.
Sexualität spielt in der Liebe eine wichtige Rolle, vor allem, weil sie die Intimität instand hält und pflegt. Aber sie ist für die Liebe keine Voraussetzung, die unbedingt erfüllt sein muss. Ich sehe bei sehr vielen Paaren, dass in ihrer Beziehung noch Wärme vorhanden ist, auch wenn die sexuelle Begierde abnimmt oder verschwindet. In der Liebe, beim idealen Paar, wird es immer Ausdrucksformen geben, die die Liebe erhalten und sogar noch vertiefen.

Verliebtheit, Liebe und Phantasien

Bo Coolsaet, schon im Normalfall ein ruhiger, besonnener Mann, wird geradezu die Ruhe selbst, wenn er über die Liebe spricht. »Ein Mann und eine Frau, die wirklich zusammenpassen, bilden ein Paar, bei dem der eine wie ein Kettenglied vollkommen zum anderen passt«, sagt er. »Die Vereinigung der beiden geht über das Individuum hinaus, ist mehr als die Summe seiner Teile. Was zwischen den beiden perfekt zusammenpassenden Menschen vor sich geht, ist mein Liebesideal.«

Du schreibst in »Der Pinsel der Liebe«, dass das ideale Paar und die ideale Liebe nicht häufig zu finden sind.
Dass es in der Wirklichkeit nur wenige ideale Paare gibt, heißt nicht, dass wir nicht versuchen sollten, dieses Ideal zu erreichen. Die meisten Menschen finden nur nie das Kettenglied, das perfekt zu ihnen passt, und müssen sich mit einem Partner zufrieden geben, der akzeptabel ist. Zwei Menschen können sich aus unzähligen Gründen ineinander verlieben. Oft sind eine Menge Zufälle mit im Spiel. Die beiden wohnen in derselben Straße, sind zusammen aufgewachsen oder in die gleiche Schule gegangen. Sexuelle Anziehungskraft kann eine Rolle spielen. Man kann sich in schöne Augen, in seine oder ihre Ausdrucksfähigkeit verlieben. Frauen können sich in einen Mann verlieben, weil er gut Fußball spielt. Jedes Argument ist denkbar, wenn man sich in einen Menschen verliebt.

Du schreibst, dass verliebte Menschen nicht sofort heiraten sollten.
Es gibt Formen von Verliebtheit, die einen total um den Verstand bringen. Diese Art von Verliebtheit ist per definitionem vorübergehend. Und ist die vorübergehende Verliebtheit erst einmal vorbei, ist womöglich nichts mehr übrig.

Daher ist es gefährlich, in dieser Phase bleibende Bindungen wie etwa eine Ehe einzugehen. Zu viele Ehen scheitern schon nach ein bis zwei Jahren.

Weil man nicht zusammenpasst oder weil man nicht weiß, was Liebe ist?
Man muss sich darüber im Klaren sein, dass Liebe eine Entscheidung ist, dass man sich also einschränkt, bewusst einschränkt. »Die Grundlage der Freundschaft ist es, dasselbe zu wollen und dasselbe nicht zu wollen«, schrieb Aristoteles vor langer Zeit, aber seine Worte treffen noch immer zu. Damit will ich nicht sagen, dass zwei Partner das gleiche Hobby oder gemeinsame Interessen haben müssen, dass sie die gleiche Entwicklung durchlaufen, ähnliche gesellschaftliche oder berufliche Funktionen ausfüllen müssen. Ganz im Gegenteil. Wichtig sind die grundlegenden Vereinbarungen, nicht die praktischen.

Dennoch kann sich ein Paar auch aus praktischen Gründen auseinanderentwickeln, etwa, weil einer lieber Spaghetti als Kartoffeln isst.
Man kann tatsächlich auch auf der praktischen Ebene zu verschieden sein, sich auseinander entwickeln und schließlich auch der Liebe entwachsen. Man muss also mehr oder weniger in die gleiche Richtung fühlen, sich entwickeln und denken, ohne das eigene Anderssein aufzugeben. Gerade das Anderssein macht das Zusammenleben interessant und die Beziehung lebendig.

Kann man die eigene Entwicklung beeinflussen?
Aber sicher. Und dabei spielt die freiwillige Einschränkung wieder eine Rolle. Man sollte nichts tun, das einen dem Partner entfremdet. Man kann sich bewusst dafür entscheiden, sich zwar unterschiedlich, aber doch in Harmonie weiterzuentwickeln. Liebe ist ein unablässiger Prozess. Sie beginnt in einem bestimmten Augenblick, in einem bestimmten Alter, in einer Phase des Lebens, in der man sich noch ständig verändert. Daher ist es so wichtig, Einschränkungen zu akzeptie-

ren, sich ständig dem anderen anzupassen. Deshalb - ich wiederhole es gerne, weil es mir am Herzen liegt - müssen sich Mann und Frau weiterhin Zeit füreinander nehmen.

Was macht man in der Zeit, die man sich füreinander nimmt?
In erster Linie muss man sich die Zeit nehmen, zusammen zu sein, miteinander zu kommunizieren. Jeder tut das auf seine Weise. Mit meinem Vater kommunizierte ich zum Beispiel ohne viele Worte. Unsere Liebesbeziehung entwickelte sich durch affektive Übertragung. Wir hatten beide kein Verlangen nach ausführlichen Gesprächen. In amerikanischen Filmen sieht man manchmal zwei Partner endlose Gespräche führen. Wer sind sie? Welche Probleme haben sie? Wie soll es mit ihrer Beziehung weitergehen? Ich denke nicht, dass uns so etwas liegt. Wir kommunizieren auf andere Weise.

In solchen Filmen sagen die Helden auch ständig, wie sehr sie sich lieben.
Wichtiger als Worte ist es, den anderen spüren zu lassen, dass man ihn oder sie liebt. Worte können echte Gefühle vernebeln; wenn man zu viel redet, kann man die Bindung sogar zerreden. Man spürt doch, wer der andere ist und ob er einen liebt.

In der idealen Liebe bildet sich ein Paar aus Mann und Frau - oder allgemeiner formuliert, aus zwei Individuen. In dieser Bindung können sich beide ihren Anlagen entsprechend verwirklichen und sind darin mehr als nur die Summe zweier Individuen. Dieses Ideal ist selten ganz verwirklicht. Das müssen wir einfach akzeptieren. Nicht jeder Mann entspricht in allem den Träumen seiner Ehefrau. Das Gleiche gilt für den Mann. Die Frau, mit der er durchs Leben geht, wird auch nicht alle Eigenschaften in sich vereinen, die er sich erträumt: Die schönste, vernünftigste, liebste und gefühlvollste Frau sein, die beste Mutter, usw. Meist müssen wir uns mit einem Bruchteil unseres Idealbildes zufrieden geben.

Weil wir eine solche Beziehung nie aufbauen können, wenn wir ständig auf der Suche nach dem idealen Partner sind?
Es gibt so viele verschiedene Möglichkeiten, zu einer Beziehung zu kommen. Auf der einen Seite des Spektrums steht das gerade beschriebene Idealbild, auf der anderen Seite das Beispiel zweier Menschen, die aus rein wirtschaftlicher Vernunft heiraten, ohne dass von Verliebtheit oder Liebe die Rede gewesen wäre. Es ist erstaunlich, wie viele rein wirtschaftliche Beziehungen es gibt. Jeder hat das gute Recht, sich für eine solche materialistische Verbindung zu entscheiden. Zwischen diesen beiden Extremen gibt es in der Gesellschaft ein ganzes Spektrum möglicher Paarbeziehungen. Abgesehen von den rein »wirtschaftlichen« Beziehungen fängt jede Liebe mit Verliebtheit an. Man sieht etwas im anderen, das so reizvoll, so erstaunlich ist, dass man in eine euphorische Trance verfällt. Das ist Verliebtheit. Wenn das der Anfang einer idealen Liebe ist, bietet sie beiden Partnern die Möglichkeit, sich selbst zu finden.

Wie lang ist der Weg von der Verliebtheit zur Liebe?
Der Weg von der Verliebtheit zur Liebe setzt eine Reihe von Schritten voraus. Eine davon ist die Sexualität, das physische, intime Erleben der Verliebtheit, aber man kann auch ohne Sex eine vollkommene Liebe erleben. Ich denke dabei an den Film *Carrington*, in dem sich eine junge Künstlerin in Lytton Strachey, einen Homosexuellen, verliebt. In dem Film sieht man eine wunderbare, sehr innige Liebe, in der Sexualität keine Rolle spielt und auch keine Rolle spielen kann.

War die Liebe zwischen Dora Carrington und Lytton Strachey nicht genau aus diesem Grund unvollständig?
Ich kann allen heterosexuellen Paaren eine solche Liebe nur wünschen, aber normalerweise entwickelt sich die Verliebtheit meist zu einer Mischform von Sexualität, Lebensgemeinschaft und Familiengründung. Im idealen Paar bleiben Mann und Frau verliebt. Man könnte sogar sagen, dass sie immer verliebter werden, selbst noch nach vielen Jahren. Gelegentlich verschwinden auch alle Gefühle, die Mann und

Frau einmal füreinander empfunden hatten. Es gibt sehr viele solcher Paare. Diese Menschen können ausgezeichnete Eltern sein, nur gibt es zwischen ihnen keine Intimität mehr bzw. nur noch in Form einer flüchtigen Sexualität.

Sie sind nur durch die Kinder aneinander gebunden?
Es wäre gut, wenn Jungen und Mädchen oder Männer und Frauen eine Vorstellung davon hätten, wer sie sind und welche Wünsche sie haben, bevor sie tiefe umfassende Bindungen eingehen. Es gibt Frauen, deren Kinderwunsch an erster Stelle steht, die dafür einen Mann brauchen und deswegen eine Beziehung eingehen. Mit moderner Schwangerschaftstechnik und den heutigen Hilfsmitteln brauchen Frauen, die nur Kinder wollen, nicht einmal mehr einen Mann dazu. Aufgrund der Wahlmöglichkeiten, die wir haben, verändert sich offensichtlich zur Zeit schleichend das grundlegende Konzept der menschlichen Paarbildung, aus der die spezifische menschliche Sexualität hervorgegangen ist.

Aus dem Gesagten schließe ich, dass du diese Entwicklung bedauerst.
Mein Idealbild von der Liebe muss nicht notwendig mehr wert sein als die neuen Formen des Zusammenlebens, die sich zur Zeit entwickeln. Auch wenn ich gelegentlich zu genau dieser Annahme neige. In einer guten echten Beziehung zu einem anderen Menschen wächst man auch als Individuum. Für einen Single ist das viel schwieriger. Dennoch empfinde ich für Frauen, die sich für diesen Weg entscheiden, besonders viel Hochachtung. Dabei lasse ich jetzt die Problematik von allein erziehenden Eltern und die möglichen Folgen für das Kind außer Acht. Für mich ist es positiv, dass sich eine Frau die Freiheit nimmt, im Rahmen des Szenarios, in dem sich Verliebtheit zu Liebe entwickelt, ihre Entscheidungen zu treffen und entsprechende Vereinbarungen zu treffen. Zu mir kommen häufig Ehepaare mit unerfülltem Kinderwunsch. Wenn ich sie frage, warum sie ein Kind wollen, erhalte ich manchmal die bizarrsten Antworten: Weil ihre beste Freundin schon ein Kind hat, oder weil

die Schwiegermutter fragt, wo die Kinder bleiben. Für mich sind das keine guten Gründe für einen Kinderwunsch. Kinder zu zeugen ist eine Auswirkung unserer biologischen Programmierung, des Drangs, seine Gene weiterzugeben. Aber der Wunsch nach Fortpflanzung kann auch aus der Spiritualität, aus der Liebe entstehen. Das ideale Paar, das ich so gern als Modell anführe, wird aus seinem Empfinden heraus den Wunsch verspüren, seine Einheit zu verwirklichen. Und die Frucht ihrer Liebe wird auch eine wirkliche Leibesfrucht, ein Kind, sein.

Manche Ehepaare bleiben auch bewusst kinderlos.
Ja, es gibt Menschen, die es vorziehen, einfach ein schönes, sinnliches Sexualleben miteinander zu erleben. Wir können es nur begrüßen, dass zwei Menschen heute in der Lage sind, zu entscheiden, wie sie miteinander leben wollen, ob sie Kinder zeugen wollen oder nicht. Vor noch nicht allzu langer Zeit wurde dem Paar eine solche Entscheidung mehr oder weniger aufgedrängt, im Grunde gab es keine Wahl. Die Ehe war ein familiäres Geschehen, ein kulturelles, soziales Ereignis. Zwei junge Menschen wurden praktisch in eine Ehe gedrängt. Dann wurde erneut ein enormer Druck auf die jungen Menschen ausgeübt, Kinder zu zeugen.

Die Tatsache, dass sich so viele Eltern mit kleinen Kindern scheiden lassen, beweist, dass die Entscheidung füreinander und für die Kinder noch immer nicht bewusst genug getroffen wird. Und diesen allgemeinen Rat möchte ich geben: nachzudenken, bevor man sich entscheidet. Bei der Entscheidung sollte man auch seine eigenen Vorzüge und Fehler berücksichtigen. Man kann nicht lieben, ohne sich seines eigenen Wertes bewusst zu sein.

Du plädierst also für mehr Selbsterkenntnis?
Man muss sich selbst nicht nur besser kennen lernen, man muss sich selbst auch zu schätzen lernen. Das ist auch in der Sexualität sehr wichtig. Menschen, die ihren eigenen Körper nicht kennen und wertschätzen, können nie gute Liebhaber sein.

In Berichten über arrangierte Ehen und Ähnliches liest man oft, dass sich die Partner im Laufe der Zeit lieben lernen. Das ist durchaus möglich. Auch wenn einem der Partner aufgedrängt wird oder es im Grunde nichts zu wählen gibt, weil das eigene Milieu so eng ist, dass es einfach keine Wahl zulässt, wird man dennoch versuchen, in der auferlegten Ehe ein gewisses Glück zu finden. Auch an einem aufgedrängten Partner kann man Eigenschaften entdecken, die man schätzt. Ich kann mir vorstellen, dass ein Mensch unter solchen Umständen nach den Vorzügen seines Partners sucht und dass er oder sie den Rest durch Phantasie ergänzt.

In der Sexualität spielen Phantasien sowieso eine sehr wichtige Rolle. Viele Menschen sind ihrem Partner physisch absolut treu, leben jedoch mental in einer fast permanenten Untreue. Beim Sexualkontakt mit dem eigenen Partner verkehren sie sozusagen mit einem anderen. Man vergisst oft, dass es auch Phantasien gibt, die sich negativ auf die Sexualität auswirken.

Wie meinst du das? Das verstehe ich nicht.
Dazu muss ich etwas ausholen. Bei Männern, die unter *Ejaculatio praecox* leiden – dem vorzeitigen, eigentlich dem unkontrollierten Samenerguss –, kommt das häufig vor. Der Samen entweicht oft schon beim Vorspiel oder beim Versuch, den Penis in die Scheide einzuführen. *Ejaculatio praecox* macht einen länger dauernden Intimkontakt sehr schwierig.

Ich möchte das Beispiel eines 32-jährigen, verheirateten Mannes anführen. Er leidet unter unkontrolliertem Samenerguss. Das Ehepaar hat regelmäßig sexuelle Kontakte. Die Frau wird schwanger, denn einer Befruchtung steht ja nichts im Wege. Ein Kind wird geboren, die Familie ist glücklich. Alles läuft normal und entspricht den Erwartungen. Nach außen hin sind sie ein liebevolles Paar. In ihrem Intimbereich ist der unkontrollierte Samenerguss jedoch weiterhin ein Problem.

In den ersten Jahren schenkt die Frau diesem Problem noch wenig Beachtung. Sie widmet ihre volle Aufmerksamkeit, Sorge und Liebe der Erziehung des Kindes. In ihrer

Mutterrolle fühlt sie sich wohl. Aber nach einigen Jahren kommt das Kind in die Schule. Die Frau hat etwas mehr Zeit und beginnt, über ihr Liebesleben nachzudenken. Sie spricht mit ihren Freundinnen und ihr wird bewusst, dass es da ein Problem gibt, dass ihr Liebesleben nicht normal ist. Sie spricht mit ihrem Mann darüber, aber er kann es nicht ändern. Der unkontrollierte Samenerguss hängt nicht mit ihr zusammen, er hat nie etwas anderes gekannt. In früheren Beziehungen hatte er das gleiche Problem, selbst beim Masturbieren tritt es auf. Ihm wird klar, dass er etwas tun muss, und er versucht, den Samenerguss aufzuschieben. Wie macht er das? Er zwingt sich, beim Sex mit seiner Frau an andere Dinge zu denken.

Ich habe einen Roman gelesen, in dem sich der Held beim Sex hauptsächlich damit beschäftigt, lateinische Vokabeln zu konjugieren und zu deklinieren.
Das ist nichts Ungewöhnliches. Dieser Ratschlag wird sogar noch in einem aktuellen niederländischen Buch über den Penis erteilt. Aber es ist eine absolut sinnlose Methode und der denkbar schlechteste Rat, den man einem Mann geben kann. Allmählich schafft er eine Distanz zu dem, was er sexuell empfindet. Was ihm als Rettung erscheint, führt dazu, dass er sich beim Akt immer weniger engagiert. Er distanziert sich von dem, was er mit seiner Frau tut, und wird gewissermaßen zum Zuschauer. Und das führt fast unwiderruflich zu sexuellem Unvermögen.

Zu Impotenz?
Ja, er leidet zunehmend an sekundärer Impotenz, d. h. einer Impotenz, die nicht körperlich bedingt ist, sondern von einer Fehlhandlung oder bestimmten Erfahrungen ausgelöst wird. Leider ist dies bei jüngeren Männern ein wichtiger Auslöser von Impotenz. Sie hoffen, das Problem des unkontrollierten Samenergusses mit Hilfe einer negativen Phantasie zu bewältigen, aber ihr Tun macht sie nur impotent.

Aber es gibt doch auch positive sexuelle Phantasien?

Gewiss. Fast jeder hat mehr oder weniger bewusst solche Phantasien. Ich möchte kurz zu unserem Modell der idealen Liebe zurückkehren. Die übergroße Mehrheit der Menschen muss sich mit einem Partner zufrieden geben, der nur in einigen Aspekten dem Ideal entspricht. Mit diesem Partner werden sie also nicht das allumfassende Liebesspektrum erleben, nach dem wir alle streben und das wir auch weiterhin anstreben wollen. Positive Phantasien helfen uns, den Teil, der in unserer Beziehung fehlt, zu ergänzen.

Meinst du jetzt nur sexuelle Phantasien?
Die Phantasie, von der ich spreche, kann sich auf alles beziehen. Auf die Schönheit des Partners, auf seine oder ihre Kreativität, auf seine oder ihre Intelligenz. Die Ehefrau eines Fußballers kann davon träumen, dass ihr Mann in der Bundesliga spielt, auch wenn er es nie weiter als zur Amateurliga gebracht hat. Positive Phantasien können alles Mögliche thematisieren - die Sexualität, aber auch die Liebe selbst, das spirituelle Erleben der Liebe, das Lieben an sich. Meist handelt es sich um eine Kombination der verschiedenen Aspekte.

Wie soll ich mir eine durchschnittliche Phantasie vorstellen?
Der Inhalt unserer Phantasie hängt von unserer Erziehung, dem Alter, dem kulturellen Umfeld, in dem wir leben, und dergleichen ab. Ein Mönch wird nicht dieselben Phantasien haben wie ein Lebemann. Aber wir sollten unsere isolierten Brüder und Schwestern in dieser Hinsicht nicht unterschätzen. Mir wurde zugetragen, die sexuelle Phantasie einer Äbtissin sei grenzenlos.

Würde eine Äbtissin nicht mehr auf Intimität Wert legen als auf Sexualität?
Die meisten von uns haben eine sexuelle Begierde, eine Sehnsucht, zu umarmen, umarmt zu werden und sich mit einem anderen Menschen zu vereinen. Das bedeutet, dass das Verlangen eines Menschen nach Intimität in ein Verlangen nach Sinnlichkeit und schließlich nach Sexualität und

körperlicher Vereinigung übergeht. Ich meine, die körperliche Vereinigung sollte in den Gesamtzusammenhang der Liebe eingebettet werden, aber nichts hindert uns daran, diese unabhängig von der Liebe zu erleben. Manche Menschen sind eher einer spirituellen Liebe zugetan, andere wiederum fühlen sich mehr zum Organischen, Sinnlichen, Sexuellen hingezogen.

Spielen in unsere Bedürfnisse Erfahrungen aus der Vergangenheit hinein?
Nicht unbedingt. Unsere Bedürfnisse sind Teil unseres Wesens und somit in den Genen verankert. Es gibt Menschen mit einem großen Verlangen nach Phantasien und andere mit einem geringeren Bedürfnis danach. Wahrscheinlich hat man weniger sexuelle Phantasien, je mehr man die Liebe erlebt. Wer seine Sexualität lebt, braucht keine Phantasie.

Ich habe aber einmal gelesen, dass ausgerechnet Frauen mit viel erotischer Phantasie mehr Sex haben als andere.
Das wundert mich. Es kann natürlich sein, aber das ist nur schwer nachweisbar. Man kann Phantasien nicht messen. Es erscheint logisch, dass man umso weniger phantasiert, je besser die Bedürfnisse befriedigt sind.

Es könnte aber auch sein, dass Menschen, die viel an Sex denken, mehr Sex haben, eben weil sie sich intensiv damit beschäftigen.
Phantasien können ein Anstoß zum aktiven Handeln sein. Es ist also durchaus denkbar, dass Phantasien in mageren Zeiten zunehmen und dadurch dann auch die Aktivitäten zunehmen. Ich denke, wir können ganz allgemein davon ausgehen, dass wir versuchen, mit unserer Phantasie einem bestimmten Mangel abzuhelfen.

Leben Menschen ohne erotische Phantasien denn in einer vollkommenen sexuellen Beziehung?
So einfach ist es leider nicht. Es gibt auch Menschen ohne solche Phantasien, und zwar nicht, weil sie sexuell und in

der Liebe befriedigt sind, sondern weil sie schlicht und ergreifend überhaupt keine Phantasie haben. Es gibt auch Menschen, die ihre Phantasien verdrängen, etwa infolge eines Traumas. Man kann sich vorstellen, dass Männer oder Frauen, die einmal vergewaltigt wurden oder eine Inzesterfahrung gemacht haben, ihre sexuelle Phantasie verdrängen, um weiterleben zu können. Die Verdrängung kann auch mit der herrschenden Kultur zusammenhängen. Die eigene Identität zu einem bestimmten Zeitpunkt, die Funktion, die man innehat, den Platz, den man in der Gesellschaft einnimmt, all das kann dazu führen, sexuelle Phantasien zu verdrängen.

Das ist mir zu hoch.
Ich will ein Beispiel nennen. Kann man sich vorstellen, dass der Bundeskanzler kreischend vor Wollust in seiner Dienstwohnung herumtanzt? Wohl kaum. Auch wenn es durchaus denkbar wäre, so etwas würde man von einem Mann in dieser Position einfach nicht akzeptieren. Das heißt nicht, dass er kein ausgefülltes Intimleben haben kann. Aber er kann und darf es nicht zeigen. Kinder dürfen z.B. durchaus auf der Straße tanzen und sich lustvoll bewegen. Das finden wir schön, weil wir bei Kindern nicht an Sexualität denken. Von einem erwachsenen Menschen erwartet man eine gewisse Zurückhaltung, man erwartet gute Manieren. Das ist keine absolute Norm. Was gute Manieren genau sind, hängt von den Umständen ab. Hier und heute verlangt der Anstand von Politikern, sich so zu verhalten, dass ihnen niemand sexuelle Phantasien unterstellen würde.

Wer sich anders benimmt, wird in die Enge getrieben, wie es Präsident Clinton erleben musste.
Clintons Sexualleben ist ziemlich typisch für Männer, die machtbesessen sind und diese Macht auch besitzen. Sehr viele mächtige Männer führen ein solches Leben. Die meisten stehen weniger im Rampenlicht, deshalb ist ihr Tun und Lassen nicht in allen Zeitungen nachzulesen. Ich bin der Meinung, dass ein Mann, der das Amt des Präsidenten

der Vereinigten Staten bekleidet, auch die herrschenden Normen kennen sollte, dass er wissen sollte, was man unter »Anstand« versteht. Unabhängig von seinem Triebleben und seinen Wünschen muss er akzeptieren, dass ihm die übernommene Funktion gewisse Einschränkungen abverlangt.

Mit seinem Recht auf Intimitätsphäre hat das absolut nichts zu tun. Er hat das gleiche Recht auf Intimität und auf Phantasien wie jeder andere auch, aber wenn er seine Phantasien in die Tat umsetzen möchte, muss er um seiner Position willen den Anstand wahren. Clinton hat Verantwortung für sein Land getragen. Sein Triebleben darf keinen Einfluss auf sein nüchternes Entscheidungsvermögen haben.

Die Schwächen eines Staatsmannes dürfen also nicht bekannt werden, weil er ein starkes Imago haben muss.
Ja, so könnte man es ausdrücken. Eigentlich erwarten wir von den meisten Menschen ausreichend Takt, um bestimmte Handlungen nicht zu begehen. Trotz der langsam zu Ende gehenden Periode offen zur Schau getragener Nacktheit leben wir alle noch immer hinter einer Art frigider Fassade. Man weiß nur von sehr wenigen Menschen, wie ihre Sinnlichkeit, ihre Sexualität und ihre Phantasiewelt wirklich aussehen. Es ist vermutlich auch nicht nötig oder nicht einmal wünschenswert, es zu wissen. Aber es kann nicht schaden, sich klarzumachen, dass Menschen, die als nüchtern, zuverlässig, integer und so weiter gelten, es deshalb noch lange nicht sein müssen. Die frigide Fassade des Menschen ist falsch. Und Clinton ist der Pechvogel, bei dem es herausgekommen ist.

Positive sexuelle Phantasien

Es ist offensichtlich normal, dass Partner in ihrer Phantasie gelegentlich Geschlechtsverkehr mit einem oder einer anderen haben. Diese Traumbilder müssen wir nicht unterdrücken. Im Gegenteil, Bo Coolsaet rät phantasiearmen Menschen gerade, ihre Phantasietätigkeit zu stimulieren, um so die Intimität und die Sexualität zu bereichern. Unser Gespräch kommt diesmal ein wenig schleppend in Gang; niemandem fällt es schließlich leicht, völlig entspannt über sexuelle Phantasien zu sprechen.

In einer Fernsehsendung trat ein pädophiler Mann auf, der – obwohl er bisher seine sexuellen Wünsche noch nicht in die Tat umgesetzt hatte – befürchtete, es eines Tages doch zu tun.
Personen, die ein sexuelles Verlangen spüren, das sie nicht ausleben können, wie etwa Pädophile, haben es seit einiger Zeit nicht leicht. Heute ist man noch weniger als früher bereit, Verständnis für Pädophile aufzubringen und ihnen zu helfen. Sogar ich habe jetzt Hemmungen, Worte wie Pädophilie und Inzest auszusprechen. Ich kann aber durchaus über diese Probleme nachdenken. Für Menschen mit derart sozial inakzeptablen Geschlechtstrieben bietet die Phantasie einen Ausweg. Sie können sich üben, nur in Gedanken auszuleben, was im wahren Leben nicht sein darf. Phantasien sind nicht strafbar, es kann ihnen nicht einmal einer übel nehmen.

Aber mit solchen Wünschen zu leben, ist schon beängstigend, schloss ich aus den Ausführungen des Fernsehgastes, und vielleicht sogar schon, diese Wünsche auch nur in Gedanken auszuleben.
Natürlich. Eine solche Phantasie kann sich verselbständigen, unkontrollierbar und unwiderstehlich werden, so dass man sie am Ende doch in die Tat umsetzt. Phantasien

können schön, zugleich aber bedrohlich sein. Wir wissen so wenig darüber, weil sie mit Tabus belegt sind.

Sexuelle Phantasie ein Tabu? Wie ist das zu verstehen?
Aber ja, wenn wir von einem echten Tabu reden wollen, dann betrifft es doch die Phantasien. Jede Frau kann ihre Brüste entblößen, aber nur wenige Frauen werden etwas über ihre sexuellen Phantasien erzählen. Jeder muss sich auch einmal selbst befragen, welche sexuellen Phantasien er oder sie hat. Wie sehr bestimmen sie den Alltag? Wie wichtig ist ihre Rolle im Intimleben, in der Sexualität?

Du hast schon gesagt, manche Phantasien könnten zu Impotenz führen. Gerade haben wir über eine sehr bedrohliche Phantasie gesprochen, die pädophile Phantasie. Sollten wir solche Phantasien nicht lieber unterdrücken?
Gelegentlich wird behauptet, man könne seine Phantasien sublimieren und die Energie, die aus der Verdrängung entsteht, für etwas anderes nutzen. Ein junger Mann mit einer starken sexuellen Phantasie könnte diese verdrängen und die so freigesetzte Energie für sein Studium, für sportliche Leistungen oder sozial nützliche Arbeit nutzen. Diese Theorie wird jedoch nicht mehr allgemein akzeptiert. Zu fragen wäre auch, ob es gut ist, Phantasien zu verdrängen. Phantasien bereichern die Intimität. Ich glaube, dass Menschen ohne Phantasien mehr Probleme haben.

Wer keine sexuellen Phantasien hat, kann sie doch auch nicht vermissen?
Wer ohne Phantasie lebt, versäumt vieles und sollte versuchen, sie anzuregen. Ein Mann mit sehr wenig Phantasie im intimen Umgang mit seiner Frau kann lernen, sie durch Übungen - zum Beispiel mit ihren Kleidern - anzuregen. Seide ist nicht umsonst seidenweich. Beim Berühren und Streicheln von Seide wird die Lust des Menschen geweckt, der diese Seide trägt, und gleichzeitig bei dem Menschen, der die Seide streichelt. Warum macht man sich schön? Warum kleiden sich Menschen sinnlich? Doch nur, um die

Phantasie zu erregen! Es ist wichtig, dass wir dem bei uns selbst, aber auch beim anderen Beachtung schenken. Ich höre von so vielen Frauen, dass sie sich für ihren Partner schön machen, und er bemerkt es nicht einmal.

Das ist die alte Klage der Frauen: Sie zieht Sexwäsche an, und der Mann hebt kaum den Blick.
Das ist tatsächlich eine altbekannte Klage, die leider sehr oft berechtigt ist. Es ist bezeichnend für die Aufmerksamkeit des Mannes seiner Partnerin gegenüber. Entweder hat er wenig oder überhaupt keine Phantasie, oder er träumt von einer anderen Frau. Es kann sein, dass der Mann seine Frau sehr gern ansieht, sie mag, aber eine Frau sehnt sich auch nach ein wenig Sinnlichkeit. Es ist so einfach, seiner Frau ein bisschen Aufmerksamkeit zu schenken. Eine Frau ist gern schön. Sie freut sich, wenn man sie schön findet. Die Welt ist nicht vorstellbar ohne die Schönheit der Frauen.

Das wird den Feministinnen gefallen.
Wenn ich über die Schönheit der Frau spreche, werde ich regelmäßig kritisiert. Manche behaupten, nur der Geist einer Frau sei wichtig, aber nur wenige Männer sind gegenüber der weiblichen Schönheit unempfindlich. Heterosexuelle wie Homosexuelle sind in dieser Beziehung empfänglich. Es gibt zudem nur wenige Frauen, die für ihre eigene Schönheit und die Schönheit anderer Frauen unempfindlich sind. Man muss nur einmal beobachten, wie sich Frauen auf Empfängen mustern, wie sie gegenseitig Kleidung und Frisuren abschätzen. Das ist die Realität.

Und vielleicht auch der Grund, warum so viele Milliarden mehr für Damenmode als für Herrenbekleidung ausgegeben werden?
Natürlich. Das ist die Grundlage. Frauen wollen aufreizen, um die Phantasie der Männer anzuregen und auch andere Frauen ein wenig neidisch zu machen. Auch die Welt des Parfüms dreht sich darum. Eine Frau weiß es ganz besonders zu schätzen, wenn ein Mann ihren Duft kennt. Doch

nur wenige Männer wissen, welches Parfüm ihre Frau benutzt. Man fragt sich gelegentlich, ob sie ihrer Frau überhaupt nahe genug kommen, um es riechen zu können. Viele Männer wahren zum Missvergnügen der Frauen Distanz – im wortwörtlichen Sinne. Männer sollten ihre Frau lieber ein bisschen öfter anfassen. Mit Tanzen lässt sich die Phantasie gut erregen, und Tango ist dabei der absolute Höhepunkt. Tango kann man nur mit einer Person tanzen, mit der man auch gern intim sein möchte.

Ich finde es schon aufregend, Tangotänzern nur zuzusehen.
Ja, das kenne ich auch. Obwohl eigentlich nichts Sexuelles geschieht. Die Phantasien werden eher durch Verbergen als durch offenes Zeigen angeregt. Das finde ich besonders interessant. Gelegentlich wurde vermutet, all die Zurschaustellung der Nacktheit in den vergangenen Jahren würde zum Überborden von Phantasien führen, aber es hat sich herausgestellt, dass es sich umgekehrt verhält. Das sieht man auch am Nacktbadestrand. Dort sind die Geheimnisse entschleiert; dabei sollte man den Schleier doch in Ehren halten. Man nehme nur die Entwicklung in der katholischen Kirche: Seit sich der Priester den Gläubigen zugewandt und angefangen hat, in einer verständlichen Sprache zu sprechen, werden die Kirchen immer leerer. Es kommt häufig vor, dass die Phantasie eines Mannes oder einer Frau von einem bekleideten Menschen gereizt wird und dieser Reiz verschwindet, sobald sich derjenige auszieht. Das habe ich oft gehört, auch von jungen Menschen. Ein Mann macht sich die tollsten Gedanken beim Anblick seiner gut gekleideten Tanzpartnerin. Irgendwann entschließen sich die beiden, miteinander intim zu werden. Sie ziehen sich in ein Zimmer zurück, legen die Kleider ab – und der Penis wird weich und schrumpft.

Vielleicht haben sie ihre Kleider nicht sinnlich genug ausgezogen.
Das ist tatsächlich wichtig. Aber sich gegenseitig nackt zu sehen, das entnüchtert oft. Unsere Phantasiegebilde sind

immer viel schöner und gehen immer viel weiter als die Wirklichkeit. Es ist also gut, sie zu pflegen und sogar in gewisser Weise zu stimulieren. Man merkt auch, dass es heute wieder ein Bedürfnis gibt, sich zu verhüllen. Die Oben-ohne-Mode ist fast passé. Man trägt wieder Bikinis; Badeanzüge sind der absolute Renner. Man möchte das Geheimnis wahren. Das ist etwas Grundsätzliches.

Werden wir in absehbarer Zeit alle verschleiert gehen?
In manchen arabischen Ländern geht man in dieser Hinsicht tatsächlich sehr weit. In bestimmten Regionen müssen Frauen sogar ihre Augen verbergen. Die Männer meinen, dass schon das kleinste Stück, das ein anderer Mann von einer Frau zu sehen bekommt, diesen verführen könnte. Islamische Extremisten tolerieren nicht einmal die Phantasien ihrer Glaubensbrüder. Auch andere Religionen versuchen, die Phantasien zu beschneiden, oder haben es zumindest versucht. Bei uns hat die katholische Kirche Generationen lang die Jugend zur Verdrängung sexueller Phantasien verpflichtet. Man musste allem, was mit Lust und Phantasie zu tun hatte, aus dem Weg gehen. Ich sehe oft Paare, bei denen ein Partner oder auch beide noch immer von ihrer katholischen Erziehung gehemmt sind. Ihnen erläutere ich, dass Lust keine Sünde ist. Die Lusterfahrung und das Verlangen nach Lust sind etwas grundlegend Menschliches.

Studien haben nachgewiesen, dass viele Frauen masturbieren – auch verheiratete Frauen oder Frauen, die mit einem Partner zusammenleben. Tun sie das, weil der Mann sie nicht befriedigen kann?
Frauen verlangen nach Intimität und Sexualität, und zwar sehr viel mehr, als man früher dachte. Früher wollte der Mann die weibliche Sexualität nicht zur Kenntnis nehmen, und auch die Frau verbot es sich selbst, ihre Sexualität zu entdecken. Heute erst weiß die Frau, dass sie sehr viel Lust empfinden kann, dass sie einen Orgasmus bekommen kann, dass manche Frauen sogar mehrere aufeinander folgende Orgasmen erleben.

Früher gab es doch sicher auch Frauen, die wussten, was Lust bedeutet.
Ja, aber grundsätzlich sind das doch Erfahrungen aus den letzten Jahrzehnten oder sogar den letzten Jahren. Oft stellt sich heraus, dass der Mann die Sinnlichkeit der Frau nicht ganz befriedigen kann. Männer nehmen sich dafür keine Zeit. Ihre Kenntnis der weiblichen Sexualität ist unzureichend. Sie verstehen ihre Frau nicht. Sie schenken ihr zu wenig Aufmerksamkeit. Aber sie entsprechen meist auch nicht dem Idealbild, das sich eine Frau von ihrem sexuellen Erleben und ihren diesbezüglichen Phantasien macht. Daher masturbieren Frauen regelmäßig. So können sie in ihrer Phantasie Sex in der tatsächlichen oder idealisierten Form erleben, nicht nur mit ihrem eigenen Partner, sondern auch mit einem anderen. Aber wohlgemerkt in ihrer Phantasie. Es ist durchaus möglich, dass eine Frau ein physisches Verlangen nach einem Kollegen oder einem Freund empfindet, dieses Verlangen jedoch nicht in die Realität umsetzen, sondern allein in ihren Gedanken ausleben möchte. Unsere Phantasien bieten uns also die Möglichkeit, diese Probleme zu bewältigen. Wahrscheinlich ist das gut so. Es schadet niemandem, weder der Frau, noch ihrem Lustobjekt, noch ihrem festen Partner – und also auch nicht ihrer Beziehung.

Selbstbefriedigung war lange verpönt, aber wenn ich dich richtig verstehe, darf man sie nicht verurteilen.
Lust ist ein fundamentales menschliches Bedürfnis. Deshalb kann sich keine Religion, Lebensanschauung oder andere Auffassung gegen die Lusterfahrung wenden. Früher wurde tatsächlich von der Kanzel herab verkündet, Masturbation sei etwas Teuflisches, aber das stimmt nicht, sie kann auch himmlisch sein. Vielleicht machen es sogar die Engel. Es ist absolut unverantwortlich, masturbierenden Menschen Schuldgefühle einzureden. Die Selbstbefriedigung ist etwas ganz Normales, und jeder muss für sich selbst entscheiden, ob und wie oft er oder sie die Selbstbefriedigung braucht. Man sollte nicht vergessen, dass ein sehr breit gefächertes Spektrum sexueller Bedürfnisse existiert. Es

gibt Menschen mit einem sehr großen Bedürfnis nach der Befriedigung ihrer sexuellen Triebe, aber es gibt auch Menschen, die dieses Bedürfnis nicht haben. Letztere haben kein Problem, außer, sie möchten diese Bedürfnisse künstlich wecken. Eigentlich ist das eher krankhaft oder zumindest weniger biologisch bedingt, als wenn jemand, der einen sehr starken Geschlechtstrieb empfindet, darüber die Kontrolle behalten möchte, unter anderem durch Masturbieren.

Bei einem Paar wird man dieses Bedürfnis nach Selbstbefriedigung doch anders bewerten. Ein Mann, der merkt, dass seine Frau masturbiert, wird doch an seinen männlichen Qualitäten zu zweifeln beginnen. Der Mann könnte wirklich denken, er hätte in der Partnerschaft zu wenig zu bieten.
Das muss nicht so sein. Es gibt übrigens auch viele Männer, die in einer Beziehung leben und sich regelmäßig selbst befriedigen. Dabei erleben die Männer natürlich auch ihre eigenen Phantasien. Daraus könnte man schließen, dass ihnen ihre Frau in einer gewissen Hinsicht nicht genug gibt. Man könnte sich fragen, weshalb die Partner nicht gemeinsam masturbieren. Aber das ist bestimmt nicht in jedem Fall die Lösung. Für manche Menschen ist es wesentlich, einen Teil ihrer Sexualität nur in der Phantasie zu erleben, weil sie auf diese Weise ihrem Idealbild näher sind als mit ihrem Partner. Das mag dieser vielleicht bedauern. Aber keiner von uns genügt dem Idealbild. Also versuchen wir alle, Männer wie Frauen, das irgendwie zu kompensieren. Das kann keiner einem anderen übel nehmen.

Man darf sich sogar glücklich preisen, wenn der Partner nur in seiner Phantasie aus der Beziehung ausbricht und nicht in der Realität.
Kein Mensch ist vollkommen. Darüber sollten wir uns im Klaren sein. Aber in der Liebe verstehen wir einander. Weil die Liebe etwas mit Geben zu tun hat, kann man doch gar nicht enttäuscht sein, wenn der eigene Partner Lust erlebt. Man muss sich doch darüber freuen, wenn er in diesem Moment glücklich ist. Männer, die in der Liebe nicht geben,

sondern nur nehmen, werden tatsächlich das Gefühl bekommen, dass sie die Erwartungen nicht erfüllen - und das ist auch die Realität. Nicht, weil sie ihrer Frau nicht geben könnten, was diese sich wünscht, sondern weil sie überhaupt nicht in der Lage sind, etwas zu geben.

Junge Leute und Sex

Im Anschluss an unser Gespräch über sexuelle Phantasien erzählt Bo Coolsaet über die Tobiasnächte. »So hießen die drei Nächte Zwangsenthaltung nach der Eheschließung, welche die Lust steigern und die Phantasien beflügeln sollten«, sagt er. »Aber der wichtigste Sinn der Tobiasnächte war es, den Mann zur Ruhe zu bringen, damit die erste Liebesnacht nicht allzu brutal verlief. Junge Männer haben im allgemeinen wenig Gespür für das Trauma, das der erste sexuelle Kontakt bei einem Mädchen auslösen kann. Den Jugendlichen möchte ich daher raten, auch beim Sex in jungen Jahren eine gewisse Behutsamkeit walten zu lassen.«

Du bist also nicht, wie manche Politiker, ein Befürworter von Sex vom vierzehnten Lebensjahr an?
In unseren heutigen Lebensverhältnissen ist vierzehn Jahre eigentlich absolut zu früh. Jede Begegnung kann bereichernd sein, aber auch die sehr empfindliche Schale dessen beschädigen, aus dem sich später die Liebe entwickeln soll. Ich möchte ein Beispiel aus der Praxis erzählen. Letzte Woche gaben Eltern eine Party für neun- bis elfjährige Kinder. Die Party fing abends um neun Uhr an und dauerte bis elf. Es gab einen Diskjockey, es wurde getanzt, es wurde ein Spiel mit Küssen veranstaltet. Dabei haben manche Kinder einen Heidenschreck bekommen. Freunde sagten mir, ihre Tochter sei in der nächsten Nacht weinend vor Angst aufgewacht. Denn die Kinder wurden in eine Situation gebracht, auf die sie gar nicht vorbereitet sind. Neun- und zehnjährige Kinder mussten sich an intimen Handlungen beteiligen, die für sie keinen Sinn ergaben, die sie noch nie zuvor mitgemacht hatten. Es ist unbegreiflich, wie Eltern solche Aktionen für Kinder organisieren, die so etwas noch nicht verstehen, noch nicht verstehen können.

Ich habe selbst heranwachsende Kinder, und wie andere Eltern auch, denke ich oft nach über Fragen der Erziehung, der sexuellen Aufklärung, darüber, wie junge Leute mit Sex umgehen dürfen oder sollten.

Wie gehen wir mit jungen Menschen um? Das ist die Kernfrage. Die Kinderparty wurde von Erwachsenen organisiert, zu einer für Kinder nicht geeigneten Zeit, mit Tanzen und Küssen, also Aktivitäten von Erwachsenen. Im Prinzip ist nichts Falsches daran, wenn neun- oder zehnjährige Kinder tanzen, nicht einmal, wenn sich Kinder in diesem Alter küssen. Aber wenn es aufgesetzt ist, wenn es nichts mit dem Alltag der Kinder zu tun hat, dann ist es falsch. In unserer Gesellschaft leben Kinder ja schließlich nicht mit den Erwachsenen zusammen. Bevor es Schulen gab, bildeten Kinder, Erwachsene und Eltern zusammen eine Familie oder eine Großfamilie. Sie hatten gemeinsame Schlafzimmer, oder es gab nicht einmal Schlafzimmer. Dadurch wurde die Intimität auf eine ganz andere Weise erlebt. Wie auch in einem anderen Bereich: Kinder arbeiteten damals selbstverständlich mit; heute sprechen wir von Kinderarbeit und Kindersklaverei. Das mag es damals wohl auch gewesen sein, aber es kann auch die normale Art zu leben sein. In manchen Gemeinschaften lebt man heute noch so. In der Zeit, von der ich jetzt spreche, erlebte man auch die Sexualität viel früher. Es war fast üblich, Kinder gleich nach der Pubertät zu verheiraten. Und bei manchen Völkern ist das heute noch so.

Unter dem Einfluss der bürgerlichen Gesellschaft und der Kirche hat sich die Stellung des Kindes in der westlichen Gesellschaft völlig verändert. Ein wichtiger Entwicklungsschritt war die Trennung in Kinder- und Erwachsenenwelt. Diese Entwicklung ging sehr langsam vor sich, aber am Ende wurden die Kinder doch isoliert. Sie wurden in Schulen gesteckt und sogar in Internate, wo sie völlig abgeschirmt von der Welt der Erwachsenen erzogen wurden. Meine Generation wurde auch noch so erzogen. Wir wurden ohne Unterbrechnung sechs Wochen lang in ein Internat eingesperrt. Zweimal wöchentlich durften wir in die Stadt gehen, unter Aufsicht von Betreuern, die alles und jeden streng im Auge behielten. Wenn man es wagte, einem Mädchen nur einen Blick zuzuwerfen, wurde man bestraft. Wir durften nur Filme von Dick und Doof sehen, Filme, die absolut sexfrei waren. Wir durften keine Zeitungen lesen. Wir hatten keinerlei Kontakt zur Außenwelt. Die Isolierung, in der wir aufwuchsen, verzögerte das Erwachsenwerden.

Junge Menschen wurden auf diese Weise künstlich infantilisiert. Sie durften eigentlich gar nicht erwachsen werden. Man assoziierte Kindheit mit Unschuld und Erwachsensein mit Sünde. Kinder durften nicht hören, worüber Erwachsene sprachen, denn das war Sünde. Kinder durften nicht sehen, was Erwachsene taten, denn das war erst recht Sünde. Ihre Unschuld musste bewahrt werden. Deshalb wurden sie von den Erwachsenen isoliert. Es ist gut, dabei kurz zu verweilen, denn es ist doch ein sehr merkwürdiges Denken.

Man könnte erwarten, dass Erzieher jungen Menschen beim Erwachsenwerden helfen. In deinem Internat wurde das Gegenteil getan. Man verbot jungen Menschen, erwachsen zu werden.

Was ich hier skizziert habe, gibt es auch heute noch. Noch immer werden Kinder dem wirklichen gesellschaftlichen Leben künstlich entzogen. Ich muss zugeben, es hat sich vieles im positiven Sinne gewandelt. Die Schulen haben gemischte Klassen, was gesund ist. In der sexuellen Aufklärung wurden große Anstrengungen unternommen. Uns hat niemand aufgeklärt. Unsere Erzieher glaubten, die Unschuld eines Kindes könne allein schon durch das Wissen verdorben werden. Die Aufklärung im Internat sollte uns nicht informieren, sondern abschrecken. Es kam zwar ein Priester zu uns, der über Beziehungen, Intimität und Sex sprechen sollte, aber in Wirklichkeit versuchte er, uns so weit wie möglich von allem Körperlichen und von der Sexualität fern zu halten, indem er uns Angst einredete.

Das bringt uns zur nächsten, grundsätzlichen Frage: Ist Sexualität ein Primärtrieb oder wird sie von außen eingebracht, beigebracht? Kann man, wie es bei uns versucht wurde, Kinder bis zum achtzehnten Lebensjahr vor jedem

Kontakt mit der Sexualität bewahren? Darüber ist viel diskutiert und geschrieben worden. Kinsey, der vermutlich jedem bekannt ist, war der Ansicht, dass äußere Reize bei der Stimulierung des Geschlechtstriebs eine wichtige Rolle spielen. Das System, in dem meine Generation erzogen wurde, ging offenbar ebenfalls von dieser These aus. Die Internate wurden von »Asexuellen« geleitet, von Priestern und Nonnen. Wir hatten keinerlei Bezug zu dem, was in unserem Körper vor sich ging. Wir waren auf nichts vorbereitet. Es gab nichts als Verbote, es war einfach schrecklich.

Und ist es gelungen? Warst du und waren deine Klassenkameraden wirklich völlig ahnungslos?
Wir wussten sehr wenig von dem, was mit dem Körper zu tun hat. Wir durften nicht einmal miteinander darüber reden. Wir wurden ständig beobachtet. Die Schlafsäle waren in halb offene Holzkabinen unterteilt. Ständig ging die Aufsicht auf und ab. Wir waren einer extremen Kontrolle ausgesetzt.

Man hat versucht, den Geist rein zu halten. Aber die Entwicklung des Körpers lässt sich doch nicht stoppen.
Natürlich nicht. Junge Menschen spüren in sich die biologischen Veränderungen. Die ersten nächtlichen Ejakulationen treten auf. Das mussten wir verheimlichen, weil es sündig war. Man wurde nicht erwachsen, man wurde von der Sünde berührt. Jungen Menschen wurde ein unakzeptables Schuldgefühl aufgebürdet. Ich begreife noch immer nicht, wie meine Generation dennoch so gut damit zurechtgekommen ist. Unsere Erziehung war so schief, hatte so wenig mit der Wirklichkeit zu tun.

Wie sollten wir unsere Kinder denn heute erziehen?
Wir müssen über die Stellung von Kindern und Jugendlichen in unserer Gesellschaft nachdenken. Ich meine, dass wir die Jugendlichen viel stärker in die Erwachsenenwelt integrieren sollten. Ich denke und hoffe, dass wir auf diese Weise viele Probleme, mit denen junge Menschen konfrontiert sind, ausräumen können.

Ist das nicht ein wenig naiv?
Das glaube ich nicht. Vielmehr ist die heutige Einteilung in Jugendliche und Erwachsene naiv. Erwachsene sind nicht immer erwachsen. Die Terminologie ist im Grunde unbrauchbar. Manchmal sind junge Menschen erwachsener als die älteren Menschen, die wir Erwachsene nennen. Ältere sind einfach nicht per definitionem ausgeglichen und verhalten sich keineswegs immer so, wie es den kulturellen Normen entsprechen würde. Mir scheint es eine gute Idee zu sein, eine Gesellschaft anzustreben, in der es weder Kinder noch Jugendliche gibt, sondern in der wir allesamt nichts als Menschen sind. Wenn Kinder, Jugendliche, Erwachsene und ältere Menschen alle integriert zusammenleben und eine Gruppe bilden, in der sich jedes Individuum in einer anderen Phase seines Menschseins befindet, wird die Situation viel natürlicher. Wenn es dann ein Fest gibt, auf dem Erwachsene tanzen und Kinder mittanzen, auf dem sich Erwachsene küssen und Kinder auch küssen, dann ist das nicht weiter schlimm, auch wenn es zehn Uhr abends ist. Denn dann läuft das Ganze in einem einfachen, ungezwungenen, natürlichen Rahmen ab.

Die Eltern, die diese Kinderparty organisiert haben, von der du gesprochen hast, haben es vielleicht nur gut gemeint. Vielleicht wurden sie selbst besonders streng erzogen.
Es ist tatsächlich möglich, dass sie aus einer Art Kompensation für selbst erlebten Mangel heraus handelten. Ich kann das verstehen, aber man sollte vorsichtig damit sein. Dürfen Eltern ihre Kinder an Nacktbadestrände mitnehmen? Auch so eine praktische Frage, die man mir regelmäßig stellt. Im Prinzip ist dagegen nichts einzuwenden. Aber man muss schon den gesamten Rahmen berücksichtigen, in dem so etwas geschieht. Kindern wird oft ein Schamgefühl anerzogen, das zwar nicht immer negativ, aber manchmal einfach fehl am Platze ist. Sie dürfen einander nicht berühren, sie dürfen sich kaum ansehen. Außerdem wird zur Zeit alles, was mit sinnlicher Intimität zwischen Eltern und Kindern zu tun hat, als verdächtig hingestellt. Die Kinder gehen zur

Schule, sie müssen tüchtig lernen. Die Eltern bekommen sie kaum zu Gesicht, denn die sind immer am Arbeitsplatz. Und plötzlich sind Ferien. Die Kinder werden aus ihrer Isolation herausgeholt und finden sich am Strand unter lauter nackten Männern und Frauen wieder. Das ist ein Kulturschock, der ihnen meiner Meinung nach schwer zusetzen wird. Übrigens kann so etwas auch für Erwachsene schockierend sein. Auch sie leben isoliert von anderen Altersgruppen. Auch in ihrem Alltag erleben sie keine Integration der verschiedenen Generationen.

Das Ideal einer völligen Integration von Kindern und Erwachsenen hört sich gut an, scheint mir jedoch schwer realisierbar. Eltern haben viel zu tun, und wenn die Kinder später selbst ihr Brot verdienen wollen, müssen sie bis fünfundzwanzig lernen und studieren.

Unsere Jugend wird fast krankhaft dazu angehalten, Wissen anzuhäufen. Junge Menschen haben kaum noch Zeit zum Jungsein. Sie dürfen ihre Entwicklung zum körperlichen Erwachsensein nicht allmählich an sich spüren, sondern müssen es in Schüben tun. Tagsüber sitzen sie in der Schule. Abends und am Wochenende machen sie Hausarbeiten und büffeln den Unterrichtsstoff. Nur im Urlaub dürfen sie leben und wachsen. Die Zeit, in der die Jugendlichen in Internaten von der Realität isoliert wurden, ist zum größten Teil vorbei, aber noch immer verbringen Kinder viel zu wenig Zeit mit ihren Eltern. Wir haben bereits erwähnt, dass Liebe Zeit braucht, aber in der Erziehung ist der Faktor Zeit noch wichtiger. Die Erziehung allein auf die Lehrer abschieben, ist meiner Meinung nach keine gute Lösung. Man muss nicht Psychologie studiert haben, um einzusehen, dass einem Kind in erster Linie die Wärme und die Liebe seiner Eltern eine Hilfe sind: beim Großwerden, beim Erwachsenwerden und schließlich auch dabei, Intimität und Sexualität in Harmonie zu erleben.

Man muss übrigens nicht unablässig aktiv erziehen. Man muss aus seiner Wohnung keine Schule machen. Am wichtigsten ist das Zusammensein und sonst – keine Gebote und keine Verbote. Man begleitet seine Kinder auf dem langen Weg zum Erwachsensein besser durch affektive Übertragung, die von einem selbst ausgeht, statt dass man ihnen Befehle erteilt in einer Art und Weise, die einem selbst nicht entspricht und die also fast schon verlogen ist.

Es gibt Aspekte im Leben, die sich nicht übertragen lassen. Man muss seine Kinder sexuell aufklären, und sei es nur, damit sie wissen, dass bestimmte sexuell übertragbare Krankheiten tödlich sind. Wann sollte man am besten mit der Aufklärung anfangen?
Ich bekomme regelmäßig Briefe von Eltern, die mich fragen, ob sie ihrem siebzehnjährigen Sohn oder ihrer Tochter mein Buch zu lesen geben sollten. Dann ist es vielleicht schon zu spät. Aufklärung mit der richtigen Information muss früh erteilt werden. Ein dreizehn-, vierzehnjähriges Kind muss wissen, was Freundschaft, Verliebtheit und Liebe sind. Viele Kinder verlieben sich mit vierzehn zum ersten Mal. In dem Alter gibt es oft die ersten Berührungen. Jungen haben Erektionen, nächtliche Ejakulationen, Mädchen zum ersten Mal ihre Regel. Das ist der richtige Moment, mit der Aufklärung anzufangen.

Und von welchem Alter an dürfen Kinder Sex haben?
Eltern sollten keine Moralpredigten halten. Es ist viel wichtiger, da zu sein. Wir müssen dem Kind das Recht einräumen, selbst zu bestimmen, was es möchte. Ein Kind, das gut erzogen und aufgeklärt ist, ist dazu in der Lage. Dann beschränkt sich die Aufgabe der Eltern darauf, es zu begleiten, möglicherweise auch zu korrigieren. Eine autoritäre Erziehung mit Pflichten und Verboten, bei der den Kindern nicht erklärt wird, warum sie das eine tun sollen und das andere lassen, ist wenig sinnvoll.

Schlagen frei erzogene Jugendliche nicht über die Stränge?
Es gibt junge Menschen, die sich fast pervers in die Sexualität stürzen, wie etwa die Ibiza-Urlauber. Aber die meisten jungen Menschen gehen bedachtsam mit der Sexualität um.

Der durchschnittliche Belgier hat mit achtzehn den ersten Sexualkontakt. Ich höre, dass Eltern sechzehn-, siebzehnjährige Kinder heutzutage sogar fragen, ob sie keine Verhütungsmittel bräuchten. Das ist das genaue Gegenteil zu einem Verbot der Sexualität. Und die Kinder antworten: »Was denkt ihr eigentlich? Wir machen so was nicht.« Über diese Entwicklung können wir uns nur freuen.

Homosexuelle Jugendliche

Als ich bei ihm eintrete, ist Bo Coolsaet dabei, einen riesigen Stapel Post durchzusehen. »Ich habe schon einige Briefe herausgesucht, über die wir uns einmal unterhalten können«, sagt er. »Aber lassen wir das. Heute wollen wir über homosexuelle junge Menschen sprechen. Eine aktuelle Studie der Universität Gent weist nach, dass sie erheblich häufiger versuchen sich das Leben zu nehmen als ihre heterosexuellen Altersgenossen. Die Zahlen sind beängstigend. Etwa 12,5 Prozent der homosexuellen Jungen und 25 Prozent der lesbischen Mädchen versuchen früher oder später, sich das Leben zu nehmen.«

Ich dachte immer, Homosexualität sei heutzutage allgemein akzeptiert. Habe ich mich da geirrt? Ist das immer noch ein Problem?
Homosexualität hat sicher noch keine allgemeine Akzeptanz gefunden. Das Problem ist auch doppelbödig. Einerseits gibt es die schwierige Beziehung des homosexuellen jungen Menschen zu seiner Umgebung. In vielen Kreisen kann ein Junge oder ein Mädchen nicht ohne weiteres kundtun, er oder sie sei homosexuell. Auf diese Nachricht reagieren Bekannte und Verwandte im Allgemeinen mit einer gewissen Ablehnung. Manchmal ist der Widerstand sehr stark und aggressiv, dann werden diese jungen Menschen fast verstoßen.

Gelegentlich hört man sogar von einem Vater, der seinen homosexuellen Sohn aus dem Haus jagen möchte. Ich will solche Reaktionen keineswegs schönreden, aber dieser Mann reagiert aufgrund von Vorurteilen, die ihm vor zwanzig oder dreißig Jahren eingeredet wurden. Aber die junge Generation hat doch solche Vorurteile nicht mehr?
Es ist auch im Freundeskreis oft nicht leicht, homosexuell zu sein. Wenn junge Menschen in gelöster Stimmung einen

Ausflug machen, bei dem heterosexuelle Jungen und Mädchen mit von der Partie sind, die zusammen schlafen, fühlen sich oft gerade die Gleichaltrigen gestört, wenn zwei Jungen oder zwei Mädchen das Bett teilen wollen. Das ganze Umfeld, Freunde wie Familie, hat also Probleme mit der Homosexualität.

Die Anzahl der Selbstmordversuche unter homosexuellen jungen Menschen ist tatsächlich erschreckend hoch. Wie kommt es, dass die Zahl bei Mädchen noch höher liegt als bei Jungen?

Für Mädchen ist es offensichtlich noch schwieriger als für Jungen. Jungen haben mehr Vorbilder, mit denen sie sich positiv identifizieren können. Es gibt zwar auch lesbische Frauen, die zu ihrer geschlechtlichen Orientierung stehen, aber im Verhältnis outen sich viel mehr bekannte Männer. Es ist immer hilfreich, wenn sich Fernsehstars und andere Prominente offen zu ihrer Homosexualität bekennen.

Die Probleme homosexueller junger Menschen entstehen jedoch nicht allein wegen der Reaktionen ihrer Umgebung. Unter den jungen Menschen mit Selbsttötungsabsichten sind auch einige, deren Homosexualität im Familienkreis akzeptiert wird und denen man keine Steine in den Weg legt. Es gibt auch ein prinzipielles Problem, das wir schon einmal angesprochen haben, nämlich, wenn Verliebtheit zu Liebe wird oder die Beziehung zu Ende geht, nachdem der anfängliche sexuelle Hunger gestillt ist. Bei Heterosexuellen richtet sich die fortgeschrittene Liebe fast ausschließlich auf die Fortpflanzung.

Es gibt doch auch Paare, die bewusst kinderlos leben.

Auch wenn heterosexuelle Paare keine Kinder bekommen, der genetische Trieb ist dennoch vorhanden. Und dieser Trieb hebt die Liebe in eine andere Dimension. Ein Paar kann sich gegen Kinder entscheiden. Das ist das gute Recht eines jeden, aber sie sind trotz dieser Entscheidung biologisch weiterhin in der Lage, Kinder zu bekommen. Bei homosexuellen Paaren ist das nicht so. Sie bleiben eigentlich in der Verführungsphase hängen. Das ist ihr grundsätzliches Problem, denn Verführen und Verliebtsein sind per definitionem vorübergehende Phänomene. Daher gibt es bei Homosexuellen auch so viel Promiskuität.

Ist das kein Vorurteil?
De facto haben Homosexuelle viele wechselnde Freunde oder Freundinnen, entweder gleichzeitig oder auch nacheinander. Ich habe viele homosexuelle Freunde, und sie stimmen mir alle zu. Bei Homosexuellen gibt es eine große »Untreue«, auch wenn man oft nicht von Untreue sprechen kann, weil die Partner darüber informiert sind und dieses Handeln akzeptieren. Partnerwechsel ist bei Homosexuellen viel häufiger als bei Heterosexuellen. Sie haben öfter gleichzeitig verschiedene Partner. Ohne sich darüber im Klaren zu sein, spüren Homosexuelle durchaus, dass das klassische Liebesszenario für sie nicht in Frage kommt. Ich glaube, das ist ihr allergrößtes Problem.

Du meinst also, das große Problem besteht letztendlich doch darin, dass Homosexualität nichts Natürliches ist?
Homosexualität widerspricht dem normalen Szenario der Liebe, das wir bereits ausführlich beschrieben haben. Ich spreche von der Verliebtheit, die über Körperlichkeit und Sexualität und möglicherweise auch über Fortpflanzung in eine Liebesbeziehung mit bestimmten Vereinbarungen und festen Bindungen übergeht. Nicht über die Phase der Verliebtheit hinauszukommen, und das passiert vielen Homosexuellen, gibt Anlass zu Unbehagen und letztendlich zu einer prinzipiellen Unzufriedenheit. Diese wiederum verursacht große emotionale Probleme, die so weit gehen können, dass man anfängt, über Selbstmord nachzudenken. Dabei sollte man nicht vergessen, dies sind keine theoretischen Konstrukte, sondern tagtägliche Wirklichkeit.

Ich kann mich daran erinnern, dass es nicht ganz einfach ist, jung zu sein.

Junge Menschen werden nicht von vornherein in die Welt der Erwachsenen aufgenommen. Ich kann eigentlich nicht verstehen, weshalb sie sich nicht dagegen auflehnen, denn es ist ein grundlegendes Problem. Auch heterosexuelle junge Menschen kennen Selbstmordneigungen und versuchen mitunter, ihrem Leben ein Ende zu setzen. Es gibt auch heterosexuelle junge Leute, die in der Verliebtheitsphase hängen bleiben und dadurch keine Aussicht auf eine normale Entwicklung ihrer Liebesgeschichte haben. Das Problem homosexueller junger Menschen ist also kein doppeltes, sondern ein dreifaches. Es ist das allgemeine Problem der Jugend, das weitere, von der Umwelt akzeptiert zu werden, und schließlich noch das grundlegende Problem eines unvollständigen Liebesszenarios.

Können wir, also die Gesellschaft, für diese jungen Menschen etwas tun?
Man muss diesen Problemen so viel Aufmerksamkeit wie möglich widmen und so viel Unterstützung wie möglich bieten. Dass es sich dabei wirklich um grundsätzliche Probleme handelt, verrät die Tatsache, dass sogar junge Menschen, die von sehr guten Beratungszentren aufgefangen werden, dennoch Selbstmord begehen oder Selbsttötungsversuche unternehmen. Vielen jungen Menschen mit Problemen würde es helfen, wenn erwachsene Homosexuelle demonstrierten, dass sie glücklich sind, dass sie in der Gesellschaft eine gewisse Stellung einnehmen, dass sie akzeptiert werden.

Ich habe gelesen, junge Menschen würden oft schon sehr früh merken, dass sie andere geschlechtliche Präferenzen haben als ihre Klassenkameraden. Wäre es nicht in erster Linie die Aufgabe sexueller Aufklärung, darüber zu informieren, dass es Homosexualität gibt und es sich dabei um eine völlig normale Lebensform handelt?
Eltern fragen mich oft, ob die Homosexualität ihres Kindes von einem älteren Freund aufgedrängt wurde oder ob Homosexualität angeboren ist. Die jüngsten Forschungsergebnisse lassen vermuten, dass Homosexualität durch eine

Kombination erblicher und erworbener Faktoren entsteht. Wahrscheinlich spielen dabei auch gewisse chemische Prozesse eine Rolle, die wir noch nicht genau kennen.

Es ist also Unsinn, zu behaupten, etwas oder jemand habe den Sohn oder die Tochter homosexuell gemacht.
Der typische Homosexuelle existiert nicht. Zwischen Homosexualität und Heterosexualität gibt es eine Grauzone, in der vieles möglich ist. Was dort geschieht, hängt durchaus von den Umständen ab. Daher sieht man immer wieder, dass Homosexuelle, die sich ihrer geschlechtlichen Präferenz nicht oder nur bedingt bewusst sind, heiraten und Kinder bekommen. In der Regel sind das sehr empfindsame, liebe Menschen; die Familie scheint nach außen hin perfekt zu funktionieren. Irgendwann einmal merkt der Vater oder die Mutter dann doch, dass er oder sie homosexuell ist. Nun, da die Offenheit ein wenig größer geworden ist, wagen sie oft, nach ihrer wahren Identität zu suchen. Oft geschieht es erst nach einer langen Periode des Zweifelns, Zögerns und nach vielen Ratschlägen. In Westeuropa wird das jetzt großenteils akzeptiert, aber es gibt noch viele Länder, in denen diese Menschen rigoros verstoßen werden.

Aber das Umgekehrte gibt es auch, zum Beispiel Tom Robinson, der ein bekennender britischer Homosexueller und Vorkämpfer für die Rechte von Homosexuellen ist. Vor etwa zwanzig Jahren landete er mit »Glad to be Gay« einen Hit. Aber mit vierzig wurde er Vater.
Es kommt tatsächlich häufiger vor, dass Homosexuelle sich irgendwann einmal entscheiden, mit einer Frau zusammenzuleben. Dabei müssen sie nicht notwendigerweise auch Geschlechtsverkehr mit der Frau haben, aber es ist nicht ausgeschlossen. Nun, für Eltern ist es wichtig zu wissen, ob ihr Kind homosexuell geboren wurde bzw. es später geworden ist. Und oft ist nicht ausschließen, dass ein Kind die Grenze zwischen Homosexualität und Heterosexualität an der Hand eines älteren Partners überschritten hat.

Homosexualität kommt häufiger vor, wenn keine Frauen in der Nähe sind, wie in Gefängnissen.
Es ist tatsächlich so, dass homosexuelle Handlungen in isolierten Männergemeinschaften - in Gefängnissen, auf Schiffen, in Internaten - völlig üblich sind. Aber so etwas können wir eigentlich nicht als Homosexualität bezeichen, weil die Umstände eine andere Art des Umgangs mit der Sexualität geradezu erzwingen. Man kann es nicht anormal finden, dass es auch dort sexuelle Handlungen gibt, und wegen der Umstände sind das dann eben homosexuelle.

Das heisst, dass junge Menschen, wenn sie in dieser Weise von der Außenwelt abgeschottet werden, später eher zur Homosexualität neigen, nehme ich an.
Wir können tatsächlich nicht ausschließen, dass die früheren Internate junge Menschen mit einer gewissen Veranlagung fast in die Homosexualität getrieben haben. Wir dürfen junge Menschen nicht in Gruppen und an Orten isolieren, wo das andere Geschlecht tabu ist. Ich möchte Homosexualität nicht anormal nennen, aber biologisch gesehen ist Heterosexualität natürlich die »normalere« Form des Zusammenlebens. Durch die Absonderung des Menschen vom anderen Geschlecht produziert man Probleme. Man nimmt es der Kirche heute sehr übel, dass es Priester mit »bestimmten Neigungen« gibt, aber eigentlich ist das doch nur zu verständlich. Und wir haben unsere Kinder jahrelang genauso, unter denselben asexuellen Bedingungen, erzogen. Aber wir sind doch nicht von Natur aus asexuell. Deshalb musste in diesen Internaten einiges geschehen, und dabei war es unvermeidlich, dass angeblich »asexuelle« Betreuer gelegentlich involviert waren. Die Umstände bedingen manchmal Fehlentwicklungen, die wir verhindern können, indem wir unsere Kinder in einem gesunden Umfeld heranwachsen lassen. Was kann man von Kindern erwarten, die in einer Ausbildungsstätte abgeschottet werden und keinen Kontakt zu Gleichaltrigen des anderen Geschlechts haben, die nicht einmal ihren eigenen Körper kennen lernen dürfen? Im Internat mussten sich die Mädchen mit einem lan-

gen Hemd bekleidet waschen. Sie durften zwei Minuten unter der Dusche stehen und dabei ihren eigenen Körper nicht berühren. Nicht einmal die Wasserstrahlen sollten ihren Körper treffen. Sie durften sich nicht im Spiegel ansehen. Wie kann man sich selbst entdecken und lieben lernen, wenn man nicht einmal in den Spiegel sehen darf? Im Gegenteil, wir sollten jungen Menschen vorschlagen, sich regelmäßig im Spiegel zu betrachten. Wer bin ich? Wie sehe ich aus? Wie ist mein Körper? Wie funktioniert er? Bin ich zufrieden mit dem, was ich sehe? Und wenn sie nicht zufrieden sind, können sie lernen, es zu werden, zu der Person zu werden, die sie sehen. Sich selbst annehmen zu können, wie man ist, ist ein Zeichen für wirkliches Erwachsensein. Ist einer schon mit vierzehn so weit, dann ist er in meinen Augen erwachsen. Viele Erwachsene sollten meiner Ansicht nach dieselbe Übung machen.

Junge Menschen können sich auch gegenseitig unglücklich machen, etwa wenn sie sich damit großtun, sie hätten »es« schon mal gemacht.
Das ist bei jungen Menschen so, es ist bei Erwachsenen so, es ist bei älteren Menschen so. Jungen brüsten sich auch gern untereinander damit, wie oft sie am Tag masturbieren. Einer, der noch nicht onaniert, macht sich dann vielleicht Sorgen, weil er dieses Bedürfnis überhaupt nicht verspürt. Für ihn ist es wichtig zu wissen, dass auch er völlig normal ist.

Aus Untersuchungen geht hervor, dass fünfundneunzig Prozent der Jungen und fünfundsechzig Prozent der Mädchen masturbieren oder masturbiert haben. Daraus können wir schließen, dass Jugendliche normal mit ihrer Sexualität umgehen. Junge Menschen müssen nicht unbedingt masturbieren, aber es ist gut, wenn sie es tun, sobald sie den Wunsch verspüren. Es ist gut, dass Jungen, die masturbieren, heute nicht mehr bestraft werden. Wir mussten im Internat jede Woche zur Beichte gehen. Alle Jungen hatten das Gleiche zu beichten, nur die Häufigkeit war verschieden. Bei uns galt Masturbation als Sünde. Heute kontrollieren Eltern oft nicht einmal mehr, ob ihr Kind masturbiert. Man muss jungen Menschen sagen, dass es völlig normal ist, wenn sie es tun, aber dass es andererseits auch nicht unbedingt notwendig ist. Sex ist keine biologische Notwendigkeit. Aber es ist durchaus eine Tatsache, dass in unserer Gesellschaft die Reizüberflutung sehr stark ist. Die jungen Menschen sehen heute Bilder im Fernsehen, die wir uns nicht einmal in unseren wildesten Phantasien hätten ausmalen können.

Auch Erwachsene werden mit Bildern konfrontiert, die nicht gerade ein realistisches Bild von der menschlichen Sexualität vermitteln. Du sagtest gerade, dass auch Erwachsene und ältere Menschen gern damit protzen, wie oft sie es tun.
Dabei muss man gar nicht stolz darauf sein, wenn man es oft tut. Wenn einer häufig Geschlechtsverkehr hat, spricht das noch lange nicht dafür, dass er guten Sex hat. Die Qualität ist viel wichtiger als die Quantität. Zu mir kommen ältere Männer, die denken: Wir müssen Viagra schlucken, damit wir mehr Sex haben, denn das tun anscheinend alle. Sie fühlen sich gewissermaßen dazu verpflichtet. Das ist natürlich schrecklich. Wer keinen Sex haben will, mit wenig Sex zufrieden ist oder Sex anders erleben will, hat dazu das vollste Recht und verdient gleichermaßen unsere Achtung.

Sex im fortgeschrittenen Alter

Unser letztes Gespräch endete mit der Feststellung, dass manchen Menschen von den Medien das Gefühl aufgedrängt wird, mit ihrem Sexleben sei etwas nicht in Ordnung. Vor allem ältere Menschen glauben, sie müssten ihren Rhythmus und ihr sexuelles Begehren mit Pillen aufputschen. Ein guter Grund, einmal etwas ausführlicher auf die Rolle der Sexualität und der Sinnlichkeit bei älteren Paaren einzugehen. »Zu diesem Thema bekam ich einen wunderschönen Brief von einer älteren Dame«, sagt Bo Coolsaet begeistert. »Sie hat einen Freund, einen attraktiven, vitalen Siebzig-Jährigen, den sie sehr liebt. Sie können sich stundenlang küssen, streicheln und lieben. Aber er bekommt keine Erektion. Nach einigen Minuten kommt es immerhin zum Samenerguss. Sie sei sehr glücklich, schreibt sie. Dieser Mann schenkt ihr weitaus mehr Befriedigung als ihr früherer Liebhaber. Sie fragt sich aber: ›Warum ist dann doch so wenig Leidenschaft, so wenig Trieb vorhanden?‹ Ihr Freund hat ihr versichert, dass er keine anderen Kontakte hat. Auch er ist sehr glücklich.«

Warum bekommt ihr Freund dann keine Erektion?
Ich habe den Mann natürlich nicht untersucht. Aber ich will dieses Problem zum Anlass nehmen, um über die Sexualität älterer Menschen und einige häufig auftretende Störungen zu sprechen. Zum einen können wir aus dem Brief schließen, dass auch ältere Menschen Lust auf Sex haben können. Bei Untersuchungen stellte sich heraus, dass die Mehrheit der Menschen ab sechzig noch Lust dazu hat. Die Libido, »die Lust auf Sex«, nimmt zwar im Alter ab, aber man kann allgemein davon ausgehen, dass die Lust länger existiert als die Möglichkeit, sie zu befriedigen. Und das ist eigentlich nichts Anormales. Vor hundert Jahren lag die durchschnittliche Lebenserwartung des Mannes bei etwa fünfzig Jahren.

Heute werden Männer bei uns im Schnitt fünfundsechzig bis sechsundsiebzig Jahre alt, und es gibt ziemlich viele Achtzig- und sogar Neunzig-Jährige, die geistig noch völlig wach sind und deren limbische Systeme, die Sinnlichkeit im Gehirn, ebenfalls noch sehr gut funktionieren. Nur reagiert der Körper nicht mehr so, wie sie es gerne hätten.

Ist es denn normal, dass Neunzigjährige noch Lust auf Sex haben? Ist das nicht ein bisschen lächerlich?
Junge Menschen finden es häufig peinlich, wenn ältere Paare noch liebevoll miteinander umgehen oder ältere Männer Frauen hinterherschauen, sogar flirten oder sich ein wenig verliebt gebärden. Ihnen möchte ich raten, zuerst einmal nachzudenken, bevor sie urteilen. In einigen Jahren werden sie selbst alt sein. Dann möchten sie natürlich auch nicht gern für tatterige alte Männer oder Frauen gehalten werden. Älter werdende Menschen dürfen sich keinen Komplex einreden lassen. Es ist völlig normal, weiterhin sexuelle Phantasien und Lust auf Sex zu haben. Die übergroße Mehrheit der älter werdenden Menschen empfindet diese Lust noch, aber die meisten haben auch Probleme mit den körperlichen Seiten des Geschlechtsverkehrs. Bevor ich darauf näher eingehe, nur noch dieses. Unsere Briefschreiberin schildert eine sehr schöne Liebe, voller Wärme, Sinnlichkeit und Intimität, aber sie vermutet, dass ihr Freund keine Erektion bekommen kann, weil er keinen richtigen Geschlechtstrieb mehr besitzt. Das ist nicht richtig. Der Geschlechtstrieb und die Möglichkeit, eine Erektion zu bekommen, sind nicht dasselbe.

Der Mechanismus des Geschlechtstriebs, den wir Libido nennen, ist noch nicht in allen Einzelheiten bekannt. Wir wissen, wo das System seinen Sitz hat, nämlich an der Basis des Gehirns. Wir kennen auch eine Anzahl chemischer Stoffe, Neuro-Modulatoren, die es beeinflussen, wie etwa das Dopamin. Aber wie der Geschlechtstrieb genau entsteht, das wissen wir nicht. Es gibt auch Menschen, sogar junge, die gar keinen Geschlechtstrieb besitzen. Junge Männer können dann z.B. eine Erektion bekommen, wenn sie gestreichelt werden. Es kann auch zum Samenerguss kommen, aber sie haben keine Lust auf Sex. Unsere Briefschreiberin spricht jedoch ein anderes Problem an. Die Lust ist überdeutlich, bei ihr wie bei ihrem Partner.

Sie verdächtigt ihren Freund sogar, eine andere Geliebte zu haben, weil er bei ihr keine Erektion zustande bringt.
Nur weil ein Mann Erektionsprobleme hat oder bekommt, muss man noch nicht an seiner Treue zweifeln. Schon ein Mann in den so genannten besten Jahren kann durchaus gelegentlich Erektionsschwierigkeiten haben. Unsere Briefschreiberin fühlt ja auch, dass ihr Freund sie liebt. Es ist wunderbar, wenn die Sinnlichkeit im Alter noch so erlebt wird, mit Streicheln, Küssen, Liebkosungen. Es handelt sich hier also um ein reines Erektionsproblem.

Der Mann hatte keine Erektion, aber durchaus Samenergüsse. Ist das normal?
Auch ohne einen steifen Penis kann es zum Orgasmus und zum Samenerguss kommen. Das Paar kann durchaus Lust empfinden. Dennoch hat diese Frau - und wahrscheinlich auch ihr Freund - den Wunsch, ihre Liebe durch eine wirkliche sexuelle Gemeinschaft zu bekräftigen. Wenn wir die Erektion wiederherstellen können, machen wir das Szenario der Liebe vollkommen. Das ist eine sehr dankbare Aufgabe. Dem Mann kann bestimmt geholfen werden. Zuerst stellen wir die Ursache seiner Erektionstörung fest. Es könnten Medikamente sein, die seine Potenzprobleme verursachen. Es ist auch denkbar, dass die Blutgefäße, die das Blut zum Penis führen, verengt sind und er also unter der Krankheit leidet, die der Volksmund Arterienverkalkung nennt. Die Erektionsstörungen könnten dafür ein erstes Anzeichen sein. Das kann man untersuchen. Wir können sehr genau messen, wie schnell das Blut durch die kleinen Blutgefäße strömt. Möglich ist auch ein Nachlassen der Elastizität des Gewebes, der Schwellkörper im Penis. Bei älteren Menschen ist das völlig normal. Wir bekommen Falten, die Haut wird schlaff. Was man äußerlich beobachten kann,

geht auch in den Organen, im Penis, vor sich. Eine steife Erektion erfordert ein festes Bindegewebe. Nur so kann Druck aufgebaut und erhalten werden. Ein Erektionsproblem kann auch die Folge einer hormonellen Störung sein, auch wenn das nicht sehr häufig vorkommt. Dann verabreichen wir Hormone, die den Geschlechtstrieb beeinflussen. Bei diesem Mann ist das sicherlich nicht erforderlich. Sein Geschlechtstrieb reicht aus, und sein sinnliches Verlangen ist groß genug. Gelegentlich werde ich aber durchaus von Männern mit einem extrem niedrigen Hormonspiegel konsultiert. In solchen Fällen ist eine Hormongabe angezeigt.

Ist ein Mangel an männlichen Hormonen angeboren?
Möglicherweise, aber mit zunehmendem Alter nimmt die Menge männlicher Hormone in unserem Blut sowieso ab. Zwischen der Hormonmenge in unserem Blut und dem Geschlechtstrieb gibt es jedoch keine feste Relation. Es gibt Männer mit einem niedrigen Hormonspiegel, die gleichwohl einen völlig normalen Geschlechtstrieb und eine total normale Erektion haben. Umgekehrt haben manche Männer einen hohen Hormonspiegel, ihnen fehlt aber der Geschlechtstrieb. Mit der Verabreichung von Hormonen sollte man übrigens vorsichtig sein. In der Vergangenheit wurden männliche Hormone oft zur Stimulierung der Erektion eingesetzt, weil es kaum andere Mittel gab. Man sollte jedoch keine männlichen Hormone einnehmen, wenn es nicht unbedingt erforderlich ist; es ist sogar gefährlich, denn männliche Hormone können Prostata-Krebs fördern.

Der Liebhaber unserer Briefschreiberin braucht keine Hormone, das sagtest du bereits. Was kann ihm dann zu einer Erektion verhelfen?
Das bekannteste Mittel ist zur Zeit natürlich Viagra. Billiger als Viagra und auch sehr einfach sind Selbstinjektionen. Wenn alles nichts hilft, könnte man eine Prothese implantieren. Trotz der neuen Mittel führen wir diese Operation weiterhin durch. Ich rechne allerdings damit, dass in den

nächsten Jahren weitere Medikamente auf den Markt kommen werden und die Anzahl der Menschen, denen wir medikamentös helfen können, noch zunimmt.

In einer Fernsehsendung über Sex bei älteren Menschen zeigte ein Engländer, wie er mit seiner Vakuumpumpe zurechtkommt.

Vor einigen Jahren waren solche Pumpen auch bei uns ziemlich populär. Es ist ein einfaches Gerät, das man über den Penis stülpt. Dann wird Luft abgesaugt. Anschließend schiebt man ein Bändchen über die Peniswurzel, damit der Penis steif bleibt. Es ist also keine echte Erektion. Nur der äußere Teil des Penis wird fester. Damit ist vielen Männern geholfen worden. Aber kein einziger, dem ich eine Vakuumpumpe verschrieben habe, verwendet sie heute noch. Was eher akzeptiert wird, sind Selbstinjektionen. Man spritzt ein Produkt direkt in die Schwellkörper des Penis. Das hört sich zunächst höchst unangenehm an, aber so schlimm ist es nicht. Ich bringe meinen Patienten in zwei Sitzungen bei, es künftig selbst zu machen, am besten in Anwesenheit der Partnerin. Manche Patienten fielen fast in Ohnmacht, als sie die Nadel zum ersten Mal sahen. Aber schon nach dem zweiten Mal wandten sie die Methode voller Begeisterung selbst an. Kein Patient, dem ich solche Selbstinjektionen beigebracht habe, stört sich noch daran.

Aber hat das alles einen Sinn? Sagst du Siebzigjährigen, die ein interessantes Liebesleben hinter sich haben, nicht: »Was haben Sie zu klagen? Sie hatten doch eine schöne Zeit.«

Nein, das sage ich bestimmt nicht. Ich helfe Männern von fünfundachtzig Jahren, und sogar noch älteren. Ich muss auch nichts über die näheren Umstände ihres Sexuallebens wissen.

Ist es nicht so, dass bei gemeinsam alternden Eheleuten das Bedürfnis nach Sex beim Mann wie bei der Frau mit zunehmendem Alter abnimmt? Man macht die Frau durch eine

künstliche Steigerung der Potenz ihres Mannes vielleicht gar nicht glücklicher.
Jedes Paar muss allein entscheiden, was es möchte, geistig wie körperlich. Denn man wird ja nicht einfach nur älter. Die meisten Menschen bekommen auch eine Reihe von Krankheiten. Gelenkschmerzen oder Arthrose können den Geschlechtstrieb dämpfen. Andere Menschen haben Hüft- oder Knieprothesen, die ihre Bewegungsfreiheit und also auch das Erleben der Sexualität einschränken. Der eine Mensch altert schneller als der andere. Mein Großvater besaß mit zweiundneunzig noch eine sehr gute Erektion, aber bei manchen Männern nimmt die Erektionsqualität bereits mit fünfundvierzig ab. Es gibt individuelle Unterschiede, und die muss man respektieren. Ein Ehepaar, bei dem beide fünfundvierzig, fünfzig oder älter sind, mag spüren, dass bei beiden die Libido nachlässt. Sie können für sich entscheiden, dass sie Sexualität nicht mehr brauchen. Sie erleben beispielsweise genügend Wärme und Intimität durch die Beschäftigung mit ihren Enkeln. Was will man mehr? Warum sollte man jemanden anstacheln, dann doch Geschlechtsverkehr zu haben? Es wird erst problematisch, wenn nur einer der beiden Partner nicht mehr möchte. Manche Frauen haben z. B. nach der Menopause keine Lust mehr auf Sex. Manchmal verliert eine Frau auch die Lust am Sex, weil sie dabei Schmerzen hat. Sie leidet beispielsweise unter Gelenkschmerzen, und es fällt ihr schwer, die Beine zu spreizen. Oder der Mann bereitet das Liebesspiel nicht gut vor, und sie hat Schmerzen in der Vagina. Das kommt sehr häufig vor, wie es auch normal ist, dass die Vagina mit zunehmendem Alter trockener wird.

Mir scheint es etwas übertrieben, allein aus dem Grund keinen Sex mehr zu haben. Es gibt doch Mittel gegen eine trockene Vagina.
Der Hausarzt kann weibliche Hormone verschreiben, um die Schleimhäute feuchter werden zu lassen. Man kann auch in der Apotheke ein Gleitmittel kaufen. Ich würde älteren Menschen immer empfehlen, beim Liebesakt solche

Mittel zu verwenden. Man kann auch einfach Vaseline nehmen. Das ist billig und wirkungsvoll. Alle Frauen, denen ich dazu geraten habe, sind damit sehr zufrieden.

Auch körperliche Übungen sind wichtig. Die Vagina wird nicht nur trockener, sondern auch weiter. Daher ist es sehr nützlich, die Beckenbodenmuskulatur zu trainieren, insbesondere für Frauen, die Kinder geboren haben. Diese Muskulatur schließt den Unterbauch ab und umgibt den Darmausgang, den Blasenausgang und bei der Frau auch die Scheide. Der Beckenboden ist eine Schwachstelle der Frau. Viele Frauen bekommen Versackungen oder haben Probleme, bei Husten oder Niesen den Urin zu halten. Die Scheidenrückwand kann sich ein wenig ausdehnen und so Schwierigkeiten beim Stuhlgang verursachen. Und dann gibt es das Problem der vergrößerten Vagina, die im Alter noch schlaffer wird. Der meist gleichaltrige oder ältere Partner bekommt auch ein paar Probleme mit seiner Erektion. Für ihn ist es sehr wichtig, dass sich die Vagina anspannt, damit seine Erektion stabilisiert wird. Es ist also nicht nur wichtig für die Frau selbst, ihre Beckenbodenmuskulatur zu trainieren, sondern auch für die Qualität des Geschlechtsverkehrs. Je besser die Frau »pressen« kann, umso besser wird die Erektion des Mannes sein und umso länger wird sie anhalten. Nur wenige Frauen kennen dieses kleine Geheimnis.

Wie lässt sich die Beckenbodenmuskulatur trainieren?
Das ist sehr einfach. Wenn die Blase geleert ist, kneift man den Beckenboden zusammen. Man muss einfach einmal darauf achten. Man spürt, wie sich die Muskeln zusammenziehen. Diese Übungen kann man völlig unbemerkt machen, ohne dass es jemandem auffällt. In »Der Pinsel der Liebe« rate ich dazu, diese Übung beim Warten im Stau zu machen. Sie ist auch Männern anzuraten, aber für Frauen ist sie wirklich wichtig. Sie sollten schon früh, etwa um die dreißig, damit anfangen und die Übungen täglich fortsetzen. Frauen müssen auch auf die Pflege ihrer äußeren Geschlechtsorgane achten. Viele Frauen kennen ihre eigene

Anatomie nicht richtig und vernachlässigen ihre Klitoris bei der Körperpflege. Die Klitoris ist mit einer Hautfalte bedeckt, in der sich Sekrete festsetzen können, die möglicherweise Irritationen hervorrufen; dann schmerzt die Klitoris bei Berührung. Es genügt also nicht, die Klitoris lediglich von außen mit Wasser und Seife zu säubern. Man muss dabei wirklich ziemlich sorgfältig sein.

Ich möchte noch hinzufügen, dass Frauen ebenso wenig Aussehen und Kleidung vernachlässigen sollten. Es gibt Fälle, in denen Frauen den langsamen Abbau ihres alternden Körpers sogar noch betonen wollen, nur noch die Rolle der Mutter und Großmutter übernehmen möchten und nicht mehr die der Liebhaberin. Für sie wird Sex allmählich zu etwas Schmutzigem. Wenn ihr Partner noch Lust auf Sex hat, ist das besonders schade – dann treibt sie ihren Mann geradezu aus dem Haus. Und das kann man dem Mann dann eigentlich nicht übel nehmen.

Viele alternde Frauen finden sich selbst nicht mehr schön. Sie beobachten, wie Männer ihres Alters jungen Frauen hinterhersehen, und das tut ihnen weh. Sie sehen auch selbst die jungen Frauen an und vergleichen sich mit ihnen. Dann spüren sie die Falten in ihrem Gesicht.

... und machen einen Termin bei einem plastischen Chirurgen.

Plastische Chirurgie kann nicht jedes Problem lösen. Altern ist die normalste Sache der Welt. Frauen und Männer müssen sich klarmachen, dass die Schönheit von Mannequins und Fotomodellen nicht die wirkliche Schönheit ist. Für mich sind es eher Modepuppen, Kleiderständer auf zwei Beinen, als sinnliche Frauen. Schönheit ist mehr als glatte Haut allein. Es ist der Gesamteindruck, der bei älteren Frauen oft sehr intensiv ist. Älter werdende Frauen können Weisheit ausstrahlen, Wärme, auch Sinnlichkeit. Auch Männer werden im Alter schöner. Ich bin gewiss nicht der Einzige, der dieser Meinung ist. Die oberflächliche Macho-Ausstrahlung vergeht und macht Platz für echte tiefe Schönheit.

Das hoffen wir zumindest.
Ja, vielleicht hoffen wir Männer das wirklich ein wenig (*lacht*). Womöglich ist das unser einziger Trost, aber gut. Vor einigen Wochen kam ein 72-jähriger Mann in meine Sprechstunde, der ein wenig Schwierigkeiten mit seiner Erektion hatte. Dann versuche ich immer erst einmal, mir ein Bild von der häuslichen Situation des Patienten zu machen. Er sagte, er lebe mit einer vierundachtzigjährigen Frau zusammen und ihr Liebesleben sei perfekt und harmonisch, einschließlich eines sehr intensiven Sexuallebens. Er fand seine Partnerin immer noch sehr attraktiv. Ich habe die Frau später selbst kennengelernt, und sie ist wirklich eine außerordentlich charmante Frau mit einer ungeheuren Ausstrahlung. Bei unserem ersten Gespräch fragte ich den Mann, ob er je Kontakt zu jüngeren Frauen gehabt hätte. »Ich muss Ihnen etwas gestehen«, sagte er. »Ich habe noch eine Freundin.« Und diese Freundin war sechsundachtzig Jahre alt! Der Mann ist wirklich kein Einzelfall. Ich rede jetzt nicht von Gigolos, die sich aus materiellen Gründen mit älteren Frauen einlassen, sondern von Männern, die sehr starke affektive Bindungen zu älteren Frauen haben. Frauen müssen sich klarmachen, dass ihre Schönheit mit dem Älterwerden oft noch größer wird. Dann geben sie auch ihre Rolle als Geliebte nicht so schnell auf.

Auch die Kinder spielen im Prozess des Älterwerdens eine wichtige Rolle. Leider können sie auf das Sexualleben ihres Vaters, der Mutter oder beider Elternteile einen negativen Einfluss haben. Das beobachte ich oft bei älteren Patienten, meist bei Männern, die nach dem Tod ihrer Ehefrau mit einer neuen Partnerin leben möchten. Manchmal bitten mich die Kinder, den Vater davon abzubringen, eine neue Beziehung einzugehen. Sie führen die unmöglichsten Gründe an: Es wäre zu belastend für sein Herz, seine Hüfte würde nicht mehr mitmachen, er würde die Mutter vergessen. Aber der wahre Grund ist fast immer materieller Art: die Angst, das Erbe teilen zu müssen. Meistens sage ich den Kindern ins Gesicht, was ich davon halte. Es ist absolut inakzeptabel, ja unmoralisch, wenn junge Menschen ihren

Vater, einen älteren, einsamen Mann, daran hindern wollen, noch einmal eine glückliche Beziehung zu erleben. Kinder laden dem Vater bzw. der Mutter Schuldgefühle auf. Sie missbrauchen die tote Mutter, um den Vater an einer neuen Beziehung zu hindern! »Du vergisst Mutter«, sagen sie. »Du denkst nicht daran, was sie alles für dich getan und worauf sie verzichtet hat.« So zwingen sie ihrem Vater nahezu Einsamkeit bis an sein Lebensende auf.

Die verstorbene Mutter kann den Kindern aber auch wirklich fehlen. Es ist doch verständlich, dass es ihnen schwer fällt, wenn eine andere Frau ihren Platz einnimmt.

Das Erbe muss natürlich nicht immer der Grund sein. Ich verstehe, dass es Kindern nicht leicht fällt, die neue Partnerin des Vaters zu akzeptieren, aber das gibt ihnen noch lange nicht das Recht, dem Vater ihre Normen aufzuzwingen. Sie müssen ihm die Freiheit lassen, etwas gegen seine Einsamkeit zu tun, wie man auch Kindern die Freiheit gewähren muss, ihr Leben nach eigenem Gutdünken einzurichten. Mich haben hier Menschen aufgesucht, die selbst schon eine Scheidung hinter sich hatten und dennoch dem Vater vorschreiben wollten, wie er die letzten Jahre seines Lebens zu verbringen hätte. Es ist unabdingbar, dass Menschen sich gegenseitig respektieren und sich Freiheiten einräumen, nicht nur in der Liebe zwischen zwei Individuen, sondern auch in der Beziehung zwischen Eltern und Kindern. Wenn ein Witwer eine neue Beziehung eingeht, heißt das nicht, dass er seine vorherige Partnerin nicht geliebt hätte. Manche älter werdenden Ehepaare erleben in den letzten zehn bis zwanzig Jahren ihres Zusammenlebens keinen intimen Moment mehr. Wenn der Mann oder die Frau allein zurückbleibt und nach einem Trauerprozess, der manchmal vier Jahre und länger dauert, doch noch einen neuen Partner findet und mit ihm ein neues Intimleben beginnt, dann ist das wunderbar.

Eine Witwe sagte mir, ihr fehle nicht so sehr der Sex, sondern alles andere, die Wärme des Partners, das Zärtlichsein, das Zusammensein.

Ich denke, dass Wärme, Intimität, Streicheln, Liebkosen und Küssen die grundlegenden Formen einer Partnerschaft im höheren Alter sind. Sehr viele ältere Menschen brauchen nichts weiter als das. Ihr Geschlechtsleben ist für sie Vergangenheit. Wenn sie ihren Weg auf diese Weise gemeinsam weitergehen, dann ist das wunderschön. Wir können uns nur wünschen, dass es uns später ähnlich gehen wird. Das heißt nicht, dass es keine älteren Menschen gäbe, die durchaus noch ein Bedürfnis nach Sexualität haben. Aber die Sexualität ist nicht das größte Problem des Alterns, das wirkliche Problem älterer Menschen ist ihre Einsamkeit.

Es gibt doch Seniorenclubs?
Man ist doch nicht weniger einsam, nur weil man jeden Tag Karten spielt, zum Golfplatz geht oder sich in der Kneipe betrinkt, im Gegenteil. Solche Aktivitäten außer Haus machen einem die Einsamkeit oft noch bewusster. Bei alternden Paaren gibt es auch viel individuelle Einsamkeit. Mann und Frau sind sich fremd geworden. Dieser Prozess schreitet bereits seit Jahren voran, manchmal hat er schon im ersten Ehejahr eingesetzt. Auch Probleme mit Kindern oder Enkelkindern können Probleme zwischen den Partnern auslösen. Kinder können einem das Leben ziemlich sauer machen. Man sollte die Zahl der Eltern nicht unterschätzen, die wirklich große Schwierigkeiten mit oder durch ihre Kinder haben. Wenn Enkel geboren werden und sich alle gut verstehen, ist das natürlich wunderbar. Aber es kommt auch vor, dass die Enkel die letzten Lebensjahre ihrer Großeltern völlig kaputtmachen, indem sie Drogen nehmen, im Gefängnis sitzen, Konkurs machen. Ältere Ehepaare erzählen mir manchmal mit Tränen in den Augen von ihren Problemen - eigentlich den Problemen ihrer Kinder und Enkel.

Wir haben schon über ältere Ehepaare gesprochen, die sich auch körperlich noch gern lieben und denen man helfen kann, wenn es dabei Probleme gibt. Wir haben über Paare gesprochen, wo der Geschlechtstrieb bei beiden nachlässt.

Aber was sollen Ehepaare tun, bei denen der eine Partner noch Lust auf Sex hat und der andere nicht mehr?
Das ist tatsächlich häufig der Fall. Ich kenne ein älteres Paar, dessen Ehe immer sehr harmonisch war, auch in sexueller Hinsicht. Die Tochter ist geschieden, die Enkel leiden unter dieser Situation. Die Großmutter nimmt sie zu sich. Aber mit kleinen Kindern im Haus kann sich das Ehepaar abends und in der Nacht nicht mehr so verhalten wie zuvor. Die Frau ist ständig übermüdet. Sie macht sich Tag und Nacht Sorgen. Auf die Dauer hat sie keine Lust mehr auf Sex. »Das ist für mich vorbei«, sagt sie. Ihr Mann bekommt natürlich Probleme mit seinem Geschlechtstrieb und seiner unerfüllten Libido. Man darf nicht vergessen, die beiden lieben sich noch immer, aber das physische Verlangen ist bei dem einen Partner noch ausgeprägt vorhanden und beim anderen nicht mehr. Solche Ehepaare zu beraten, ist schwierig. Wer sich mit der Bitte um Rat an den Arzt wendet, der ist sich schon seines Problems bewusst und er möchte etwas ändern. Das sind die günstigsten Fälle, und selbst ihnen ist nur schwer zu helfen. Ein großer Unterschied im sexuellen Begehren zwischen älter werdenden Partnern kann zu Missverständnissen führen, bis hin zur Scheidung.

Wer zu uns kommt, ist im Allgemeinen auch zu anderen Formen der Intimität bereit als der rein genitalen. Man muss dann oft dem einen Partner vorschlagen, beim Streicheln oder Küssen die Initiative zu ergreifen. Dann hat der andere Partner zumindest ein klein wenig Lust. Einem Partner nahe zu bringen, den anderen durch Masturbation zum Orgasmus zu bringen, gelingt oft nur sehr schwer.

Kann man die Libido eines Partners nicht schwächen, indem man ihm oder ihr eine Art umgekehrte Viagrapille verschreibt?
Man kann den Geschlechtstrieb medikamentös abschwächen, aber das wird nur ungern gemacht. Diese Medikamente verschreiben wir eigentlich nur, wenn der Geschlechtstrieb fast krankhaft ist.

Ich kann mir vorstellen, dass ein Mann nur ungern eine solche Medizin einnehmen wird.
Wer sich in einer derartigen Situation befindet, hat tatsächlich kein allzu großes Verlangen, seinem Geschlechtstrieb Schranken zu setzen. Man will keine Verringerung des Geschlechtstriebs, sondern sucht nach einem Ausweg. Masturbation kann eine Lösung sein. Auch ältere Menschen müssen begreifen, dass Masturbation eine normale Form des Lustempfindens ist. Allein stehende Senioren masturbieren auch oft. Leider kann Masturbieren das Problem der Einsamkeit nicht lösen, und man fühlt sich hinterher oft sogar noch einsamer.

Ist eine Geliebte oder ein Liebhaber keine Lösung für Ehepaare mit einem großen Libidounterschied?
Ich glaube, so etwas können wir nur schwer anraten. Es kommt vor, und ich will es auch nicht völlig verurteilen. Ich denke auch nicht, dass sich der Partner, der auf Sex keine Lust mehr hat, diesem Wunsch in jedem Fall verschließen wird. Man muss die Liebhaberlösung vielleicht auch nicht unbedingt mit dem Partner besprechen, dabei tut man sich oft gegenseitig nur unnötig weh. In diesem Bereich löst Offenheit keine Probleme. Mir fällt auf, dass Menschen mit einem Liebhaber oder einer Geliebten dennoch oft mit einem anderen Menschen darüber sprechen möchten. Früher suchte man den Beichtvater auf, heute kommt man zu mir und meinen Kollegen. Es ist bestimmt besser, das Thema anzusprechen, als sich Schuldgefühle aufzuladen, denn die führen nur zu neuen Problemen. Auch den Hausarzt könnte man natürlich ins Vertrauen ziehen, aber da hat man oft Vorbehalte, weil er auch den Partner behandelt, die Kinder und die Nachbarn kennt. Der Hausarzt wird natürlich nie etwas weitergeben, was ihm vertraulich mitgeteilt wurde, aber die Befürchtung ist offensichtlich da.

Ich finde es bemerkenswert, dass du Eheleuten nicht zu völliger Offenheit rätst.
Ich sehe so viele Probleme bei Paaren, die ehrlich zueinander sind. Im Prinzip müsste man sich in der Liebe alles

sagen können. Im Prinzip ist die Liebe etwas Gebendes, und es macht einen glücklich, wenn der Partner an anderer Stelle etwas findet, das man ihm oder ihr nicht selbst geben kann. Im Prinzip müsste man einen Seitensprung in Liebe akzeptieren und davon auch erzählen können, ohne den anderen zu verletzen. Aber der absolut gebende Charakter der Liebe ist mehr ein theoretisches Konzept als gelebte Realität. In Wirklichkeit nehmen wir natürlich auch in der Liebe, beanspruchen wir uns gegenseitig, kann Eifersucht entstehen. Wenn man also merkt, dass der Partner die Erfüllung seines oder ihres sexuellen Verlangens außerhalb der Partnerschaft findet, kann das zum Konflikt führen. Manchmal wird der durch Reue gelöst, aber ich kenne auch Paare, bei denen eine sehr eingeschränkte »Untreue« – um dem Kind einen Namen zu geben – zum endgültigen Bruch geführt hat. Diesen Menschen möchte ich sagen, dass diese Untreue nicht mit der Untreue in der Phantasie zu vergleichen ist, von der man als Partner gar nichts erfährt. Man muss einmal ins Internet schauen, was da alles abläuft. Männer und Frauen betreiben Cybersex, und ihre Partner sind völlig ahnungslos. So etwas nennen wir nicht Untreue, weil es keinen physischen Kontakt gibt, aber oft ist diese Art der Untreue viel schlimmer als der rein körperliche Kontakt mit einem anderen Menschen.

Aber es bleibt virtuelle Untreue, es ist keine körperliche, sexuelle Untreue.

Ich habe verschiedene Patienten mit Wünschen, die ihr Partner wegen einer Behinderung nicht erfüllen kann. Sie haben gelegentlich außerhalb der Partnerschaft Sexualkontakt, aber es bleibt auch bei diesem rein physischen Kontakt. Solche Menschen sollten meines Erachtens nicht nach Hause kommen und offen darüber reden, was da alles mit diesem anderen gewesen ist. Das führt zu nichts. Manchmal ist es besser, aus Liebe etwas zu verschweigen. Wenn einer der Partner wegen einer Behinderung oder eines sehr großen Unterschieds in den Geschlechtstrieben außerhalb der Partnerschaft eine Lösung für einen Teilbereich des totalen Liebesszenarios sucht, kann man das schwerlich Untreue nennen. Die Monogamie an sich bleibt unberührt und wird nur an dieser einen Stelle angeknackst.

Die neue Erektionspille

In unserem letzten Gespräch wurde bereits das Thema Viagra angesprochen, als wir über Erektionsstörungen bei älteren Männern sprachen. Viele Menschen denken offenbar, Viagra sei ein Wundermittel oder einfach ein neues Sexspiel. Höchste Zeit also, Dichtung und Wahrheit zu trennen. »Ich habe hier den Brief einer etwa fünfundvierzigjährigen Frau«, sagt Bo Coolsaet. »Sie hat ein gutes Sexleben, schreibt sie, kommt jedoch niemals zum Orgasmus. Sie fragt, ob Viagra daran etwas ändern könnte. Diese Frage wird mir in der letzten Zeit oft gestellt, von Frauen und natürlich auch von Männern.«

Kann Viagra Frauen zum Orgasmus verhelfen?
Wenn wir über die Funktion von Viagra reden wollen, müssen wir zuerst die verschiedenen Teilbereiche des Geschlechtsaktes benennen. Der erste Aspekt ist die Libido, der Geschlechtstrieb, über den wir schon gesprochen haben. Ein zweiter Aspekt ist die Erektion des Penis beim Mann und bei der Frau die Erektion der Klitoris. Ein dritter Aspekt ist der Samenerguss beim Mann und ein vierter der Orgasmus bei Mann und Frau.

Ist der Samenerguss nicht dasselbe wie der männliche Orgasmus?
Das ist eines der großen Missverständnisse. Ein Mann kann auch ohne Samenerguss einen Orgasmus haben. Hindus üben das sogar. Sie nehmen an, dass der Mann mit dem Samen Energie verliert. Jeder Mann fühlt sich nach einem Samenerguss matt. Nun, erfahrene Hindus können diese Mattheit vermeiden und auch das Vorspiel verlängern, indem sie einen Orgasmus, und oft sogar mehrere Orgasmen nacheinander haben, jedoch ohne Samenerguss. Es gibt aber auch Männer, die als Folge einer Operation einen

so genannten trockenen Orgasmus haben. Dazu habe ich hier den Brief eines Mannes, dem als Junge der Blasenausgang entfernt wurde. Früher wurde bei Jungen mit regelmäßigen Blaseninfektionen oder einem Rückstrom des Harns aus der Blase in die Nieren, einem so genannten Reflux, häufig der Blasenausgang operativ erweitert. Fast alle Männer, bei denen als Kind diese Operation durchgeführt wurde, haben einen trockenen Orgasmus.

Wie kommt das?
Bei einem Samenerguss wird der Blasenhals normalerweise so abgedichtet, dass die Muskeln um die Harnröhre herum den Samen ejakulieren können. Wenn der Blasenausgang operativ erweitert wurde, kann er nicht mehr dicht abschließen, und dann läuft die Flüssigkeit in die Blase. Der Samen - die Flüssigkeit aus den Samenbläschen und die Prostataflüssigkeit - läuft also zum größten Teil, manchmal sogar vollständig, in die Blase.

Bei einem trockenen Orgasmus wird also durchaus Samen freigesetzt, nur läuft er in die falsche Richtung und bleibt im Körper.
Der Samen kommt in die Blase, wird aber mit dem Urin aus dem Körper ausgeschieden. Wer unter dieser so genannten Retrospermie leidet, ist also durchaus noch zeugungsfähig. Nach einem Orgasmus können wir den Samen zusammen mit dem Urin auffangen, zentrifugieren und für eine Befruchtung verwenden. Es gibt also einen Unterschied zwischen dem Orgasmus und der Ejakulation. Bei der Erektion handelt es sich noch einmal um einen völlig anderen Mechanismus. Wir haben schon gesehen, dass ein Mann auch ohne Erektion einen Orgasmus und einen Samenerguss haben kann.

Wenn der Samenerguss nicht der männliche Orgasmus ist, was ist denn dann ein Orgasmus?
Ein Orgasmus ist eine Entladung der Nerven, an der zwei verschiedene Nervensysteme beteiligt sind. Das sympathische Nervensystem beeinflusst überwiegend die Muskeln,

über die wir keine direkte Kontrolle haben, etwa die Muskeln des Magens und des Darmbereichs. Das andere Nervensystem beeinflusst die quer gestreiften Muskeln wie die Arm- und Beinmuskeln und auch die Beckenbodenmuskulatur. Diese Muskeln umschließen beim Mann auch die Harnröhre und sorgen dafür, dass beim Orgasmus rhythmische Kontraktionen stattfinden, die normalerweise ein stoßartiges Ejakulieren, also einen Samenerguss, zur Folge haben.

Also ist es der natürliche Vorgang, dass Samenerguss und Orgasmus gemeinsam auftreten.
Ja, das stimmt. Wenn man dasselbe Gefühl und dieselben Kontraktionen ohne Samenerguss haben möchte, muss man üben, üben und noch einmal üben. Das geht wirklich nicht von selbst, aber es ist möglich. Doch um auf die Viagrapille zurückzukommen. Sie hat keinen Einfluss auf die Libido, den Orgasmus oder den Samenerguss. Sie beeinflusst lediglich das Anschwellen des Penis oder der Klitoris und deren anhaltende Spannung. Für den Erektionsmechanismus ist Stickstoffoxyd verantwortlich. (Ich erwähne das nebenbei, weil den Entdeckern der Rolle des Stickstoffoxyds im Stoffwechsel, den Pharmakologen Furchgott, Nurad und Ignaro, der Nobelpreis für Medizin verliehen wurde. Ihre Forschungen haben die Entwicklung der Viagrapille ermöglicht.) Man empfängt einen Reiz, zum Beispiel über die Augen, wenn man eine schöne Frau oder einen schönen Mann sieht. Dieser Reiz lässt in der Klitoris oder im Penis Stickstoffoxyd entstehen. Daraus entwickelt sich eine Reihe chemischer Verbindungen; eine davon bewirkt ein Anschwellen der Blutgefäße. Direkt danach beginnt jedoch der Abbau dieser Produkte. Und Viagra bremst diesen Abbau, um es mit einfachen Worten zu sagen.

Funktioniert Viagra denn nicht, wenn man keine schöne Frau bzw. keinen schönen Mann sieht?
Ohne Reiz keine Erektion. Viagra gibt der Erektion, die von einem Reiz erzeugt wird, Dauer. Der Mann kann erregt

werden, weil er jemanden sieht, durch Streicheln oder Gestreicheltwerden oder auch durch die eigene Phantasie, durch Telefonsex oder einen Kontakt im Internet. Viagra verbessert und verlängert die Qualität der erzeugten Erektion. Das ist aber auch alles. Der Orgasmus ist ein völlig anderes Phänomen, eine Nervenreizung, die über die Nervenbahnen verläuft. Anders als bei einer Erektion spielen chemische Prozesse dabei keine Rolle. Viagra allein wird unserer Briefschreiberin also nicht zu einem Orgasmus verhelfen.

Du sprichst immer von Männern und Frauen. Ist Viagra denn nicht ein typisches Medikament für Männer?
Man hört und liest mehr über Potenz- und Erektionsprobleme von Männern. Aber zur Zeit wird weltweit die Wirkung von Viagra auf Frauen erforscht. Ich habe mit einigen Wissenschaftlern gesprochen, die sich damit beschäftigen. Ich kenne die noch nicht offiziell bekannt gegebenen Ergebnisse dieser Untersuchungen. Sie waren vorhersehbar: Viagra steigert die Durchblutung der Klitoris und wahrscheinlich auch der umgebenden Organe sowie des unteren Bereichs der Scheide. Zur Zeit werden Studien durchgeführt, die auf eine Zulassung von Viagra für die Anwendung bei Frauen abzielen. Eine solche Untersuchung ist jedoch bei der Frau komplizierter als beim Mann. Der Penis ist schlaff, vergrößert sein Volumen oder er ist steif. Man kann messen, wie steif er wird. Man kann feststellen, wie lange er steif bleibt. Entweder gelingt es problemlos, mit dem Penis Geschlechtsverkehr zu haben, oder nur unter Schwierigkeiten, oder gar nicht. Bei einer Frau ist das schwieriger, weil sie Geschlechtsverkehr auch passiv erleben kann.

Aber die Erektion der Klitoris ist doch messbar?
Ja, und die Durchblutung im unteren Bereich der Scheide ebenfalls. Dafür gibt es Geräte. Es ist nur schwieriger als beim Mann. Viagra ist seit dem 1. November 1998 auf dem Markt, und es ist keinem Arzt verboten, diese Medizin auch Frauen zu verschreiben. Ich kann sogar prophezeien, dass

manche Frau sich eine Pille aus dem Vorrat ihres Mannes nimmt. Probleme werden erst dann entstehen, wenn es zu Zwischenfällen kommt.

Wenn dabei Menschen sterben, wie in den Vereinigten Staaten?
Ich möchte doch betonen, dass Viagra sehr geringe Nebenwirkungen hat. Wenn es richtig verschrieben wird, ist es nicht gefährlich. Es gibt Männer, die nach der Einnahme von Viagra einen Herzinfarkt erlitten haben, aber das lag nicht an der Einnahme von Viagra. So viele Männer nehmen diese Pille, und manche hätten einen Herzinfarkt auch erlitten, wenn sie das Medikament nicht genommen hätten.

Meinst du damit, dass immer wieder Männer beim Geschlechtsverkehr sterben?
Aber ja. Dafür gibt es sogar einen wissenschaftlichen Begriff: *mors in coito*, Tod beim Geschlechtsakt. Aber was ich unter Zwischenfällen verstehe, ist Folgendes. Gehen wir davon aus, dass eine Frau Viagra einnimmt und nicht bekannt ist, dass sie an einer Herzkrankheit leidet, die in diesem Zusammenhang ein Problem sein könnte. Falls ihr Partner einen Prozess anstrengt, wird der Arzt einen schweren Stand haben.

Aber es gibt für Viagra doch Kontraindikationen?
Man darf Viagra nicht leichtfertig verschreiben. Und ich möchte die Leser warnen, denn jeder Pillenpackung liegt ein sehr ausführlicher Beipackzettel bei. Bevor man ihn ganz gelesen hat, ist die Erektion schon längst wieder perdu. Die Lektüre könnte einem Angst machen. Nicht nur die Erektion, auch die Libido verschwindet, sobald man das alles liest.

Mir macht das Lesen von Beipackzetteln fast immer Angst.
Das ist tatsächlich bei vielen Medikamenten der Fall. Und hier ist es noch ein wenig schwieriger. Man sollte den Patienten fast raten, den Beipackzettel besser nicht zu lesen, sonst

vergeht ihnen die Lust. Wir müssen davon ausgehen, dass der verschreibende Arzt sich sehr gut mit der Problematik auskennt und völlig die Verantwortung übernimmt. Und wir müssen jedem raten, nicht die Pille des Onkels oder des Freundes einzunehmen, sonst können Unfälle passieren. Es wäre nützlich, wenn der Gesundheitsminister den Ärzten eine Anzahl von Richtlinien für die erforderliche Voruntersuchung zur Hand gäbe. Das wäre im Interesse des Patienten, aber auch in ihrem eigenen Interesse. Es würde sie nämlich vor vermeidbaren Beschwerden und überflüssigen Gerichtsverfahren bewahren. Ich würde jedem Arzt raten, Patienten, die schon einmal Herzbeschwerden hatten und dagegen Medikamente einnehmen - nicht nur solche mit einer Kontraindikation zu Viagra -, kardiologisch zu untersuchen.

Was kostet eine Viagra-Pille eigentlich?
Es sind drei unterschiedliche Dosierungen auf dem Markt. Eine Viererpackung mit 25 Milligramm kostet in Deutschland DM 48,50, mit 50 Milligramm DM 93,90 und mit 100 Milligramm DM 107,60. Diese Preise sollte man nicht unterschätzen. Für viele Rentner sind 25 Mark pro Geschlechtsakt praktisch unbezahlbar.

Dennoch plädierst du nicht für eine Erstattung durch die Krankenkasse.
Wenn wir sicherstellen könnten, dass nur den Patienten, die es wirklich brauchen, Viagra verschrieben wird, dann würde ich für die Erstattung plädieren. Aber die Missbrauchsquote wäre riesig.

Aber bei anderen erstattungsfähigen Medikamenten ist Missbrauch doch auch nicht auszuschließen.
Bei Viagra ist die Problematik noch ein wenig anders gelagert. Ein gesunder Mensch wird zum Beispiel nicht einfach so Insulin nehmen. Es ist jedoch vorstellbar, dass er durchaus Viagra einnehmen würde, um seine Erektion zu verbessern, selbst wenn diese völlig normal ist. Wir können nicht unkontrolliert etwas erstatten, was man zwar in seinen

Phantasien gern hätte, was aber in vielen Fällen nicht einmal vernünftig ist. Durch eine Kassenzahlung von Viagra würden wir zu einer unsinnigen Verwendung nicht nur ermutigen, sondern sie sogar bezuschussen.

Warum gibt es Viagra eigentlich in drei unterschiedlichen Dosierungen? Gehe ich recht in der Annahme, dass eine höhere Dosis nicht gleichzeitig eine längere Erektion garantiert?
Für manche Männer reichen 25 mg, anderen müssen 50 mg schlucken. Es gibt auch Männer, die für eine richtige Erektion 100 mg brauchen. Man beginnt mit einer geringen Dosierung, die dann bei Bedarf erhöht wird. Man sollte keine höhere Dosis einnehmen als erforderlich, weil auch die Nebenwirkungen mit der Dosierung zunehmen.

Welche Nebenwirkungen hat Viagra?
Bei gut zehn Prozent der Anwender führt es zu einer bestimmten Art von Kopfschmerzen. Etwa fünf Prozent spürt eine leichte Magendarmstörung, und bei ein paar Prozent tritt ein blauer Schleier vor den Augen auf. Diese Erscheinungen hängen mit einer Verringerung des Blutdrucks zusammen und mit der Tatsache, dass die spezifische Esterase Sildenafil - das ist ein Enzym, auf das Viagra einwirkt - den Esterasen in anderen Organen wie Herz und Augen ähnlich ist. Im Prinzip sind die Nebenwirkungen nicht ernst. Der Blutdruck wird um etwa zehn Prozent absinken, aber das ist im allgemeinen kein Problem, denn die meisten Männer und Frauen haben sowieso einen erhöhten Blutdruck, wenn sie älter werden.

Es ist also nicht so, dass man mit der Pille von 100 mg eine viermal härtere Erektion bekommt als mit 25 mg?
Ganz sicher nicht. Es hat keinen Zweck, mehr einzunehmen als erforderlich. Ich hatte schon Patienten, die mit 100 mg noch keine gute Erektion bekamen und dann die doppelte Menge schluckten. In den Vereinigten Staaten sind Fälle bekannt, bei denen Männer bis zu 400, 500 mg genommen

haben. Die Nebenwirkungen werden dann wirklich gefährlich, weil es dabei zu einem ernsten Blutdruckabfall kommen kann.

Hatten die Erektionsstörungen dieser Männer dann vielleicht andere Ursachen?
Ja. Deshalb bleiben die anderen Mittel, über die wir bereits sprachen, auch aktuell. Mit Viagra können wir zwischen fünfzig und siebzig Prozent der Männer mit Erektionsstörungen helfen. Das ist zwar ein hoher Prozentsatz, er bedeutet aber auch, dass nicht jedem geholfen werden kann. Allerdings können wir mehr als achtzig Prozent der Erektionsstörungen mit psychogenen Ursachen - das sind die Ursachen »im Kopf« - mit Viagra beheben.

Ich habe gelesen, dass man in einem Viertel der Fälle auch Erfolg hat, wenn nur ein Placebo, also ein unwirksames Scheinmedikament, verschrieben wird.
In den Untersuchungen schwankt der Placebo-Effekt zwischen zwanzig und dreißig Prozent. Bei Erektionsstörungen mit psychogenen Ursachen spielt das gewiss eine Rolle. Aber abgesehen von diesen dreißig Prozent wird Viagra bei fünfzig Prozent der anderen Männer erfolgreich eingesetzt. Deren Erektion verbessert sich durch diese Stimulation tatsächlich. Das heißt, ihr Selbstvertrauen nimmt zu, und ihre Versagensangst nimmt ab. Dadurch können sie aus dem Teufelskreis von Potenzangst mit Erektionsstörungen, die dann wiederum das Selbstvertrauen untergraben, entkommen.

Ich habe auch gelesen, dass allein schon die Existenz von Viagra Männern mehr Selbstvertrauen gibt, sie weniger Angst vor Impotenz haben und deshalb auch nicht impotent werden.
Vielen Männern reicht allein schon das Wissen, eine Viagrapille bei sich zu haben, die sie im Notfall einnehmen können. Wer unter psychogenen Erektionsstörungen leidet, dem würde ich raten, sich keinen großen Viagra-Vorrat zuzu-

legen, sondern eine hübsche Schachtel für nur eine Pille zu kaufen.

Wer Viagra einnimmt, ruft ja eine künstliche Erektion hervor. Was ist denn eine solche Erektion wert, wenn das Gefühl fehlt, das normalerweise zu einer Erektion führt?
An dieser Stelle möchte ich noch einmal klar und deutlich sagen, dass die Viagra-Pille an der Lust und am Orgasmus nichts verändert. Viagra löst keine Probleme, wenn die Beziehung zwischen Mann und Frau nicht stimmt. Eigentlich sollten nur Paare, die gut miteinander umgehen und die Liebeskunst beherrschen und sich darin üben, diese Pille verschrieben bekommen. Aber das ist natürlich reine Theorie.

Manchmal habe ich den Eindruck, dass du nicht sehr glücklich mit Viagra bist.
Das ist ein falscher Eindruck. Ich bin außerordentlich froh, dass uns heute diese Pille zur Verfügung steht. Wir helfen damit nicht nur Männern mit Impotenzängsten. Für Patienten mit Erektionstörungen als Folge einer Krankheit ist diese Pille ein Segen. Beispielswiese führt Zuckerkrankheit sehr häufig zu Erektionsstörungen, auch bei jungen Männern. Patienten mit Gefäßstörungen oder Nervenkrankheiten sowie Menschen, die an der Prostata operiert worden sind, kann mit Viagra geholfen werden. Allerdings steht die wichtigste Nebenwirkung von Viagra nicht auf dem Beipackzettel, nämlich, dass Männer mit einer geringeren Erektionsqualität, die früher gezwungen waren, sinnlich und verspielt mit ihrer Partnerin umzugehen, ihre Frau nun wieder »benutzen« können, um in sie hinein zu masturbieren. Das klingt ziemlich brutal, aber es ist die Realität bei vielen Paaren. Du weißt inzwischen schon, dass ich gegen diese Art des sexuellen Umgangs einen regelrechten Kreuzzug führe. Ich weise Männer darauf hin, dass sie sich Zeit für ihre Frau nehmen müssen, dass sie behutsam mit ihr umgehen müssen. Sollte Viagra einen Mann dazu bringen, die sinnliche Phase im Liebesspiel auszulassen, dann wäre dies eine dramatische Fehlentwicklung. Es wäre zu bedauern, wenn die

Sinnlichkeit ausgerechnet dann in Vergessenheit geriete, wenn der Penis endlich dank Viagra aufrecht bleibt.

Man darf auch nicht vergessen, dass Viagra die allererste Erektionspille auf dem Markt ist. Es sind schon etliche Nachfolger in Entwicklung. Beispielsweise werden Mittel erprobt, die schneller und auch anders aufgenommen werden als Viagra, wo das hauptsächlich über den Darm geht. Zwischen einer Mahlzeit und der Einnahme einer Viagratablette muss deshalb eine Stunde Pause liegen. Sonst verzögert sich die Aufnahme und der beabsichtigte Höhepunkt wird flacher. Bei Einhaltung der Pause ist die Wirkung etwa zwanzig Minuten bis zu einer Stunde nach der Einnahme zu erwarten; sie hält einige Stunden an. Diese wenigen Stunden können übrigens für Menschen gefährlich sein, die zwar keine Herzmedikamente nehmen, aber gelegentliche Angor-Anfälle mit bestimmten Tabletten bekämpfen, die man unter die Zunge legt.

Was ist ein Angor-Anfall?
Bei einem Angor-Anfall fühlt man einen drückenden Schmerz auf dem Brustbein. Wer an Angor, *angina pectoris*, leidet, weiß, wovon ich spreche. Wenn man in der Erregungsphase durch Viagra einen solchen Anfall erlebt, darf man die Tablette nicht einnehmen; obwohl man es eigentlich müsste wegen des Anfalls. Diesen Patienten darf also kein Viagra verschrieben werden. In der neuen Generation von Erektionspillen wird vielleicht auch für sie ein Mittel entwickelt. Die neuen Mittel werden dann auch schneller vom Körper aufgenommen. Beispielsweise wird man eine keksartige Pille unter die Zunge legen, die sofortige Wirkung zeigt. Es werden Mittel auf den Markt kommen, die an einer völlig anderen Stelle im Erektionsmechanismus ansetzen. Sie werden dann noch geringere Nebenwirkungen haben.

Können wir auf längere Sicht noch weitere Mittel im Kampf gegen Impotenz erwarten?
Nach meinem Dafürhalten liegt die Zukunft in der genetischen Manipulation. Mehrmals jährlich wird man den Penis

mit Hilfe einer Injektion durch eine genetische Veränderung der Schwellkörper, die drei bis vier Monate anhält, verjüngen können. Wir stehen erst am Anfang einer Entwicklung von Medikamenten und Möglichkeiten, die Neunzig- und Fünfundneunzigjährigen in wenigen Jahren zu einer völlig normalen Erektion verhelfen wird. In diesem Zusammenhang möchte ich jedoch vor allen möglichen Tabletten warnen, die gerissene Geschäftsleute jetzt auf den Markt werfen, weil die Debatte um die Erektion so großes Echo findet. Patienten zeigen mir täglich Anzeigen für alle möglichen »Naturprodukte«, die billiger sein sollen und weniger Nebenwirkungen hätten als Viagra und die gar noch die allgemeine körperliche Kondition verbessern sollen. Liebe Leser, fallen Sie nicht darauf herein! Das ist reiner Betrug, Bauernfängerei der übelsten Sorte.

Außerdem dürfen wir nicht vergessen, dass es heute schon Mittel gibt, deren Tauglichkeit nachgewiesen ist. Ich habe hier die sehr spezifische Frage eines dreiundsechzigjährigen Mannes, bei dem wegen Prostatakrebs eine radikale Prostatektomie vorgenommen wurde. Das ist eine schwerwiegende Operation, bei der sowohl die Prostata als auch die Prostatakapsel und die Samenbläschen entfernt werden. Bei solchen Eingriffen sind die an der Prostatakapsel verlaufenden Nerven nicht betroffen. Dennoch treten nach solchen Operationen häufig Erektionsstörungen auf, weil die Blutzufuhr zum Penis unterbrochen ist. Dieser Mann hat einen Versuch mit Viagra gemacht und ist nun enttäuscht. Selbst die Höchstdosierung von 100 mg zeigte bei ihm keinerlei Wirkung. Das ist bei etwa der Hälfte der Patienten mit einer so tief greifenden Prostataoperation nicht anders. Der Erfolg von Viagra ist in solchen Fällen auch vom Alter abhängig. Diesem Mann kann man möglicherweise mit Selbstinjektionen helfen. Sie könnten eventuell für eine gewisse Zeit eine Lösung sein.

Wieso für eine gewisse Zeit?
Nach einer radikalen Prostatektomie braucht der Erektionsmechanismus Zeit, um sich zu regenerieren. Manche Männer

haben schon zwei Tage nach dem Eingriff wieder eine Erektion, bei anderen dauert es ein Jahr. Auch Männer, die positiv auf Viagra reagieren, sollten in einer solchen Situation dieses Medikament nur vorübergehend einnehmen.

Vorhin hast du gesagt: »Wir wollen länger, als wir können.« Allen Mitteln, die demnächst zur Verfügung stehen werden, scheint gemeinsam zu sein, dass wir in einigen Jahren länger können, als wir wollen. Darüber hinaus wird unser Liebesleben von chemischen Produkten beherrscht. Hat das denn alles einen Sinn?
Das ist eine grundsätzliche Frage. Genau deshalb weigere ich mich ja, mich rein auf die Sexualität zu beschränken. Ich sehe es im Gegenteil als meine Aufgabe an, über das große Ganze zu informieren, in dem der Akt nur ein Teilbereich ist. Das Wichtigste ist die Information und Aufklärung der Jugend. Sie muss lernen, mit Sinnlichkeit und Sexualität umzugehen. Sie muss lernen, dass es in der Liebe noch andere Werte gibt als die sexuelle Erregung allein. Die Aufklärung ist unsere Aufgabe, aber sie muss viel umfangreicher und intensiver sein als bislang, und wir sollten vor allem andere Inhalte vermitteln, als es die Sexualkunde in der Schule tut. Es genügt nicht, Medikamenten Beipackzettel beizulegen. Jeder, und vor allem die Jugendlichen, muss lernen, was in der Intimität wirklich wichtig ist. Heute kann die Jugend in aller Freiheit den Wert der Intimität kennen und schätzen lernen. Dabei müssen wir sie unterstützen. Dann wird sich der Wunsch nach chemischen und anderen Hilfsmitteln im Laufe der Zeit womöglich völlig erübrigen.

Mythos Monogamie

Trotz seines unbeirrbaren Glaubens an die ideale Liebe fragt sich Bo Coolsaet, ob es denn wirklich den menschlichen Anlagen entspricht, sein ganzes Leben mit ein und demselben Partner zu verbringen. »Ich habe verschiedene Briefe zum Thema eheliche Treue und Monogamie bekommen«, sagt er, als ich in sein Arbeitszimmer komme. »Der erste Brief stammt von einer Frau, die mit ihrem Freund eine Art Jojo-Beziehung hat.«

Was verstehst du unter einer Jojo-Beziehung?
Einige Zeit geht es gut mit den beiden. Ihre Beziehung bewegt sich auf einen kleinen Höhepunkt zu, dann geht es mit ihr aber schnell wieder bergab. Es kommt zum Bruch, und der Mann geht. Nach einiger Zeit kehrt er zurück. Sie sprechen sich aus. Sie versuchen es erneut miteinander. Die Beziehung wächst wieder, bis es wieder schief geht, usw. Das ist inzwischen schon sieben Mal passiert. Sie leidet natürlich unter der Situation und fragt sich, was in ihrer Beziehung eigentlich vor sich geht. Das ist ein wichtiges Thema. Ich habe viele Briefe zum Thema Beziehungen bekommen, die irgendwie unvollständig sind, in denen einer der beiden Partner die Treueregeln bricht und außereheliche Beziehungen hat.

Wollen all diese Leute eine Erklärung dafür haben, weshalb sie nicht strikt monogam leben können?
Ja, aber ich möchte die Frage umdrehen. Ich denke, dass wir uns zuerst und vor allem fragen müssen, weshalb wir es in der westlichen Welt für selbstverständlich halten, dass wir einen Großteil unseres Lebens mit demselben Partner verbringen. Denn die lebenslange Monogamie, das lebenslange treue Zusammenleben mit einem Partner, wird hier als Norm angesehen. Es wird jedoch immer mehr zur gro-

ßen Ausnahme. Zum einen gibt es noch andere Formen des Zusammenlebens. Dem Leser sind die Harems der Moslems bekannt, in denen ein Mann mehrere Frauen hat. Diese Form nennen wir Polygynie. Es gibt auch Völker, bei denen die Frau gleichzeitig mehrere Männer haben kann, die sogenannte Polyandrie. Das ist selten, kommt aber vor. Häufig sind dagegen aufeinander folgende Monogamien.

Wie es unsere erste Briefschreiberin erlebt: ein Partner, der immer wieder zu ihr zurückkehrt.
Ich rede jetzt von Paaren, die eine bestimmte Periode ihres Lebens sehr glücklich miteinander leben, sich dann aber nach einem Bruch trennen. Dann fängt man eine neue Beziehung an. Und die ist wieder monogam. Manche Menschen haben in ihrem Leben drei oder vier solcher Beziehungen. Dann sprechen wir von serieller Monogamie. Jeder kennt solche Beispiele aus seinem Bekanntenkreis. Wie ich schon sagte, das kommt häufig vor, und es wundert mich nicht. Jeder von uns macht in seinem Leben eine Entwicklung durch und durchläuft dabei eine Reihe total verschiedener Phasen. In der ersten Phase wächst man. Man sammelt Wissen, stellt Verbindungen zur Welt und zu Erwachsenen her und lässt sich von der Kultur, in der man lebt, beeinflussen. In dieser Phase versucht man, seine eigene Identität zu finden. Man sucht seinen Lebensweg. Wenn man davon ausgehen kann, genug Wissen erworben zu haben, beginnt man seine Kenntnisse umzusetzen, macht eventuell Karriere und lernt im Allgemeinen einen Menschen kennen, mit dem man eine Beziehung eingeht, aus der möglicherweise Kinder hervorgehen. Diese Phase ist besonders dynamisch. Es geschieht so vieles, in beruflicher, sozialer und ökonomischer Hinsicht. Gleichzeitig muss man lernen, mit einem ganz anderen Menschen zusammenzuleben. Das ist keine geringe Aufgabe. Vorher hatte man nur mit der eigenen Familie gelebt, mit Eltern und Geschwistern, und jetzt muss man ständig mit einem oder einer Wildfremden zusammenleben.

Ein Mensch, in den man sich verliebt hat, ist doch wohl nicht gerade wildfremd zu nennen.
Eigentlich schon. Es gibt einen Kontakt, einen Funken, sonst hätte man sich nicht verliebt. Und in der Phase der Verliebtheit ist ein permanentes Zusammenleben auch nicht so schwierig. Dann verzeiht man sich alles. In der Euphorie der Verliebtheit erscheinen die größten Schwächen des Partners fast als Talente. Lässt die Verliebtheit nach, muss die Liebe an ihre Stelle als Basis der Monogamie treten.

Um die Monogamie und andere Formen des Zusammenlebens besser zu verstehen, ist es nützlich, den Ursprung des Menschen zu betrachten. Über die Primaten, die Affen, mit denen wir nah verwandt sind, wurden zahlreiche Studien geschrieben. Daraus geht hervor, dass die ursprüngliche Gesellschaftsform des Menschen mit ziemlicher Sicherheit die Haremstruktur war: ein Mann mit mehreren Frauen. Im Lauf von Jahrmillionen hat sich die menschliche Rasse zur Monogamie entwickelt, weil sich diese Form des Zusammenlebens als die beste erwiesen hat, für das Individuum wie für den Fortbestand der menschlichen Art. Millionen Jahre natürlicher Auslese haben also dazu geführt, dass der Mensch *in gewissem Sinne* monogam ist.

Damit willst du wohl sagen, dass die viel ältere Haremstruktur noch latent in uns lebt.
Absolut. Unsere Erbmasse funktioniert wie eine Art vorprogrammierter Computer. Wir müssen uns klarmachen und leider akzeptieren, dass die Haremstruktur einen bestimmten, kleinen Teil unseres Programms einnimmt. Aus den verschiedensten religiösen, ökonomischen oder sozialen Gründen, oder eben aus Liebe, entscheiden wir uns für das Leben in einer monogamen Struktur. Aber das funktioniert offensichtlich nicht so richtig. Ich erlebe es täglich in meiner Praxis, ich lese es in den Dutzenden von Briefen, die ich bekomme, und ich kann es auch an den Statistiken ablesen. In den USA sind Eltern, die gemeinsam ihre Kinder erziehen, bereits in der Minderheit. Ich spreche noch nicht einmal von der Monogamie, nur von einem Teilbereich: von

zwei Menschen, die zwar zusammen ein Kind zeugen, es aber nicht mehr gemeinsam großziehen. Die Mehrheit der jungen Eltern trennt sich. Ein Elternteil übernimmt die Sorge für das Kind oder die Kinder. Das sind die Fakten! Wir verstecken uns hinter der Ehe und der Monogamie und leugnen die Realität, obwohl wir gerade nach den Ursachen dafür suchen und Lösungen für die Probleme finden sollten, die die Monogamie mit sich bringt.

Offenbar ist die Kindererziehung für Alleinstehende besonders schwierig. Die Kinder sind dann die Opfer.
Genau. Deshalb sollten wir die verschiedenen Möglichkeiten des Zusammenlebens einmal betrachten. Zuallererst gibt es die absolute Monogamie. Es kommt so gut wie nie vor, dass zwei Menschen lebenslang und ohne größere Probleme zusammenbleiben. Wie ich bereits sagte, gibt es auch die serielle Monogamie. Aber was sehr häufig vorkommt, ist eine teilweise Monogamie.

Was ist das?
Ich nehme ein Beispiel aus einem Leserbrief. Zwei Menschen begegnen sich. Sie verlieben sich, heiraten und bekommen Kinder. Sie bauen zusammen ein Geschäft auf, das nach viel harter Arbeit gut läuft, und erwerben sich einen gewissen Wohlstand. Um die Kinder kümmern sich andere, ebenso um den Haushalt, Haus und Garten. Und dann sind Mann und Frau so sehr auf ihr Unternehmen konzentriert, dass sie darüber die Liebe vergessen. Es geht ihnen ökonomisch ausgezeichnet, aber sie schmusen und schlafen immer weniger miteinander, und ihre Liebe ist weniger zärtlich als früher. Schließlich befinden sich die Menschen in einer monogamen Beziehung, in Bezug auf die Elternschaft und das wirtschaftliche Zusammenleben, aber sie sind keine Liebhaber mehr. Das Gegenteil kommt auch vor. Es gibt Paare, die nur in der Liebe monogam sind. Ihre wichtigste, manchmal sogar einzige Bindung besteht darin, miteinander zu schlafen, und zwar in einer faszinierenden, manchmal wunderbaren Weise. Aber sie haben kei-

nen gemeinsamen Arbeitsplatz, manchmal nicht einmal eine gemeinsame Wohnung.

Gelegentlich spricht man in einem solchen Fall von einer LAT-Beziehung – living apart together. *Angeblich sind solche Beziehungen nicht besonders stabil.*
Eine derartige Beziehung ist komplizierter und auch gefährdeter, aber die Intimität ist groß. Objektiv gesehen, ist die Intimität einer solchen Liebesmonogamie sogar schöner als bei Paaren, die aus wirtschaftlichen Gründen zusammenbleiben. Diese Familien wirken nach außen oft perfekt, haben ein schönes Auto, ein gepflegtes Haus und ordentlich gekleidete Kinder. Aber in Wirklichkeit herrscht dort Eiseskälte. In manchen Fällen leben Mann und Frau ein Leben lang so zusammen. Dann ist es nur zu verständlich, wenn einer von ihnen oder beide die Sinnlichkeit, Intimität und Sexualität, die wir alle brauchen, außer Haus suchen. Unsere Eltern und Großeltern legten noch viel Wert darauf, den schönen Schein zu wahren. Aber heute beginnen immer mehr Menschen die Realität hinter diesem Schein zu sehen. Und auch bei Paaren wächst der Wunsch nach Intimität.

Ich habe bereits erwähnt, dass ich kaum zur ehelichen Untreue raten kann. Durch Untreue wird die Liebe noch schwächer.

Die Liebe ist doch schon fast verschwunden.
Sicherlich ist noch Liebe vorhanden, vielleicht nur in geringem Maße, aber sie ist noch da. Sie ist allerdings anfällig. Wenn die Partner sich dann untreu werden, vergeht die Liebe erst recht. Treue kann die Liebe fördern.

Andererseits hast du gerade gesagt, dass eheliche Treue keine Garantie für die ersehnte Intimität bietet.
Das stimmt. Deshalb meine ich, dass Mann und Frau – am besten gemeinsam – entscheiden müssen, was sie miteinander teilen möchten und was nicht, welche Aspekte des totalen Liebesszenarios sie als monogames Paaren erleben möchten und welche nicht. Paare, die in einer wirtschaftlichen

Monogamie zusammenleben und diese wirtschaftlich fundierte Liebe auch bewahren wollen, könnten sich wechselseitig zugestehen, beispielsweise die Sexualität anderswo auszuleben - diskret, ohne unnötig Wunden zu schlagen.

Andererseits wissen wir, dass Untreue eine Beziehung besonders anfällig macht.
Aber die lebenslange Monogamie gibt es de facto kaum noch. Heute müssen wir über andere Modelle nachdenken, damit weiteres Leid vermieden wird. Die Mehrheit der Männer und Frauen ist mit der Monogamie überfordert. Das angstbesetzte Festhalten am monogamen Modell bringt viel Unglück. Nach offiziellen Angaben endet mehr als die Hälfte aller Ehen mit Scheidung. Bei vielen Ehepaaren, die dennoch zusammenbleiben, gibt es keine echte Beziehung mehr, die Ehe ist nichts als Schein. Es gibt sogar Paare, die in Feindschaft leben. Das ist für niemanden gut – weder für den Mann noch für die Frau und auch nicht für die Kinder.

Du entwirfst jetzt aber ein sehr negatives Bild von der Familie, die für viele nach wie vor einer der Eckpfeiler unserer Gesellschaft ist.
Es ist aber die Wahrheit. Man gibt sich zu schnell das Ja-Wort. Die Ehe ist Tradition, Gewohnheit, aber wir müssen den Mut aufbringen, über neue Formen des Zusammenlebens nachzudenken. Es war früher nicht unüblich, dass Cousin und Cousine heirateten, um ihren Grundbesitz zu vereinen. In reichen Familien wird auch heute oft noch geheiratet, um das Kapital zusammenzuhalten oder zu mehren. Diesen Ehen liegt eher wirtschaftliche Verliebtheit zugrunde als etwas anders. Praktische Umstände entscheiden über die Partnerwahl viel häufiger, als man meinen sollte.

Plädierst du also dafür, keine Beziehung einzugehen, wenn man ineinander verliebt ist?
Ganz im Gegenteil. Verliebtsein ist so ungeheuer schön, aber auch ein bisschen wahnsinnig. Ich rate aber auch zur

Vorsicht: In dieser euphorischen Phase sollte man keine Entscheidungen treffen, die man später bereuen könnte.

Wenn man euphorisch ist, ist man sich selbst darüber oft nicht im Klaren und begreift vielleicht noch weniger, dass es sich nur um etwas Vorübergehendes handelt.
Das ist es ja gerade. Junge Menschen müssen sich auf die Verliebtheit vorbereiten. Es ist unsere Aufgabe, ihnen dabei zu helfen, durch Aufklärung und den Rat, in dieser hypnotischen Phase vorsichtig zu sein.

Junge Menschen sollten auch vorsichtig damit sein, sich hinzugeben. Sie haben schnell das Gefühl, sich dem anderen in voller Liebe hinzugeben, aber die Verliebtheit ist eine nehmende Phase, die sehr eng mit dem Geschlechtstrieb verwoben ist. In der Tierwelt ist Verliebtheit rein sexuell ausgerichtet. Ein fruchtbares Weibchen verbreitet seinen Geruch, die Genitalien schwellen an, sein Verhalten verändert sich. Das Weibchen stößt Lockrufe aus und reizt so das Männchen, das sich erhitzt, also verliebt wird. Und sie paaren sich. Diese Urinstinkte stecken auch in unseren Genen.

Sollten verliebte Menschen dann nicht so schnell wie möglich miteinander ins Bett steigen? Ist das nicht ein Naturgesetz?
Nein, im Gegenteil. Junge Männer müssen sich vorsehen, sich nicht vorschnell und nicht bedingungslos hinzugeben. Sie müssen sich selbst schützen, unter anderem, indem sie nicht zu schnell, nicht einfach so mit einer Frau schlafen. Es ist nicht unbedingt so, dass der erste Liebespartner auch derjenige ist, mit dem man nach der anfänglichen Verliebtheit das ganze Szenario der Liebe durchlebt. Je mehr Reserven man sich erhält, umso schöner und tiefer kann die lebenslange Monogamie werden, die man hoffentlich auch einmal erleben wird.

Du plädierst also doch für lebenslange Monogamie?
Ich sehe schon, was alles passiert, aber glaube weiterhin an die ideale Liebe und die ist per definitionem lebenslang und

monogam. Erst in der Liebe strebt man nicht mehr in erster Linie nach der eigenen Lust, sondern fühlt Befriedigung vor allem dann, wenn man dem Partner Lust bereitet. Frauen wissen das besser als Männer. Unsere jungen Leserinnen haben sicher schon die Erfahrung gemacht, dass junge Männer so schnell wie möglich körperlichen Kontakt haben wollen. Aber vom Nehmen wird man nicht reicher. In menschlichen Beziehungen herrschen andere Gesetze als im Bankwesen. In menschlichen Beziehungen wird man im Allgemeinen reicher, indem man anderen gibt. Wir leben heute in einer sehr egoistischen Welt. Nimm, was du kriegen kannst, schlage so viel Profit heraus wie möglich. Junge wie ältere Menschen bekommen den Eindruck, durch Nehmen würde man besser. Das ist falsch.

Wir müssen also die Monogamie anstreben, wenn wir das ideale Liebesszenario verwirklichen wollen. Aber wenn die Monogamie eigentlich ein Mythos ist, woher kommt sie dann überhaupt?
Alle Lebewesen besitzen den grundsätzlichen Trieb, ihr Erbgut weitergeben zu wollen. Aber eine Frau investiert enorm viel in das Kind, dem sie das Leben schenkt. Zuerst trägt sie es neun Monate lang in ihrem Bauch. Ihr ganzer Körper verändert sich dadurch. Nach der Geburt nährt sie das Kind mit ihrem eigenen Körper. Ursprünglich gab die Frau dem Kind bis zu seinem vierten Lebensjahr die Brust. Bei manchen Naturvölkern ist das heute noch so. Das Kind muss versorgt werden, es muss laufen und sprechen lernen. Eine Frau investiert ungeheuer viel in ihren Nachwuchs.

Ein Mann hat genügend Samenzellen, um jedes Jahr alle Frauen des ganzen Planeten zu befruchten. Wir können durchaus von der Annahme ausgehen, dass der Mann von Natur aus polygam ist. Man könnte vermuten, dass ein Mann, der eine Frau nach der anderen befruchtet, mehr Chancen hat, sein genetisches Material zu verbreiten; dass er eine größere Chance auf viele Nachkommen hat. Für eine Frau dagegen ist es biologisch gesehen uninteressant, sich von zwanzig Männern befruchten zu lassen. Die Männer würden lediglich zueinander sagen: »Es ist bestimmt dein Kind. Kümmere du dich mal darum.« Im Lauf vieler Millionen Jahre Evolution hat sich jedoch herausgestellt, dass auch der Mann die besten Nachkommen bekommt, wenn er bei ein und derselben Frau bleibt. Das hat den Mann zur Monogamie gebracht.

Bei einer Frau zu bleiben war offenbar die beste Methode, seinen Nachkommen eine Überlebenschance zu sichern. Aber ist es nicht auch eine Möglichkeit, sicherzugehen, dass ihre Kinder wirklich von ihm gezeugt wurden?
Ja, das ist das zweite Programm auf der Festplatte des Mannes. Er will sein genetisches Material nicht nur möglichst weit verbreiten, er will es auch schützen. Er wird also nur für die Nachkommen sorgen, die sein eigenes genetisches Material besitzen oder von denen er es zumindest vermutet.

Ehepaare mit Adoptivkindern sorgen durchaus für die Nachkommen von anderen. Und sie tun dies aus voller Überzeugung.
Ich spreche jetzt von rein biologischen Mechanismen. Und der Mensch erhebt sich über das rein Biologische. Der Mensch ist Mensch, aber auch Tier. Wenn ein Löwenmännchen einen älteren Löwen verjagt und dessen Harem übernimmt, tötet er alle Welpen, weil diese das genetische Erbgut seines Vorgängers besitzen. Schimpansen machen das auch, und wie man weiß, sind wir genetisch zu beinahe achtundneunzig Prozent mit den Schimpansen identisch. Das Töten der Kinder anderer Väter, der so genannte Infantizid, hat auch beim Menschen eine lange Tradition und steckt sogar heute noch in uns. Man muss nur einmal in die Kriegsgebiete gehen. In Ruanda und im ehemaligen Jugoslawien – also gewissermaßen vor unserer Haustür – gab es Massenmorde an den Kindern und Massenvergewaltigungen an den Frauen der jeweils anderen Partei. Das ist dasselbe wie beim Löwen: Das genetische Material des besiegten Feindes zu vernichten und das eigene Erbgut zu verbreiten. Wir können noch so zivilisiert leben, in Kriegsituationen stellt

sich heraus, dass unser viele Millionen Jahre alter Urtrieb stärker ist.

Tiere, und ganz sicher die Männchen, sind doch von Natur aus polygam?
Ja, die große Herausforderung für die Frau bestand also in der Bindung eines Mannes, der eigentlich alle Frauen befruchten möchte und kann. Wie sie das geschafft hat? Natürlich nicht bewusst. Wir sprechen von einer Evolution von Millionen Jahren, in denen Frauen, die sich so verhielten, Nachkommen bekamen, die überlebten, während die Nachkommen anderer Frauen, die sich anders verhalten haben, nicht überlebten.

Im Gegensatz zu anderen Säugetieren zeigt die Frau ihre fruchtbare Periode nicht. Ganz anders dagegen Ambroos, mein Esel. Wenn die Eselin der Nachbarn brünstig ist, beginnt sie zu rufen und Gerüche zu verbreiten. Ambroos hört und riecht das. Er geht zu ihr hin, befruchtet sie und macht sich wieder davon. Aber Frauen sind intelligenter als Eselinnen. Sie lassen sich nicht anmerken, wenn sie fruchtbar sind. Sie singen nicht plötzlich im Haus; sie verbreiten keine besonderen Düfte. Sie wissen nicht einmal selbst genau ihre fruchtbaren Tage. Es gibt zwar Anzeichen dafür, aber sie sind so dezent, dass weder Mann noch Frau sie bemerken. Wenn ein Mann sicher sein möchte, dass eine Frau wirklich von ihm schwanger ist, muss er mindestens einen Monat und oft noch länger in ihrer Nähe bleiben und regelmäßig mit ihr schlafen. Durch das Geheimhalten ihrer Fruchtbarkeit bindet eine Frau einen Mann an sich.

Aber sobald sie schwanger ist, hindert doch nichts den Mann daran, bei der Nachbarin einzuziehen.
Die Frau möchte diesen Mann natürlich weiter an sich binden, weil sie ihn zur Versorgung des Kindes oder der Kinder braucht. Das ist ihr gelungen, indem sie die menschliche Sexualität rekreativ gestaltete. Die rekreative Sexualität des Menschen – also der Geschlechtsverkehr, der nicht auf Fortpflanzung abzielt – ist in der Tierwelt nahezu

unbekannt. Es gibt nur wenige Ausnahmen, darunter die Bonobos.

Beim Menschen kam es dann so, dass die Frau, auch wenn sie schwanger war und nicht mehr befruchtet werden musste, ihrem Partner die Möglichkeit gab, mit ihr zu schlafen. Da er bei ihr seinen Geschlechtstrieb entladen konnte, war er bei der Begegnung mit anderen Frauen weniger erregt. Männer haben einen stärkeren Geschlechtstrieb als Frauen, weil ihr Körper mehr Testosteron hat. Frauen war dieser Urtrieb auch weniger wichtig. Für sie bedeutete Sex nicht in erster Linie Lust. Der rekreative Sex hatte für die Frau den Sinn, den Mann an sich zu binden. Aber für einen Mann ist Lust durchaus der Sinn von Sex. Es ist wichtig, das zu begreifen, denn ich glaube, dass diese Herkunft auch noch im heutigen Alltag eine Rolle spielen kann.

Meines Erachtens empfanden Frauen früher auch weniger Lust beim Geschlechtsverkehr. Wie bei den Affen wurde die Frau auch beim Menschen ursprünglich von hinten begattet. Sich von Angesicht zu Angesicht in der so genannten Missionarsstellung oder Franziskanerhaltung zu lieben, das hat sich erst später entwickelt.

Den Ausdruck »Franziskanerhaltung« kannte ich noch nicht.

Man erzählt sich, dass der Geschlechtsakt in den Kolonien noch immer a tergo vollzogen wurde. Die Missionare – und neben den Jesuiten waren das die Franziskaner – hätten der einheimischen Bevölkerung demonstriert, wie man es bei zivilisierten Menschen macht. Man kann sich viele schöne Stellungen ausdenken, aber es ist doch wichtig, sich gelegentlich auch von Angesicht zu Angesicht zu lieben. Sich beim Betreiben der Liebe ins Gesicht sehen zu können, macht enorme emotionale Bande möglich.

Aus dem Vorangegangenen schließe ich, dass die Klitoris auf diese Weise auch stärker stimuliert wird.

Fast alle weiblichen Säugetiere haben eine Klitoris und können zum Orgasmus gebracht werden. Dennoch habe ich nicht den Eindruck, dass sie bei der Paarung Lust empfinden. Wenn Ambroos die Eselin der Nachbarn besteigt, sieht man ihm durchaus an, dass er seinen Spaß hat, aber dem Weibchen viel weniger. Ihre Klitoris kann dabei kaum stimuliert werden. Weibliche Tiere bekommen meiner Meinung nach keinen echten Orgasmus. Auch beim Menschen ist die Klitoris übrigens erst 1556 von einem gewissen Matteo Colombo als anatomisches Organ entdeckt worden. Ihm ist das übrigens nicht gut bekommen. Er heilte eine kranke Frau durch Stimulation ihrer Klitoris und wurde deswegen zum Scheiterhaufen verurteilt. Nur Männer durften Lust empfinden. Die Lust der Frau war des Teufels.

Wir haben darüber gesprochen, wie eine Frau einen Mann an sich bindet. Nach einiger Zeit hat sie eine Menge Kinder. Schließlich wird sie unfruchtbar. Sobald die Kinder erwachsen sind, gibt es nur noch wenig Verbindendes zwischen Mann und Frau. Was hindert ihn also, am Ende doch mit der Nachbarin oder ihrer Tochter auf und davon zu gehen?
Es trifft auch zu, dass der Verführungsapparat der Frau, etwa ihre Brüste, durch Geburten erschlaffen. Also hat sie für ihren Mann dann auch weniger Reiz. Wahrscheinlich hatte auch der prähistorische Mann einen Wunsch nach serieller Monogamie. Man sollte jedoch nicht vergessen, dass die Menschen damals kaum älter als dreißig Jahre wurden, d. h. in der Praxis gab es nicht viel Gelegenheit zur seriellen Monogamie. Die Tatsache, dass das Höchstalter des Menschen um vierzig, fünfzig oder sogar sechzig Jahre verlängert wurde, ist an sich bereits ein großer Wandel, der für die Monogamie Folgen haben kann. Denn wie man es auch dreht und wendet: Männer werden immer an anderen Frauen interessiert sein. Erstens besitzt der Mann, wie ich bereits erwähnt habe, den Trieb, seine Gene maximal zu verbreiten. Zweitens sucht der Mann weiterhin Lust im rekreativen Sex. Die Entwicklung der rekreativen Sexualität hat den Mann in erster Linie an eine Frau gebunden, aber sein Interesse an anderen Frauen blieb unverändert, seine Lust auf Sex wurde eher noch gesteigert. Durch die Überbevölke-

rung ist der primäre Fortpflanzungstrieb gewissermaßen fehl am Platze. Sowohl Männer wie Frauen spüren aber immer noch den Wunsch nach Fortpflanzung in sich. Diesen Wunsch maximal auszuleben, ist heute nur wenig sinnvoll. Vor drei Millionen Jahren konnte es noch sinnvoll sein, fünfundzwanzig Kinder zu bekommen. Je größer die Kinderzahl, umso größer war damals die Chance, dass zumindest einige überlebten. Heute bedeutet eine große Kinderzahl eine Bedrohung – für die eigene Familie wie für die ganze Menschheit. Diese Erkenntnis setzt sich allmählich durch. Der angeborene Fortpflanzungstrieb des Menschen wird deshalb immer stärker kontrolliert. Aber auch das birgt Frustrationen in sich: Wir fühlen weiterhin den Fortpflanzungstrieb in uns, dürfen ihn jedoch nicht mehr ausleben. Das kann Mann und Frau unbewusst das Gefühl vermitteln, sie hätten ihre Aufgabe nicht erfüllt. Dieses Gefühl von Unerfülltheit kann eine Frau dazu bringen, sich einen Liebhaber zu nehmen, weil sie weiterhin den Wunsch in sich trägt, geschwängert zu werden.

Obwohl sie gleichzeitig alles daran setzt, nicht schwanger zu werden?

Ja, in der Tat. Und auch der Mann sucht weiterhin nach Frauen, die seine Nachkommen austragen wollen. Er weiß zwar, dass er seine Partnerin nicht schwängern wird, zum Beispiel, weil sie die Pille nimmt oder er immer nur mit Kondom Geschlechtsverkehr hat. Aber dieser Trieb ist weiterhin vorhanden. Der Urtrieb, zu begatten oder begattet zu werden, und der andere menschliche Trieb, rekreative Sexualität zu erleben, sind Triebkräfte, die den Partnern die Monogamie schwer machen können.

Bestimmte Tierarten wie Rotkehlchen oder Schwäne stehen in dem Ruf, besonders treu zu sein. Sie sind aber viel weniger treu, als bisher angenommen wurde. Die Pärchen bleiben ein Leben lang zusammen, beispielsweise, weil das Männchen stabile Nester bauen und gut für die Jungen sorgen kann. Aber aus DNA-Untersuchungen geht hervor, dass es oft nicht seine eigenen Jungen sind. Das Weibchen nimmt sich einen Partner, der gewissermaßen bereit ist, einen Teil der Hausarbeit zu übernehmen, lässt sich aber dennoch von anderen Männchen befruchten.

Das gibt es auch bei Menschen. Wenn ich mich nicht irre, stellte sich bei einer der letzten Studien heraus, dass in einundzwanzig Prozent der Fälle ein anderer Mann als Vater im Spiel war. Das ist nicht gerade wenig. Und selbst wenn es nur halb so viele wären, wäre das immer noch viel. Beim Menschen wie bei bestimmten Tierarten gibt es offenkundig eine Scheinmonogamie. Dafür ist der amerikanische Strandläufer ein sehr schönes Beispiel. Ein befruchtetes Weibchen, das von seinem Partner verlassen wird, verhält sich so, als sei es nicht befruchtet. Das Weibchen gibt vor, erregt zu sein, und lässt sich von einem anderen Männchen bespringen, weil sie seine Unterstützung bei der Aufzucht der Jungen brauchen wird. Die Frau kann ja weiterhin ihre Verführungskünste einsetzen, um einen Mann an sich zu binden.

Depressionen in Beziehungen

Bo Coolsaet macht sich Sorgen über die Beziehungsprobleme, von denen ihm manche in ihren Briefen berichten. Diese Probleme lassen nicht selten einen oder beide Partner in Depressionen verfallen. »Ich bekam einen anonymen Brief, in dem ein Mann mir seine Ehesituation schildert«, erzählt er. »Er ist schon eine ganze Weile verheiratet und hat sogar Enkel. Am Anfang der Ehe waren seine Frau und er wirklich glücklich. Gemeinsam bauten sie ein florierendes Unternehmen auf, es ging ihnen finanziell gut, aber sie hatten zunehmend weniger Zeit füreinander. Er spürte, wie ihm seine Frau fremd wurde und wie die Liebe aus ihrer Ehe schwand. Sie bekamen immer öfter Streit. Manchmal kam es sogar zu Handgreiflichkeiten. Ihre Bekannten dachten indes, die Ehe wäre perfekt. Inzwischen wurde die Beziehung immer schlechter, und die beiden Partner hatten in den letzten zehn Jahren keinerlei sexuellen Kontakt mehr, sie schenkten einander erst recht keine Wärme oder Sinnlichkeit mehr.«

Ist diese Abkühlung wechselseitig?
Nein. Er schreibt, er sei noch immer verliebt in seine Frau. Er hätte gern Kontakt mit ihr, nicht unbedingt sexuellen Kontakt. Er möchte sie streicheln und liebkosen, aber sie verweigert sich ihm. Weil er sich mit seinen Gefühlen keinen Rat wusste, verfiel er in eine Depression. Dies schien seine Frau als Sieg zu betrachten. Von nun an ignorierte sie ihn völlig, machte ihn lächerlich oder lachte ihn aus. Seine Depression verschlimmerte sich. Aber er liebt sie trotzdem und möchte die Beziehung retten. Er möchte wenigstens die sinnlichen und, wenn irgendwie möglich, auch die sexuellen Kontakte wieder neu beleben.

Aus Gesprächen mit Freunden und Bekannten weiß er, dass er nicht als Einziger in einer solchen Lage ist, dass dieses Szenario schon fast klassisch zu nennen ist. Ich habe übrigens mehrere Briefe im gleichen Sinne bekommen. Viele Menschen beschreiben Gefühle, die eine Depression vermuten lassen, ohne dass sie sich darüber im Klaren wären, dass sie schon mitten in einer depressiven Phase stecken. Oft möchten sie das Etikett »Depression« vermeiden. Das ist verständlich - wer einem anderen dieses Etikett aufklebt, stempelt ihn zum Krankheitsfall. Er oder sie bekommt Medikamente verschrieben oder muss sich einer Psychotherapie unterziehen. Für viele ist das auch wünschenswert, für manche sogar absolut notwendig, um aus dem tiefen Tal herauszukommen. Aber unser Briefschreiber ist sich seiner Situation bewusst, was an sich schon gut ist. Die Ursache seiner Depression ist ziemlich offensichtlich, und auch ihm selbst ist klar, wo sie liegt. In einem solchen Fall kann man oft ohne Medikamente eine Lösung finden.

Wird es dadurch einfach, diesem Mann zu helfen?
Im Gegenteil, denn das Beziehungsproblem, das der Depression zugrunde liegt, kann ohne die Beteiligung seiner Frau nicht gelöst werden. Ich vermute, dass auch sie Probleme hat oder sich in ihrem Leben Dinge abspielen, von denen er nicht die leiseste Ahnung hat. Wenn eine Beziehung abkühlt - und bei dem Briefschreiber hat die Abkühlung ja schon vor zehn Jahren eingesetzt! -, dann spricht man nicht mehr über alles, dann kann man sich weniger gut in den anderen hineinversetzen. Kommunikation findet nicht mehr statt. Das macht eine Lösung sehr schwer. Dem Mann einfach einen Rat zu geben, würde nichts bewirken. Aus dem Brief schließe ich, dass seine Ehefrau ihn immer tiefer in die Depression treibt. Er sagt, dass er sie noch liebt, aber die Frage ist, ob auch sie ihn noch liebt, ob es auch bei ihr noch ein Fünkchen Liebe gibt, das durch Gespräche und zum Beispiel eine Paartherapie wieder geweckt werden kann. Es scheint sich hier um einen totalen Bruch zu handeln, aber der Eindruck kann täuschen. Schließlich kennen wir nur seine Sicht der Dinge. Sie hat in den letzten zehn Jahren ihr Leben vielleicht sehr egozentrisch gelebt, aber

möglicherweise hat sie sich auch aus reinem Selbstschutz emotional isoliert. Ebenso wenig lässt sich ausschließen, dass die Frau in ihren heimlichen Phantasien oder sogar in Wirklichkeit seit zehn Jahren eine andere Beziehung hat. Ich finde es jedenfalls bemerkenswert, dass unser Briefschreiber, trotz allem, was er in seiner Ehe durchmacht, doch mehrfach betont, seine Frau immer noch zu lieben. Das weist darauf hin, dass seine Liebe eine gebende Liebe ist, denn er bekommt nichts zurück. Von seiner Seite her gibt es eine sehr gute Basis, die Beziehung wieder zu reparieren.

Wie entstehen solche Probleme? Unser Briefschreiber spricht jetzt von seiner Depression, aber die Abkühlung seiner Beziehung hat ja schon vor zehn Jahren eingesetzt.
Bei empfindsamen Menschen können anscheinend schon unwichtige Störungen in der Gefühlsübertragung zwischen den Partnern einen tiefen Kummer auslösen. Es hängt auch davon ab, in welcher Phase des Liebesszenarios sich das Paar befindet, und vor allem auch von dem Wert, den die Partner den verschiedenen Aspekten ihrer Beziehung beimessen. Ich habe schon Beispiele von Ehepaaren angeführt, die in einer rein »ökonomischen Liebe« glücklich sind oder sich über die gemeinsamen Kinder definieren. Solche Menschen kennen kaum noch gemeinsame Intimität und haben auch nicht den Wunsch, sich zu streicheln und zu liebkosen. Sie werden auch nicht depressiv, wenn sie keine Gelegenheit bekommen sich zu lieben, wie es bei unserem Briefschreiber der Fall ist.

Ist dann seine Sensibilität die wahre Ursache seiner Depression?
Er ist im Liebesszenario weiter als viele andere, die scheinbar liebevoll leben. Er ist empfänglich für das, was sich in der Intimität abspielt. Aber die Sensibilität birgt auch Gefahren. Empfindsame Menschen werden schneller depressiv. Je dicker das eigene Fell, umso geringer die Gefahr, in Depressionen zu verfallen. Je offener man für den anderen ist, desto tiefer kann die Beziehung werden. Zugleich ist

man aber auch verletzbarer, und der kleinste Anlass kann eine Depression auslösen.

Vielleicht ist in der Ehe unseres Briefschreibers vor zehn, fünfzehn Jahren etwas vorgefallen, das die Frau einen ganzen Verteidigungswall hat aufbauen lassen. Er hat es nicht getan und sich in die Depression geflüchtet.

Das kann durchaus sein. Und wenn ihre Verteidigungsanlage sehr stark gebaut ist, dann wird die Behandlung umso schwieriger. Es ist leichter, Menschen wieder zusammenzubringen, wenn Gefühle da sind, selbst wenn sie negativ oder sogar feindselig sind. Zu dem Zeitpunkt, als in der Ehe unseres Briefschreibers noch Aggression vorherrschte, wäre seine Beziehung möglicherweise noch leichter zu reparieren gewesen als heute. Negativer Kontakt ist immerhin noch Kontakt. Jetzt habe ich den Eindruck, sie ist zur Salzsäule erstarrt, und er ist nicht in die Frau verliebt, die sie heute ist, sondern in die Frau, die sie einmal war.

Alles hängt von den Erwartungen an die Beziehung ab, und vom eigenen Selbstbild. Man muss, wie ich schon früher gesagt habe, ganz nüchtern – also ohne Selbstüberschätzung! – auf der Grundlage seiner Qualitäten ein Gefühl des eigenen Werts aufbauen. Mit einer gesunden Portion Selbstbewusstsein ist man widerstandsfähiger, wenn auf emotionaler Ebene etwas schief zu gehen droht, und man wird auch nicht so schnell depressiv, wenn es dann doch geschieht. Ich habe bereits dazu geraten, regelmäßig in den Spiegel zu sehen und sich zu fragen: Wer bin ich? Wie finde ich die Person, die ich sehe? Will ich etwas an ihm oder an ihr verändern? Man kann sich so auch selbst sensibilisieren, aber dann handelt es sich um ein bewusstes Wachsen hin zur Sensibilität, das den Menschen zugleich auch stärker macht. Dann lässt man sich in seiner Empfindlichkeit bzw. Überempfindlichkeit nicht so schnell gehen und setzt sich weniger dem Risiko aus, darin aufzugehen und sich zu verlieren.

Man sollte sich also nicht unempfindlicher, nicht härter machen.

In einer Liebesbeziehung sind Gefühle von absoluter Wichtigkeit, aber man muss auch vorsichtig damit umgehen. In der Liebe gibt man. Also besteht immer die Gefahr, sich zu verschenken. Wir wissen, dass in einer Beziehung vieles danebengehen kann. Jedes Individuum entwickelt sich beim Älterwerden, im Berufsleben und im privaten Leben. Wenn dadurch in der Beziehung Probleme auftreten, muss man sich sicher fühlen, und der Partner muss das auch spüren. Viele Männer haben Probleme, weil sie Anerkennung brauchen. Sie können es nicht ändern, es gehört zu ihrem genetischen Grundmuster. Sie brauchen Applaus, Hochachtung, Anerkennung ihrer Dominanz - in der Gesellschaft, aber auch in der intimen Situation, und ganz sicher in der Sexualität. Ein Mann muss von seiner Partnerin Applaus bekommen. Das vergessen sehr viele Frauen.

Was verstehst du unter Applaus?
Kluge Frauen wissen, was ich meine. Sie täuschen durchaus einmal einen Orgasmus vor und inszenieren so Applaus für ihren Mann. Im Allgemeinen vermutet ein Mann nicht, dass ihm ein Orgasmus vorgespiegelt wird, aber selbst wenn er es wüsste, würde er sich geschmeichelt fühlen. Wenn eine Frau einen Orgasmus vortäuscht, heißt das übrigens nicht, dass sie nicht hinter dem stünde, was sie tut. Und für die Selbstachtung eines Mannes kann es sehr wichtig sein. Wenn ein Mann ein negatives Selbstbild bekommt, wird es sich zuallererst auf seine sexuelle Leistungsfähigkeit auswirken, aber auch der Kontakt zu seiner Frau und den Kindern wird darunter leiden. Ein Mann möchte eigentlich auf einem Thron sitzen. Kluge Frauen gönnen ihm diese kleine Erhöhung.

Ist es nicht albern, wenn der Mann größer sein möchte als er es in Wirklichkeit ist?
Das ist dem Mann einfach angeboren. Ein Mensch mit einem negativen Selbstbild, ob Mann oder Frau, wird versuchen, ein anderes Bild von sich zu bekommen. Das kann höchst unterschiedlich sein. Jedermann kennt die Essstörungen Anorexia

nervosa und Bulimie bei Mädchen und Frauen. Auch Männer können an Fresssucht leiden. Manche Menschen fangen zu rauchen an, um etwas für ihr Selbstbild zu tun. Andere leben die unterschiedlichsten Suchtformen aus, einfach, um eine Identität zu gewinnen, eine Entität zu werden. All diese Signale sind Hinweise auf ein negatives Selbstbild, und es ist nützlich, wenn der Partner sie zu erkennen weiß und rechtzeitig darauf reagieren kann. Es wäre gut, wenn Partner gleich zu Beginn einer Kontaktstörung, also bevor sie aus der Liebe weggleiten, nach einer Lösung oder nach möglicher Unterstützung suchen.

Gibt es noch andere Anzeichen für ein negatives Selbstbild?
Es gibt unterschiedliche Ängste, die sich höchst verschieden äußern können. Eine der extremsten Formen ist das Koro-Syndrom. Dabei hat der Mann so große Angst, seine sexuelle Identität zu verlieren, dass er fürchtet, sein Penis könne sich in seinen Körper zurückziehen. Koro ist eine extreme Form, die nicht sehr häufig auftritt. Aber ich werde regelmäßig von Männern konsultiert, die darüber klagen, ihr Penis würde schrumpfen. So etwas kommt übrigens vor, vor allem bei Rauchern oder auch, wenn man ein bisschen älter wird und der Hormonspiegel sinkt, aber dann geht es höchstens um einige Millimeter, nicht um eine auffällige Schrumpfung und schon gar nicht um das Verschwinden des Glieds.

Was bedeutet es, wenn jemand meint, sein Penis würde schrumpfen oder gar verschwinden?
Ein Mann könnte glauben, dass seine Leistung nicht ausreicht, oder er fürchtet, nicht mehr genügend Leistung bringen zu können; das schreibt er seinem schrumpfenden Penis zu. Ein anderer Aspekt eines negativen Selbstbildes ist die Versagensangst. Das kommt sehr häufig vor, auch bei nicht-depressiven Menschen. Wenn ein Mann beim Geschlechtsverkehr versagt, dann ist Auslachen das Allerschlimmste, was ihm seine Partnerin antun kann. In einer sexuellen Beziehung darf man natürlich Bemerkungen machen und Kommentare abgeben, solange dahinter eine

positive Absicht liegt. Man muss die Realität nicht verbiegen, aber man kann sich die Wahrheit sagen, ohne zugleich negative Signale auszusenden.

Eine Frau braucht doch auch Anerkennung?
Natürlich, aber sie kann auch ohne Anerkennung funktionieren, ein Mann jedoch nicht. Das ist die große Stärke der Frau, und es ist keine leere Theorie. Dazu liegen verschiedene wissenschaftliche Studien vor, überwiegend aus den USA. Daraus geht hervor, dass ein Mann in seinem Sexualleben ein besonderes Gespür für Angst und Dominanz hat. Ein Mann braucht ein Dominanzgefühl, um sexuell leistungsfähig zu sein. Eine kluge Frau wird ihrem Mann diese Dominanz auch gönnen.

Wie meinst du das? Soll sich eine Frau von einem Mann wirklich dominieren lassen oder soll sie ihm nur vorspiegeln, dass er sie dominiert?
Der Mann muss das *Gefühl* haben zu dominieren. Die Frau muss bestimmt nicht untertänig werden, denn dann würde der Mann sie wirklich beherrschen. Sie muss diesem Mann, dem Schwächling sozusagen, ein gewisses Dominanzgefühl gönnen. Es hat natürlich auch mit dem Charakter des sexuellen Aktes zu tun. Der Mann penetriert, und die Frau lässt sich penetrieren. Dafür braucht der Mann eine Erektion, und die kommt nicht ohne weiteres zustande. Ob der Penis steif wird oder nicht, bestimmt ein kompliziertes biologisches System, das nicht nur vom Hormonhaushalt, sondern auch vom mentalen Zustand abhängt. Und dabei spielt das Dominanzgefühl eine gewisse Rolle. Es gibt auch Männer, die sklavisch sein wollen, die nur in einer untertänigen Rolle zum Orgasmus kommen können. Aber dabei handelt es sich um eine Minderheit. Wobei diese Männer im normalen Leben vielleicht keineswegs untertänig sind. Es können Topmanager sein, die ihr Unternehmen streng, manchmal sogar despotisch führen. Durch die Einnahme einer untertänigen Rolle im Intimbereich versuchen sie möglicherweise, diese aggressive Haltung zu kompensieren.

Wenn man sich in einer Depression befindet, geht einem vielleicht jedes Dominanzgefühl verloren. Kann ich daraus schließen, dass man durch Depression impotent wird?
Eine Depression ist eine wichtige Ursache für geringere sexuelle Potenz. Das ist sicher. Der Zusammenhang zwischen der Depression unseres Briefschreibers und seiner Beziehung ist offensichtlich. Aber auch ganz anders gelagerte Depressionen werden sich auf die Beziehung auswirken. Stellen wir uns eine Ehe vor, in der einer der Partner wegen einer Kette materieller Rückschläge depressiv wird. Meist sind materielle Rückschläge nur der Anstoß für eine ganze Reihe weiterer Probleme. Dabei sollte man aber beachten, dass die Ursache der Depression nicht in der Beziehung liegt und nichts mit Liebe oder Sex zu tun hat. Im Gegenteil: Mann und Frau haben gemeinsam versucht, die finanziellen Probleme zu lösen. Indem sie sich lieben und Geschlechtsverkehr haben, finden sie lange Zeit Wärme, Unterstützung und Kraft beim anderen. Aber früher oder später wirkt sich die Depression negativ auf die sexuelle Leistungsfähigkeit aus.

Wie kommt das?
Wenn man sich anschaut, einander zuhört, sich berührt, liebkost und küsst, wird man stimuliert. Aber man muss auch imstande sein, diese Reize aufzunehmen. All diese Reize kommen im Gehirn, im limbischen System, zusammen. Das muss sozusagen warm gehalten werden. Aber jemand, der gerade Konkurs gemacht hat, dessen Möbel beschlagnahmt worden sind, dessen Haus versteigert wurde, wird sein Gehirn kaum sinnlich aufladen können, um es den gerade genannten Reizen zu öffnen. Eine Depression führt also unweigerlich zu einer sexuell verminderten Leistung, weil die Sensibilität und damit auch der Geschlechtstrieb abnimmt.

Kann jemand infolge einer Depression impotent werden?
Aber sicher. Männer sind schon als Kinder empfänglich für alle möglichen Ängste. Kinderpsychiatrische Studien zei-

gen, dass Jungen sehr stressempfindlich sind. Es mag verwunderlich sein, aber Jungen sind sensibler als Mädchen. Jungen leiden zum Beispiel stärker unter einer schwierigen Scheidung als Mädchen. Im späteren Alter werden Frauen dann wieder anfälliger für Depressionen. Der Mann hat auch eine fundamentale Angst vor der Frau, unter anderem, weil er ihre Kraft spürt. Männer fühlen, dass die Möglichkeiten der Frau ihre eigene Kraft in vielerlei Hinsicht übersteigen. Das ist einer der Gründe, weshalb Männer versucht haben, die Frauen zu unterdrücken. Eine andere grundsätzliche Angst der Männer ist die Kastrationsangst, die Angst, ihre Männlichkeit zu verlieren. Manche Männer flüchten sich möglicherweise aus Angst vor der Frau und aus Kastrationsangst in die Homosexualität. Nach Freud ist die Grundlage unserer Sexualität, dass wir der Haremsform und der Inzestneigung in uns entfliehen wollen. Dass wir diesen Neigungen nicht nachgeben wollen, ist nach Freud eine fast unerschöpfliche Quelle der Enttäuschung und daher auch der Depression. Ich ziehe es vor, vom primären Liebesszenario auszugehen, das wir bereits besprochen haben und mit dem man ebenfalls viele Phänomene erklären kann.

Dein Liebesszenario zeigt auf jeden Fall ein positiveres Bild als eine von Angst, Neid und Frustration bestimmte Sexualität.
Man darf sich allerdings nicht nur auf einen Aspekt des gesamten Liebesszenarios beschränken. Ich hatte auch einmal einen Patienten, der depressiv wurde, weil nur ein Aspekt des vollständigen Liebesszenarios nicht mehr möglich war. Dieser Mann hat seinem Leben im Krankenhaus ein Ende gemacht. Er war impotent geworden, fand jedoch sexuelle Kontakte für seine Existenz als Mann unerlässlich. Ich hatte eine Penisprothese bei ihm eingepflanzt. Sie hatte ihm zunächst geholfen, seine Depression zu überwinden, aber schließlich fühlte er sich nicht mehr als Mann. Weil seine Erektion nicht mehr natürlich war, fühlte er sich nicht mehr ausreichend mit dem »Leben« verbunden. Er verknüpfte sein Schicksal also mit einem einzigen Aspekt des

gesamten Liebesszenarios, mit der Sexualität, und das richtete ihn zugrunde.

Wenn man sich umschaut, sieht man überall Sex, aber nirgendwo Liebe.
Einem einzigen Aspekt der Liebe wird dabei tatsächlich zu viel Aufmerksamkeit geschenkt. Je größer die Erwartungshaltung wird, desto größer ist auch die Enttäuschung, wenn etwas nicht so läuft wie erwartet. Wir werden nun einmal älter. Darüber haben wir schon gesprochen. Aber statt mit dem Altwerden leben zu lernen, versuchen wir, ihm zu entfliehen, wie all die Pillen, das Absaugen der Fettpolster und das Wegoperieren der Falten zeigen. Wir wollen jung bleiben bis zum letzten Atemzug, aber Altern ist ein normaler biologischer Prozess. Es ist natürlich attraktiv, unser jugendliches Aussehen so lange wie möglich zu erhalten, aber es ist eine Illusion zu glauben, auf diese Weise jung zu bleiben. Wir müssen uns sehr klarmachen, dass wir mit, sagen wir, fünfundwanzig Jahren bereits anfangen abzubauen. Wir müssen lernen, das Älterwerden zu akzeptieren. Sonst können wir nie lernen, harmonisch zu leben. Irreale Erwartungen in Bezug auf das Altern, im Sinne einer ewigen Jugend, können eine Ursache für Depressionen sein.

Auch Trauer ist eine Art Depression. Solange sie noch nicht verarbeitet ist, kann sie sich ebenfalls auf die sexuelle Leistungsfähigkeit auswirken. In diesem Sinne habe ich auch einige Briefe von Männern bekommen, die nach dem Tod ihrer Frau eine neue Beziehung eingingen und plötzlich Erektionsprobleme hatten, obwohl sie normal masturbieren konnten.

Das verstehe ich nicht.
Ein fünfundsiebzigjähriger Mann schreibt mir, er hätte seine kranke Frau jahrelang liebevoll gepflegt. Durch ihre Krankheit war sexueller Kontakt unmöglich. Er suchte ihn auch nicht außerhalb der Ehe, sodass sein ganzes Sexualsystem jahrelang in eine Art Winterschlaf versetzt worden war. Gelegentlich hat er masturbiert, damit, wie er selbst

schreibt, seine Prostata regelmäßig entleert wurde, damit er besser Wasser lassen konnte.

Fördert denn Masturbieren das Wasserlassen?
Es kann gewiss nicht schaden, aber notwendig ist es nicht. Die Prostata entleert sich teilweise, produziert aber auch schnell wieder neue Flüssigkeit. Ein Mann muss also nicht regelmäßig ejakulieren, um Wasser lassen zu können. Was nicht heißt, dass es falsch war, wenn unser Briefschreiber gelegentlich masturbiert hat. So hat er seine Erektionsfähigkeit trainiert. Ohne sich dessen bewusst zu sein, mochte dieser Mann es seiner verstorbenen Frau nicht zumuten, dass er mit einer anderen Frau ins Bett ging. Er hat das unbewusst als Untreue empfunden, und dadurch misslang die Erektion. Er fragte mich, ob es für sein Problem eine Lösung gibt. Viagra könnte diesem Mann aus seiner Notlage helfen. Und wenn es nicht funktioniert, könnte er mit Hilfe seines Urologen lernen, sich Selbstinjektionen zu geben. Auch bei diesem Mann wird die Therapie mit ziemlicher Sicherheit nur vorübergehend nötig sein. Nach einiger Zeit wird er seine Erektion wahrscheinlich ohne Hilfsmittel aufrechterhalten können.

Kann Sex bei der Überwindung einer Depression helfen? Kann jemand, der ganz unten ist, seine Batterien an einem warmen Körper aufladen?
Wärme ist tatsächlich sehr wichtig. Aber manchmal fällt es einem Depressiven schwer, Intimität zu ertragen. Er oder sie wird zum Zuschauer seines eigenen Intimlebens. Die wenige verbleibende Lust berührt ihn oder sie nicht mehr. Er oder sie spielt nicht mehr zusammen mit dem Partner die Hauptrolle, sondern sitzt gewissermaßen auf einem Stuhl am Rande und beobachtet, was da abläuft.

Das Liebesspiel hört auf, ein Spiel zu sein?
Ja, aber das heißt nicht, dass man das sinnliche Spiel nicht weiter spielen könnte. Eine Depression ist meist eine vorübergehende Erscheinung. Man darf dem Partner gelegent-

lich schon die Zuschauerrolle gönnen. Und von dort aus kann er oder sie erneut aktiv ins Liebesspiel einsteigen. Wenn man sich einem niedrigeren intimen Niveau anpasst und so die Sinnlichkeit stabilisiert und Wärme sucht, ist das sicherlich sehr positiv. Ein depressiver Mensch hat ein so negatives Selbstbild, dass es sehr wichtig für ihn oder sie ist zu spüren, vom Partner positiv wahrgenommen zu werden.

Ich habe mir sagen lassen, dass Depressionen nie die Folge äußerer Bedingungen sind, sondern dass die wahre Ursache immer bei einem selbst liegt.
Das bezweifle ich. Ich habe häufig gesehen, wie die Umstände ganz unterschiedliche Menschen depressiv machen können. Aber es ist oft schwierig, die Ursache einer Depression zu finden. Es gibt Menschen, die nach außen hin sehr glücklich wirken und plötzlich ohne irgendeinen sichtbaren Anlass depressiv werden. Ich habe ja schon vom »schönen Schein« gesprochen. Ein Ehepaar wohnt in einem schönen Haus, hat ein schönes Auto, fährt regelmäßig in Urlaub. Aber all das verdeckt bei der Frau ein unbefriedigtes Bedürfnis nach Wärme und Intimität. Den Urlaub verbringen sie dann auch noch in einer »Club-Med-Atmosphäre«, wie ich das nenne. Ein solcher Urlaub ist wieder eine Flucht vor der Intimität, es ist immer ein Urlaub voll künstlichem Glück und damit das Gegenteil dessen, was ein Urlaub eigentlich sein sollte. Man sieht dann oft Menschen in Depressionen verfallen, weil sie gerade während eines solchen aufgepeppten Club-Urlaubs den Verlust der Intimität am meisten spüren. Nicht allein Elend macht depressiv, auch der schöne Schein kann Menschen depressiv machen.

Es ist nicht einfach, über eine Depression hinwegzukommen. Das habe ich irgendwo gelesen. Man muss gewissermaßen ganz von vorne anfangen. Man muss erneut mit dem Partner umgehen lernen, wenn er oder sie nicht bereits während der Depression das Weite gesucht hat. Man muss erneut lernen, Kontakte zu anderen aufzubauen.

Auch für Therapeuten ist es schwierig, depressiven Menschen über dieses Tief hinwegzuhelfen. Man muss sie dabei unterstützen, ein neues Selbstbild und eine neue Selbstachtung zu finden, denn anders wird es niemals gelingen. Wer depressiv ist, muss sich Zeit für sich selbst nehmen und darf den Problemen nicht aus dem Weg gehen. Patienten, die zu Depressivität neigen, rate ich, viel spazieren zu gehen. Und zwar allein! Manche Patienten fühlen sich schon besser, wenn sie eine Weile mit sich selbst spazieren gehen. Wenn man merkt, dass man in eine Depression abgleitet, wäre das Allerschlimmste, dem nichts entgegenzusetzen. Viele denken, Zerstreuung sei nützlich. Aber es sind oft die so genannten Mittel der Zerstreuung, die einen noch weiter abrutschen lassen. Man kennt ja die einschlägigen Ratschläge: sich nicht gehen lassen, beschäftigt bleiben. Aber das ist das Letzte, was man einem Menschen mit einer beginnenden Depression raten sollte. Man muss sich mit sich selbst beschäftigen, ohne sich dabei zu überfordern. Und man muss in sich selbst Ausgangspunkte suchen, von denen aus man sich selbst - mit oder ohne Hilfe von außen - wieder aufbauen kann. Das alles ist nicht einfach.

Depressive Menschen sind schwierige Patienten, auch in meinem Fachgebiet. Sie fühlen, wie sie abgleiten. Ich versuche, darauf einzugehen, Selbstvertrauen zu geben. Es gelingt oft, aber wenn die Depression schon zu weit fortgeschritten ist, wird es sehr schwer, einen Kontakt herzustellen.

Depressive Menschen suchen dich vielleicht wegen körperlichen Beschwerden auf wie Impotenz, die eine Folgeerscheinung der Depression sind.

Die Beschwerden, mit denen sie zu mir kommen, hängen meist nur indirekt mit der Depression zusammen. Bevor mich jemand aufsucht, hat er oft schon anderswo Hilfe gesucht und Antidepressiva bekommen. Und solche Medikamente führen nun einmal zu Impotenz, zu Störungen beim Samenerguss. Der Orgasmus wird schwächer oder verschwindet. Die Libido verschwindet manchmal vollständig.

Wir nutzen bestimmte Nebenwirkungen solcher Medikamente sogar dankbar aus. Männer, die unter vorzeitigem Samenerguss leiden, denen aber nichts weiter fehlt, können wir mit Antidepressiva behandeln, weil diese den Ejakulationsreflex verzögern.

Dank Viagra können wir die Erektion größtenteils wiederherstellen, wenn sie durch die Einnahme bestimmter Antidepressiva in der Qualität abgenommen hat oder sogar verschwunden ist.

Indem man noch eine weitere Pille schluckt – während man die Medikation doch eigentlich abbauen sollte.
Frauen um die fünfzig sind anfällig für Depressionen und bekommen dann oft Orgasmusstörungen. Am besten wartet man, bis die Antidepressiva wieder abgebaut werden können; dann gehen auch die Orgasmusstörungen zurück. Patienten müssen wissen, dass die Medikamente gegen ihre Depression sich auf ihre sexuellen Funktionen auswirken. Sonst könnte die Impotenz, die ja eigentlich vorübergehend ist, zu einer bleibenden Sache werden. Denn die Angst vor Impotenz kann auch impotent machen.

Wäre dann nicht eine Beziehung das beste Heilmittel gegen eine Depression – ich meine natürlich, eine gute Beziehung?
Du hast dich gleich selbst korrigiert. Zu Recht. Eine Beziehung zu haben ist noch keine Garantie, dass eine Depression vermieden oder geheilt werden kann. Sie kann sich sogar negativ auswirken. Eine gute Beziehung hingegen kann durchaus eine therapeutische Wirkung haben und den Heilungsprozess fördern. Wenn man spürt, dass man in eine Depression hineinrutscht, ist eine gute Beziehung ein Rettungsanker, an dem man sich festhalten kann. Aber wenn die Beziehung nicht allzu stabil ist, kann gerade das die Ursache sein, noch tiefer zu stürzen. Ich erinnere noch einmal an den Mann, der von seiner Frau ausgelacht wurde, als er depressiv wurde. Dadurch geriet er noch tiefer in den Abgrund.

Depressionen können ausgesprochen ernst sein; viel mehr Menschen haben aber einfach einen leicht manisch-depressiven Charakter. Wenn ein Mann oder eine Frau sich deshalb eine Zeit lang ein wenig depressiv fühlt, muss der Partner Verständnis aufbringen. Ich habe bereits gesagt, dass die Liebe im Prinzip gebend ist. Wer ein wenig depressiv ist, kann nichts geben und wird zum Nehmenden, nicht weil er oder sie ein Egoist ist, sondern einfach, um selbst auf den Beinen zu bleiben. In einer guten, warmen Paarbeziehung wird der andere Partner dann gewissermaßen zum Ausgleich etwas mehr geben. In der Wellenbewegung, die einer manisch-depressiven Psychose eigen ist, kann der Betreffende nach einer Weile ein wenig übermütig, ein bisschen manisch, sogar etwas aggressiv werden. Auch das muss der Partner einzuordnen wissen.

Braucht man bei dieser leichten Form der manisch-depressiven Psychose eine Medikation?
Wenn wir rechtzeitig erkennen, was vor sich geht, können wir in vielen Fällen eine Medikation vermeiden. Wenn man bei kleineren Depressionstiefs zunächst Pillen verordnet und anschließend die leichten manischen Wellen mit Beruhigungsmitteln unterdrücken will, beginnt ein Teufelskreis. Damit will ich nicht sagen, dass all diese Medikamente keinen Nutzen hätten. Wer unter einer echten, schweren Depression leidet, kann sie meiner Meinung nach nicht ohne Medikation überwinden. Alle Wärme, Sinnlichkeit und körperliche Liebe werden einen Menschen nicht aus einer tiefen Depression herausholen können. Wenn man in einer so tiefen Grube sitzt, wird sogar das eigene Leben unwichtig. Was bringt es dann, über guten Sex zu reden? Man sitzt in einem dunklen Kerker und möchte dort sterben. Lust, Wärme, Sex, der Partner, das alles verliert jede Bedeutung. Man kann nicht einmal mehr die eigene Stimme ertragen. Wie sollte man dann ein Ohr haben für das Flüstern eines anderen?

Die Schönheit der weiblichen Brust

Bo Coolsaet ist ein Liebhaber alles Schönen, was das Leben zu bieten hat. Daher wird er ganz lyrisch, wenn er über die Frau und ihre schönste Zierde spricht: über ihre Brüste. »Vor kurzem haben wir darüber gesprochen, dass die wichtigste Waffe einer Frau, einen Mann an sich zu binden, darin bestand, ihre fruchtbaren Tage nicht zu zeigen«, sagt er. »Bei Tierarten, die diese verborgene Fruchtbarkeit nicht haben, hat das Weibchen keine verfeinerten Verführungsmechanismen nötig. Die Gerüche, die sie verbreitet, und ihre angeschwollenen Geschlechtsorgane machen das Männchen schon brünstig genug. Bei diesen Tierarten sind die Weibchen nur selten besonders schön. Meist sind es die Männchen, die mit Federn, Fell oder Mähnen prunken. Wäre die Evolution des Menschen anders verlaufen und hätte sich die Menschenfrau ihre fruchtbare Periode anmerken lassen, dann wäre sie sicher nicht so schön geworden, wie sie ist.«

Ist denn die Schönheit der Frau rein biologisch bedingt?
Die Frau muss dem Mann Signale geben, die ihn an sie binden. Die Brüste sind ein solches Signal, ebenso wie die runden Hüften und das allgemeine elegante weibliche Erscheinungsbild. An erster Stelle sind die Brüste natürlich als Milchspender da. Der Urmann suchte eine Frau, die seine Kinder gebären konnte und auch in Hungerzeiten imstande war, sie zu versorgen. Er ging davon aus, dass Frauen mit großen Brüsten viel und lange Milch geben könnten. Das war ein Irrtum, denn eine große Brust gibt nicht unbedingt mehr Milch. Die Größe der Brust wird im allgemeinen durch die Menge an Fettgewebe um die Milchdrüsen herum bestimmt. Frauenbrüste haben also ihre auffällige Form nicht, um mehr Milch produzieren zu können, sondern um den Eindruck zu erwecken, ihre Besitzerin sei dazu fähig.

Im Verführungsprozess ist den Brüsten eine weitere Rolle zugefallen. Die Frau musste einem Mann nicht nur den Eindruck vermitteln, seine Kinder während einer relativ langen Periode stillen zu können; sie musste auch ständig eine Verlockung für ihn sein. Auch in der rekreativen Sexualität haben die Brüste eine Funktion. Bei Männern wie Frauen sind sie erogene Zonen, die im Allgemeinen sehr empfindlich sind. Nachdem religiöse Gruppen das Schamgefühl erfunden hatten, mussten die Brüste daher auch bedeckt werden. Zunächst musste die Frau vor allem ihr Geschlecht bedecken, danach auch die Brüste. Es gab Zeiten, in denen Frauen nahezu den ganzen Körper verschleiern mussten. Sie durften kein Stück Haut sichtbar lassen, weil sie mit allem einen Mann verführen könnten. Es gibt Regionen in der Welt, in denen Frauen sogar das Gesicht verhüllen müssen. Bei meinem Aufenthalt in arabischen Ländern habe ich selbst erlebt, wie aufreizend es sein kann, nur die Augen einer Frau zu sehen. Die Frauen haben einen sehr eindringlichen Blick. Sie können mit den Augen sprechen.

Haben sie dich mit den Augen verführt?
Arabische Frauen zeigen alles mit den Augen. Es ist eine Art Training, aber auch ein Zeichen erhöhter Sensibilität und Ausstrahlung dieser Frauen. Wie ein Blinder besser tasten kann als wir, so können sie besser verführen, und zwar mit dem Teil ihres Körpers, den sie zeigen dürfen. Deshalb verpflichten extremistische Moslems ihre Frauen, die Augen ebenfalls verschleiert zu halten. Dann ist so etwas völlig ausgeschlossen.

Aber gut, wir sprachen von unserer Kultur und über Brüste. Ich habe verschiedene Briefe von Leserinnen bekommen, die wissen möchten, was Männer an Brüsten so sehr fasziniert. Ein Leserin schreibt mir, Männer würden auch bei normalen sozialen Kontakten auf ihre Brüste achten. Meist fühlt sie sich dadurch geschmeichelt. Sie ist vierundfünfzig Jahre alt, und ihre Brüste sind weniger elastisch und hängen ein wenig mehr als in ihrer Jugend. Trotzdem machen ihr Männer Komplimente wegen ihres Busens. Ich finde es übrigens scheinheilig, wenn Frauen klagen, Männer würden auf ihr Dekolleté starren. Wer das nicht mag, soll es auch nicht vorführen. Sie sagt, manche Männer würden sehr delikate, zärtliche Bemerkungen über ihren Busen machen. Andere Männer sind ziemlich ungelenk bis brutal. Sie schreibt auch, dass sie wegen des großen Interesses an ihrem Busen eine gewisse Scheu beim Ausziehen empfindet, wenn sie mit jemandem ins Bett gehen will. Sie fürchtet, die enthüllte Realität würde dann zu wenig mit dem Bild übereinstimmen, das sich ihr Partner gemacht hat.

Sie fragt sich auch, weshalb Männer große Brüste am meisten schätzen. Ich weiß nicht, ob das stimmt. Die Verführungssignale der Frau sind eher Hinweise auf Gesundheit und Jugend. Kleinere Brüste verweisen mehr auf Jugend als große. Durch die überall vorgeführten Bilder können Frauen zwar den Eindruck bekommen, Männer würden sich nur für große Brüste interessieren. Das ist aber mit Sicherheit nicht immer der Fall. Darüber müssen Frauen nachdenken, bevor sie sich Brustimplantate einsetzen lassen. Plastische Chirurgen nehmen heute sehr viele Brustverkleinerungen vor, um zu große Brüste auf - nennen wir es - halbrunde Formen zurückzubringen.

Offenbar sind große Brüste auch schlecht für den Rücken.
Große Brüste können tatsächlich zu einem gesundheitlichen und für manche Frauen auch zu einem ästhetischen Problem werden. Ziemlich viele junge Mädchen haben sehr schwere Brüste und wagen es deswegen nicht, sich in intimen Situationen zu entblößen.

Wann sind Brüste am schönsten?
Am attraktivsten sind sie bei Frauen zwischen achtzehn und zweiundzwanzig Jahren. Dann ist die hormonelle Situation und auch die Elastizität des Gewebes ideal, falls die junge Frau noch keine Kinder geboren hat. Brüste gehören, wie auch die Haut, zum ganzen Signalpaket der Frau. Und wie man weiß, werden diese Signale gelegentlich manipuliert. Fast jeder spielt in gewissem Sinne mit. Wenn du wüsstest,

wie viele Milliarden in der Kosmetikindustrie - der eigentlichen Industrie der Signalfälschung - umgesetzt werden, dann wärst du sehr erstaunt.

Und all diese Milliarden werden nur ausgegeben, um Männer zu verführen.

Frauen senden nicht nur ihrem Mann oder Liebhaber Locksignale. Auch wenn sie sich mit Freundinnen treffen oder Brot kaufen gehen, machen sie sich hübsch. Verführungssignale sind wichtig für ihr Selbstwertgefühl. Eine Frau muss sich selbst mögen, mit Freude in den Spiegel schauen können. Auch deshalb ist das Fälschen von Locksignalen so allgemein akzeptiert. Bei uns werden zum Beispiel die Lippen der Frauen etwas voller und ein bisschen rötlicher gefärbt. Andere Völker verlängern den Hals mit Ringen, die ihn schlanker wirken lassen.

Durch den Alterungsprozess verändert sich natürlich die Qualität der Brüste. Die Haut wird rauher, die Elastizität nimmt ab. Vor allem bei größeren Maßen sind die Alterungserscheinungen deutlich zu sehen. Schwerere Brüste beginnen früher durchzuhängen. Viele Brüste bekommen im Alter auch die so genannten *Striae*, Streifen in der Haut, vergleichbar den Schwangerschaftsstreifen am Bauch.

In manchen Briefen beschweren sich Frauen darüber, dass ihr Partner beim Liebesspiel ihren Brüsten keine Aufmerksamkeit schenkt. Sie klagen, Männer würden sich direkt auf die genitale Region richten. Dennoch sind die Brüste, die Brustwarzen und die *Areola*, die rosa oder hellbraunen Vorhöfe um die Brustwarzen herum, erogene Zonen. Frauen mögen es, wenn ihre Brüste gestreichelt werden. Sie genießen es einfach. Für sie ist es ein Zeichen der Wertschätzung. Es beweist auch, dass ihr Partner nicht allein auf genitalen Sex aus ist. Es gefällt ihnen, wenn sich ein Mann für ihren ganzen Körper interessiert, für ihr ganzes Sein.

Nimmt die Empfindlichkeit der Brüste mit zunehmendem Alter ab?

Kaum. Auch Brüste, die durch Silikonimplantate vergrößert wurden, bleiben sehr sensibel. Sie fühlen sich nur völlig anders an. Implantate können hilfreich sein. Es kann sogar schön sein. Aber die Brüste fühlen sich nach dem Eingriff anders an. Mehrere Frauen haben mir erzählt, dass sie nach einer solchen Brustvergrößerung weniger gern ihre Brüste berühren lassen wollten. Letzthin fand ich einen hübschen Vers des niederländischen Dichters Vondel aus dem Jahr 1655 über das Berühren von Brüsten: »Beim Berühren ihrer Brüste, macht nicht zu viel Lärm.« Er fand also, dass man nicht zu laute, gierige Geräusche von sich geben sollte, wenn man die Brüste einer Frau berührt.

Auch Männer haben Brustwarzen. Ist das nicht seltsam?
Nach der Befruchtung der Eizelle sind männliches und weibliches Wesen zunächst quasi identisch. Durch einen kleinen Unterschied in den Chromosomen wird die eine Frucht Mädchen und die andere Junge. Zu dem Zeitpunkt sind Brustwarzen und Brustdrüsengewebe bereits ausgebildet und deshalb auch beim Mann vorhanden.

Auch beim Mann sind die Brüste erogene Zonen. Ludwig XIII. wurde schon als Siebenjähriger ermahnt, er solle niemanden seine Brustwarzen berühren lassen. Im siebzehnten Jahrhundert war also die Empfindlichkeit der Männerbrust schon bekannt.

Der Mann nutzt sein Brustdrüsengewebe nicht, weil die Frau in den Millionen von Jahren der Evolution das Stillen der Kinder übernommen hat. Aber warum sollte sich das nicht ändern? Nach einer Vorlesung fragte mich ein Mann, wie sich der Mensch in den nächsten sieben Millionen Jahren weiterentwickeln wird. Nun, möglicherweise wird die Brust des Mannes dabei eine gewisse Rolle spielen. Wenn die Frau ihre Funktion in der Gesellschaft noch weiter so ausbauen kann, wie sie es heute tut, und der Mann sich noch stärker im Familienleben und in der Kindererziehung engagiert, dann ist es nicht ausgeschlossen, dass sich die Brustdrüsen des Mannes weiterentwickeln werden. Schon heute können wir jedem Mann innerhalb weniger Monate Brüste wachsen und jeden Mann Milch produzieren lassen. Wir müssen ihn dazu nicht einmal operieren. Wer an einem Prostatakarzinom leidet, wird mit Medikamenten behandelt. Dadurch verringert sich die Menge männlicher Hormone, und die Brüste beginnen zu wachsen. Wenn das Brustdrüsengewebe anschwillt und das Fettgewebe in den Brüsten zunimmt, ist es nur ein kleiner Schritt, mit einem weiteren Medikament die Milchproduktion anzustoßen. Theoretisch ist das also heute schon machbar.

Glaubst du wirklich, dass der Mann sich in diese Richtung entwickeln wird?
Ich sage nur, dass es nicht ausgeschlossen ist. Wo wir gerade bei Science-Fiction sind: Es ist durchaus möglich, dass die Brüste der Frau in Zukunft weniger wichtig sein werden. Für das Vortäuschen von Fruchtbarkeit der Frau taugen sie heutzutage nicht mehr. Die Frau braucht also ihre Brüste nicht mehr, um in ihrer nicht bekannten fruchtbaren Periode einen Mann an sich zu binden.

Das sind natürlich reine Zukunftsphantasien, aber es ist nicht undenkbar, dass Frauenbrüste kleiner und Männerbrüste größer werden, falls es die Erde und den Menschen in fünf Millionen Jahren noch geben sollte. Für mich bleibt es ein interessanter Gedanke, dass der Mensch in Zukunft ganz anders aussehen könnte. Das macht uns die Relativität unseres eigenen Wesens bewusst. Die große Muskelmasse des Mannes nimmt ja heute bereits ab, weil unsere Muskeln keine Funktion mehr haben oder zumindest nicht mehr überlebenswichtig sind. Kräftige Muskeln spielen nur noch bei bestimmten Hobbys eine Rolle.

Glaubst du, dass sich die Brüste entwickelt haben, als der Mensch anfing, aufrecht zu gehen? Bei den meisten weiblichen Affen wird das Hinterteil größer, um Männchen anzulocken. Beim aufrechten Gang ist das aber wenig sinnvoll, deshalb sollen die Brüste eine Po-Form angenommen haben.
Das ist denkbar. Die Entwicklung der menschlichen Brüste hängt bestimmt auch vom Faktor Verführung ab. Die Frau

mit den schönsten Brüsten wurde zuerst als Kindsmutter ausgesucht. So entstand eine natürliche Auslese. Ginge der Mensch weiter auf vier Beinen, dann sähe man nichts von den Brüsten, und ein anderer Körperteil hätte die Verführungsfunktion übernommen. Ich finde dieses Zeigen der Brüste aufregend. Offen gezeigte Brüste können außerordentlich verführerisch wirken, doch verhüllte genau so.

Mir gefällt die Mode des achtzehnten Jahrhunderts mit den tiefen Ausschnitten und den hervorquellenden Brüsten.
Das ist wirklich etwas Wunderschönes. Ich finde es erstaunlich, dass manche Frauen ihre Brüste zeigen können, ohne dass es exhibitionistisch wirkt, und andere, die ihre Brüste so gut wie ganz bedecken, fast pervers exhibitionistisch wirken. Höchst sonderbar. Und dann gibt es am Strand manchmal Frauen, deren nackter Busen von einem mystischen Schleier umgeben zu sein scheint. Wirklich außergewöhnlich.

Polygamie und die Freiheit zur Treue

Als ich ins Arbeitszimmer von Bo Coolsaet eintrete, überfällt er mich sofort mit einem Thema, das für ihn nie seine Faszination verliert: Monogamie und ganz speziell die eheliche Treue. »Wir haben bereits erörtert, dass die Monogamie bei uns im Westen mehr Ideal als Wirklichkeit ist. Untreue ist gang und gäbe. Aber wir dürfen nicht vergessen, dass die Polygamie – das Zusammenleben mehrerer Partner beider Geschlechter – weltweit vielleicht noch immer die häufigste Form des Zusammenlebens darstellt. Die Polyandrie – dabei hat eine Frau mehrere Männer – ist eher selten. Aber die Polygynie – ein Mann mit mehreren Frauen – ist sehr weit verbreitet.

König Salomon aus dem Alten Testament hatte siebenhundert Ehefrauen und dazu noch dreihundert Konkubinen. Salomon lebte also mit tausend Frauen! Das ist doch unglaublich! Auch Griechen und Römer lebten polygam. In China hat sich die Polygamie sogar besonders lange gehalten. Wer wissen möchte, welchen Wert eine Frau in solchen Beziehungen hat, dem kann ich den Roman *Wilde Schwäne* der chinesischen Autorin Jung Chang empfehlen. Ein Mann mit einem Harem liebt nur sich selbst. Frauen sind nur zu seiner Befriedigung da.

Auch Moslems sind polygam.
Mohammed brauchte Soldaten für seine Kriege. Deshalb riet er seinen Anhängern, mehrere Frauen zu nehmen, aber nicht mehr als vier. Er wollte, dass seine Männer ihre Frauen nicht nur schwängern, sondern auch die Kinder ernähren.

Ist die Monogamie dann möglicherweise eine typisch christliche Form des Zusammenlebens?
Ganz und gar nicht. Mohammed war nicht der einzige Glaubensführer, der die Polygamie zuließ und sogar propagierte.

Im Mittelalter wurde sie von unseren eigenen Theologen befürwortet. Auch in der katholischen Kirche war Polygamie lange Zeit üblich. Der heilige Paulus untersagte nur seinen nächsten Jüngern, mehr als eine Frau zu haben. Im sechzehnten Jahrhundert erlaubte Luther Bigamie - die Beziehung eines Mannes zu zwei Frauen -, unter der Bedingung, dass es im Verborgenen geschieht. Noch heute leben die Mormonen, eine christliche Sekte in den USA, polygam.

In polygamen Beziehungen gilt die Frau als Besitz. Und der Besitz mehrerer Frauen ist ein Zeichen von Reichtum und somit ein Statussymbol.
Es ist wirklich ein Statussymbol. Die Polygamie hat auch eine wirtschaftliche Dimension. Durch sie kann Macht und Reichtum konzentriert werden. In der Familie ist Polygamie natürlich eine Form diversifizierter Lust. Wenn wir den Wunsch nach einer so vielseitigen Lust weiterdenken, landen wir beim Thema Promiskuität. Wir haben bereits über die jungen Menschen gesprochen, die im Urlaub mit unterschiedlichen Partnern schlafen, ohne dass es dabei eindeutige Beziehungen gibt. Aber es gibt auch eine unfreiwillige Form der Promiskuität. In arabischen Ländern habe ich erlebt, dass das Hauspersonal zum Geschlechtsverkehr mit dem Hausherrn gezwungen wurde. Auch in diesem Fall war es eher die Regel als die Ausnahme. Und es kommt immer noch vor. Es kann überall vorkommen, wo Männer über viel Macht verfügen - im Privatleben, in einem Unternehmen, in der Politik. Es muss auch nicht immer mit Zwang verbunden sein.

Es sind aber immer Männer, die Sex mit mehreren Frauen haben.
Das trifft sicherlich nicht zu. Im Internet haben Männer wie Frauen promiskuitive Beziehungen. Die Kontakte sind nicht physischer Natur, gehen jedoch weiter als in der Phantasie. Es hat auch sehr interessante, intellektuell promiskuitive Beziehungen gegeben, etwa bei Alma Mahler, der Ehefrau des bekannten Komponisten. Sie war dreimal verheira-

tet und hatte auch mehrere Liebhaber. Lou Andreas-Salome hat ebenfalls in verführerischer, intellektueller Weise mit mehreren Männern zusammengelebt.

Es ist fast eine Art Sammeltrieb. Mich erinnert es an eine Fernsehsendung über alte Playboys. Dort wurde ein fünfundachtzigjähriger Mann interviewt, der mit Hunderten von Frauen kurze oder längere Beziehungen hatte.

Ich erinnere mich, dass er sogar Fotos von all seinen Frauen besaß. Es hatte tatsächlich Ähnlichkeit mit einer Frauensammlung. Doch fühlt wohl fast jeder den Wunsch, aus der Monogamie auszubrechen. Kinsey kam zu der Schlussfolgerung, dass Männer wie Frauen promiskuitive Neigungen haben, weil sie Abwechslung suchen. Es ist eine Art Neugier. Die Versuchung liegt nicht unbedingt darin, dass es mit einem anderen Partner prinzipiell besser wäre, sondern dass es besser sein könnte. Unsere heutige Gesellschaft mit ihren überbevölkerten Wohngebieten bietet natürlich viel mehr Möglichkeiten, diesen Wunsch zu befriedigen, als die kleinen, isolierten Gemeinschaften von früher. Heute gibt es zahllose Orte, an denen man andere treffen kann. Die Versuchung ist daher auch besonders groß. Ich bekam einen Brief von einer Leserin, deren Mann für zwei Jahre im Ausland ist. Sie haben ein Kind. Die Frau möchte ihm gern treu bleiben. Sie ist auch nicht der Typ, der oft ausgeht. Aber circa allc zwei Monate hat sie doch das Verlangen nach Kontakt zu anderen Menschen. Wenn sie dann doch einmal ausgeht, begegnen ihr natürlich auch Männer, die spüren, dass ihr etwas fehlt. Sie schreibt, die Versuchung, auf solche Angebote einzugehen, sei manchmal unglaublich groß. Das ist normal. Wie jeder andere sehnt auch sie sich nach Wärme. Sie möchte wieder einmal einen leibhaftigen Mann bei sich haben. Aber bisher hat sie dieser Sehnsucht noch nicht nachgegeben. Vielleicht spürt sie, dass sie sich dann möglicherweise verliebt, und darunter würde vielleicht ihre Ehe leiden.

Etwas Ähnliches kann man beobachten, wenn einer der beiden Partner frigide ist. Dann kann die mangelnde Lust auf sexuellen Kontakt zur Untreue führen. Frigidität kommt bei Männern und bei Frauen vor, aber bei Frauen ist sie stärker ausgeprägt. Man sollte sich nicht täuschen, eine frigide Frau kann eine sehr leidenschaftliche und höchst erfahrene Verführerin sein. Viele Männer können ihr nicht widerstehen.

Warum sollte eine frigide Frau einen Mann verführen wollen? Bedeutet Frigidität nicht, dass man keine Lust auf Sex hat?
Schon, aber verführen muss nicht notwendig zu sexuellem Kontakt führen. Das Verführungsspiel kann Zweck an sich sein. Frigide Frauen faszinieren viele Männer offensichtlich ganz besonders. Ich nehme an, sie sehen es als Herausforderung, diese Frigidität zu brechen. Das wäre für sie ein Sieg.

Ist es denn überhaupt möglich, auf diese Weise Frigidität zu durchbrechen?
Bei wirklich frigiden Verführerinnen wird es nicht gelingen. Man denke nur an Stripperinnen, an Frauen in Peepshows, Animierdamen, die sich manchmal berühren lassen, aber nicht mehr als das. Das sind professionell frigide Verführerinnen. Es kommt auch im Alltag vor. Für manche Frauen ist es ein spannendes Spiel. Es gibt ihnen ein Machtgefühl.

Du sagtest, dass Frigidität auch bei Männern vorkommt. Handelt es sich dabei um impotente Männer?
Impotenz ist etwas anderes. Frigide Männer können normale Erektionen haben, wollen aber mit einer Frau, die sie beispielsweise auf der Tanzfläche verführt haben, anschließend keinen sexuellen Kontakt.

Wie entsteht Frigidität?
Es gibt Männer und Frauen, die einen primären, also angeborenen Mangel an Lust auf sexuellen Kontakt haben, genau wie es Menschen gibt, die übertriebene sexuelle Bedürfnisse haben. Die genauen Mechanismen sind noch nicht

entschlüsselt. Vor kurzem war eine Frau im Fernsehen, die zehn-, sogar zwanzigmal am Tag Sex haben wollte. Eine Untersuchung des Hormonspiegels dieser Frau würde höchstwahrscheinlich einen normalen Wert zeigen. Gehen wir davon aus, dass die Frau dieses übertriebene Sexbedürfnis loswerden möchte. Du lachst, aber sie hat selbst gesagt, dass sie schon mehrfach entlassen worden ist, weil sie andere Menschen einfach immer anfassen muss. Sie kann auf die Dauer nicht ständig auf Parkplätzen Männer aus dem Auto zerren. Dann bekommt sie möglicherweise noch Probleme mit der Polizei. Es ist also durchaus möglich, dass sie früher oder später Hilfe sucht. Aber es wird sehr schwierig sein, ihr zu helfen. Wir können versuchen, auf Umwegen etwas zu verändern, aber es gibt keine einschlägige, gezielte Medikation dafür. Aus dem gleichen Grund ist es sehr schwer, primär frigiden Menschen zu helfen.

Und wenn die Frigidität nicht angeboren ist?
Frigidität kann sekundär sein, also später erworben, etwa durch negative Erfahrungen. Zum Beispiel kann sie bei einer Frau auftreten, die mit einem Mann zusammenlebt, der absolut unsinnlich ist und in keiner Weise auf ihre Wünsche eingeht. Manche Frauen akzeptieren das. Andere können Frigidität vortäuschen. Aber in Wirklichkeit haben sie keine Lust auf den Geschlechtsverkehr mit diesem Mann und darauf, wie der Akt abläuft. Es gibt auch Männer, die zwar im Sexualverkehr mit ihrer Partnerin keine Befriedigung finden können, aber beim Masturbieren den Liebesakt in der Phantasie ausführen, mit einer Partnerin, die ihrem Idealbild entspricht.

Oder sie sind ihrer Partnerin tatsächlich mit einer anderen untreu.
Allerdings. Wir leben eigentlich in einer Art »Untreue-Monogamie«. Das ist nicht weiter schlimm, wenn wir uns dieser Untreue nur mehr oder weniger bewusst sind. Wenn die Partner wissen, was sie tun, können sie sogar über Untreue reden. Das ist nützlich, weil Untreue bestimmte

Risiken mit sich bringt. Was habe ich gerade in der Zeitung gelesen? Ein Mann ermordet seinen Freund, weil er *vermutet*, dass dieser mit seiner Frau geschlafen hat.

Und dann gibt es noch den medizinischen Aspekt: Durch Kontakt mit verschiedenen Partnern kann man erkranken und diese Krankheiten übertragen. Zu Aids muss ich wohl nichts mehr sagen. Andere sexuell übertragbare Krankheiten sind weniger ernst, aber immer noch ziemlich unangenehm. Sie können bei Männern wie bei Frauen chronische Infektionen der Geschlechtsorgane verursachen und zu äußerst unangenehmen Irritationen führen.

Und dann kommt das ängstlich geheim gehaltene Abenteuer doch noch ans Licht.
Natürlich. Auch das kann eine Quelle von Leid sein. Entdeckte Untreue führt immer zu Spannungen in der Beziehung und oft auch zum Verlust des Vertrauens.

Man sollte also auf keinen Fall das Kondom vergessen, wenn man seiner festen Partnerin untreu ist.
Wer nicht streng monogam lebt, sollte aus den verschiedensten Gründen ein Kondom benutzen. Das bedeutet noch lange nicht, dass man auf diese Weise Untreue verheimlichen kann. Man kann sich immer noch Schamläuse einfangen.

Wenn ich mit Freunden einen trinken gehe, unterhalten wir uns gelegentlich über außereheliche Beziehungen. Meist kommen wir dann zu der Schlussfolgerung, dass Untreue das Leben nicht gerade einfacher macht.
Untreue in der Monogamie nimmt viel Zeit und Aufmerksamkeit in Anspruch. Ich vermute ohnehin, dass die Partnertreue in Zukunft zunehmen wird. Wahre Liebe basiert auf Freiheit. Früher waren Partner zur Treue gezwungen. Heute ist die Freiheit des Individuums viel größer und die Gebote und Verbote fallen weg, die man sich gegenseitig auferlegt hat. Durch diese Freiheit kann es leichter werden, treu zu sein.

Befinden wir uns also in einer Übergangszeit? Nach den strengen Verboten hat es eine Periode der uneingeschränkten Sexfreiheit gegeben, die nun in ein Zeitalter der Ruhe und Treue münden wird?
Treu zu bleiben, geht nicht von selbst. Es erfordert Anstrengung. Dabei meine ich eine Beziehung, in der Menschen freiwillig in absoluter Monogamie leben. Für mein Verständnis ist eine solche Beziehung sehr befriedigend. Partner, die sich freiwillig treu bleiben, sind auf dem Wege zu einer absoluten Form der Liebe.

Die weibliche Sexualität

Bekannterweise liebt Bo Coolsaet die Frauen. Er sieht Frauen gern an und spricht gern über sie. »Frauen können heute eine sehr mächtige Position einnehmen«, sagt Coolsaet. »Sie besitzen Mittel der Verführung und können so Männer mit Macht an sich binden. Da heutzutage zudem viele Frauen eigene Karrieren machen und Macht erobern, haben sie die Möglichkeit, sehr große Teile unserer Gesellschaft direkt oder indirekt zu beherrschen. Frauen, die die drei großen weiblichen Qualitäten haben, die also hypnotische Verführungskünste besitzen, mächtige Männer an sich binden und auch noch eine eigene Top-Karriere aufbauen, solche Frauen können Männern Angst machen. Deshalb fällt es ihnen oft schwer, den passenden Mann zu finden.«

Wieso?
Es ist doch nicht verwunderlich, dass manche Männer Angst vor starken Frauen haben. Andererseits ist es für eine mächtige Frau oft wirklich sehr schwierig, einen Mann zu finden, der genau zu ihr passt. Man muss sich das wie Zahnräder in einem Getriebe vorstellen: In den kleinen Gemeinschaften, in denen der Mensch früher lebte, war die Partnerwahl einfacher. Heute leben wir so weit voneinander entfernt und unsere Kontakte sind oft so oberflächlich, dass es für starke Frauen nicht selten schwer ist, einen Mann zu finden, der mehr als nur einem kleinen Teil ihrer Erwartungen entspricht. Mir erscheint es als ein großes Problem, dass viele Frauen dann einfach irgendeinen Mann nehmen, nur um nicht allein zu bleiben. Am Anfang einer Beziehung oder einer Ehe kann das noch ein wenig kaschiert werden, aber früher oder später rächt es sich. Das ist einer der Gründe, weshalb man bei Frauen so viele Zeichen der Unzufriedenheit wahrnimmt.

Wir haben bereits über Depressionen gesprochen und über Frigidität, sinnliche Kälte. Ich las vor kurzem, dass etwa dreißig Prozent der Frauen rauchen, mit steigender Tendenz; an die zehn Prozent hat Alkoholprobleme. Darüber hinaus leiden noch etwa dreißig bis fünfunddreißig Prozent unter stressbedingten gesundheitlichen Problemen. Sehr viele Frauen sind unbefriedigt. Das versuchen sie mit Rauchen oder Trinken zu verdrängen. Auch im Intimbereich treten diese unbefriedigten Gefühle in irgendeiner Form zutage. Männer sind daran nicht schuldlos. Sie haben in all der Zeit, als sie die Frauen dominierten, eine sehr negative Rolle gespielt. Sie haben sich den Wünschen der Frauen, vor allem ihrem sexuellen Begehren, sehr lange Zeit völlig verschlossen.

Noch immer kennen nur wenige Männer den weiblichen Körper. Bei einer Untersuchung in Großbritannien stellte sich heraus, dass nur zwanzig Prozent der befragten Männer wussten, wo sich die Klitoris befindet. Wer die weiblichen Geschlechtsorgane nicht kennt, wird kaum wissen, wie er eine Frau befriedigen kann.

Vielleicht waren unter den Befragten ja auch einige Ehemänner. Wie kann ein Mensch Jahre mit einer Frau zusammenleben und nicht wissen, wie ihr Geschlecht aussieht?
Diese Männer waren immer nur mit sich selbst beschäftigt, mit ihrem Penis und ihrem Orgasmus. Sie haben sich niemals Gedanken darüber gemacht, was bei der Frau vor sich geht. Glücklicherweise gibt es Ausnahmen, aber wie sich herausstellt, haben doch etwa achtzig Prozent der Männer keine Ahnung von der weiblichen Anatomie.

In einer Studie las ich, dass relativ viele Frauen selbst nicht viel über ihren Körper wissen. Die ersten Feministinnen rieten ihren Geschlechtsgenossinnen, sich einmal einen Spiegel zwischen die Beine zu halten.
Frauen, die streng katholisch erzogen wurden, durften sich oft selbst nicht ansehen. Sie selbst durften und ihre Männer wollten es nicht. Die Klitoris, die weibliche Reizzone, ist viel kleiner als der Penis. Das hat seinen Grund. Die Frau ist am ganzen Körper empfindlicher, ihr reicht schon ein kleines

Organ für ein viel größeres Empfinden. Frauen spüren Lust am ganzen Körper, Männer sind mehr genital ausgerichtet. Die weibliche Lust geht über den Orgasmus des Mannes hinaus und dauert länger. Dem Samenerguss des Mannes folgt eine negative Phase, die bei Frauen viel seltener ist. Bei manchen Frauen bleibt das gute Gefühl sogar lange Zeit erhalten.

Andererseits hat eine Frau natürlich auch sexuelle Probleme. Manche Studien nennen zwanzig, andere mehr als fünfzig Prozent Frauen mit sexuellen Störungen.

Weshalb sind die Zahlen so unterschiedlich?
Die Wissenschaft interessiert sich erst seit kurzem für die weibliche Sexualität. Frauen wagen es noch nicht so lange zuzugeben, wenn sie keine Lust empfinden. Die Daten sind also weniger umfangreich und stabil als die zur männlichen Sexualität, aber wir gehen von etwa dreißig Prozent von Frauen mit Problemen aus. Manchmal handelt es sich um etwas rein Körperliches, Organisches. Sex kann Frauen wehtun. In der Umgebung des Scheideneingangs befinden sich kleinere Drüsen, die sich entzünden können. Das kann zu Irritationen und Schmerzen führen. Manche Frauen spüren auch tiefer in der Vagina Schmerzen. Wenn der Partner dafür kein Verständnis hat und beim Liebesspiel zu aggressiv ist, können Frauen aus diesem Grund den Liebesakt meiden und Frigidität vortäuschen. Wir haben bereits erörtert, dass die Sekretabsonderung in der Vagina mit zunehmendem Alter abnimmt. Manche Frauen haben Probleme mit ihrer Beckenbodenmuskatur, die angespannt sein und schmerzen kann. Sehr viele Frauen haben nach Bestrahlungen, Operationen oder Blasenproblemen Schmerzen beim Geschlechtsverkehr.

All das kann Anlass zur Dispareunie sein: Das ist ein allgemeiner Terminus, der besagt, dass es Probleme bei der Penetration gibt, dass der Akt schwierig oder schmerzhaft ist. Noch ernster ist der Vaginismus, bei dem das Eindringen des Glieds in die Vagina völlig unmöglich ist. Vaginismus kann unterschiedliche, physische wie psychogene Ursachen haben. Die physischen Ursachen sind am einfachsten zu behandeln, beispielsweise kann das Jungfernhäutchen so fest sein, dass es nicht durchstoßen werden kann. Das kommt wirklich regelmäßig vor. Dann muss das Jungfernhäutchen mit einem kleinen chirurgischen Eingriff geöffnet werden. Es gibt auch Frauen mit einer sehr engen Vagina. Sie kann chirurgisch geweitet werden, aber es sollte besser progressiv geschehen. Auch Infektionen können Vaginismus verursachen. Nicht wenige Frauen haben vielleicht schon die Erfahrung gemacht, dass sie während einer Antibiotikakur eine Pilzinfektion in der Scheide bekommen haben. Unter dem Einfluss von Antibiotika können die in der Scheide vorhandenen Bazillen - wir sprechen von der Scheidenflora - sich der bakteriellen Krankheitserreger nicht mehr erwehren.

Man sagt, zum Schutz der Darmflora sei es sinnvoll, bei Einnahme von Antibiotika auch Joghurt zu essen.

Etwas Ähnliches spielt sich in der Vagina ab, nur wird dort Joghurt nicht viel nützen. Im Interesse der Darmflora und der Scheidenflora sollte man Antibiotika nur einnehmen, wenn es unbedingt erforderlich ist. Auch die Drüsen am Eingang der Vagina können sich schmerzhaft entzünden und dann zu Vaginismus führen. All diese Entzündungen können mit Medikamenten oder Cremes behandelt werden.

Was sind die möglichen psychogenen Ursachen des Vaginismus?

Der Ringmuskel um die Scheide kann sich unerwartet verkrampfen. Der gleiche Krampf kann auch systematisch auftreten, oft als Folge von Erfahrungen im Kindesalter, wie Missbrauch und Inzest. Manchmal können diese Frauen nicht einmal untersucht werden, weil ein vaginaler Spasmus einsetzt, noch bevor der Arzt ihre Genitalien berührt hat. Diese psychogenen Ursachen von Vaginismus müssen zuerst herausgefunden und von der Frau verarbeitet werden. Solange die Ursache nicht beseitigt ist, wird der Vaginismus anhalten. Erlebnisse aus der Vergangenheit kann man natürlich nicht ungeschehen machen. Daher ist die sachkundige Hilfe eines Psychotherapeuten unentbehrlich. Er kann die Patientin lehren, wie sie ohne negative Folgen für ihr Sexualleben mit bestimmten Kindheitserlebnissen leben kann. Das ist ein langer Weg, der auch vom Partner viel Geduld verlangt. Manche Paare müssen länger als ein Jahr behandelt werden, bis ein Geschlechtsakt möglich wird.

Viele junge Männer sind dazu nicht bereit und verlassen ihre Freundin. Ich habe auch Briefe von verheirateten Paaren bekommen, die erst nach der Heirat entdeckten, dass die Frau an Vaginismus leidet. Man kann sich vorstellen, dass diese Krankheit eine schwere Belastung für ein junges Paar sein kann, aber sie müssen nicht verzweifeln. Wenn sich die Partner gut verstehen, kann durch eine Paartherapie allmählich eine Problemlösung gefunden werden.

Ist Vaginismus häufig?
Er kommt nicht allzu oft vor. Meist handelt es sich um junge Paare, die große Erwartungen an ihren ersten sexuellen Kontakt haben. Junge Männer dürfen nicht drängen, wenn es beim Einbringen des Penis in die Vagina Probleme gibt. Sonst kann bei einer jungen Frau ein großes Trauma entstehen, das sie ihr ganzes späteres Leben belasten kann.

Auch bei Dispareunie sollte ein Mann Verständnis aufbringen. Dabei ist der Geschlechtsverkehr zwar möglich, aber schwierig oder schmerzhaft, sodass der Geschlechtsakt für keinen der beiden Partner wirklich angenehm ist.

Welche Ursachen kann Dispareunie haben?
Dispareunie kann durch körperliche Probleme der Frau, wie eine verringerte Sekretabsonderung, verursacht werden. Nicht nur Frauen in der Menopause, sondern auch Frauen, die die Pille nehmen, können darunter leiden. Im Allgemeinen setzt mit der sexuellen Erregung der Frau die Sekretabsonderung ein. Wenn die Erregung ausbleibt, wird also auch kein Sekret abgesondert. Andere Frauen sind zwar erregt, aber wegen hormoneller Störungen, etwa in der Menopause

oder durch die Einnahme bestimmter Medikamente, kann eine verringerte Sekretabsonderung und dadurch Trockenheit auftreten. Ich habe bereits gesagt, dass dieses Problem durch ein Gleitmittel oder einfach Vaseline leicht zu beheben ist.

Andere Ursachen von Dispareunie sind Reizungen der Scheide. Auch junge Frauen können unter zu hohem Ausfluss leiden. Bei Vaginitis, einer echten Entzündung der Scheide durch Pilze oder Bakterien, kann die Reizung so groß sein, dass der Sexualverkehr für die Frau schmerzhaft ist. Auch die Blase und die Urethra, die Harnröhre, können Schmerzen verursachen.

Was ist Ausfluss genau?
Ausfluss ist eine erhöhte Sekretabsonderung der Scheide, nicht als Folge sexueller Erregung, sondern durch Reizung oder eine Entzündung. Ausfluss geht oft mit Juckreiz einher. Frauen, die darunter leiden, müssen den Arzt aufsuchen. Meist ist das Problem mit einer Kurzbehandlung zu lösen. Aber es gibt auch Formen von sehr hartnäckigem Ausfluss, die schwer zu behandeln sind und jungen Frauen sehr große Schwierigkeiten machen können.

Ist dann von Sexualverkehr abzuraten?
Da möglicherweise Infektionen vorhanden sind, sollte bei Vaginalkontakt ein Kondom benutzt werden. Sonst wird der Mann angesteckt, und ein Teufelskreis setzt ein, in dem der eine Partner den anderen infiziert. Deshalb sind solche Infektionen oft so hartnäckig.

Du hast vorhin auch die angespannte und schmerzhafte Beckenbodenmuskulatur erwähnt.
Dispareunie wird sehr häufig von mäßigen oder sogar heftigen Muskelkrämpfen des Beckenbodens begleitet. Eine Frau kann die Beckenbodenmuskulatur bewusst oder unbewusst genau in dem Moment anspannen, in dem ein Mann mit ihr schlafen will. Die Ursache kann irgendwo sehr tief in ihrem Gefühlsleben liegen, so tief, dass nicht einmal erfah-

rene Therapeuten nach vielen, langen Gesprächen herausfinden, was genau die Ursache ist.

Soll man dann lernen, diese Muskeln zu entspannen?
Das macht es gerade so schwierig. Man kann es mit einem Wadenkrampf vergleichen. Bei einem Wadenkrampf kann man die Wade überhaupt nicht entspannen. Für die Beckenbodenmuskulatur gilt das gleiche. Man kann sie anspannen, aber es ist sehr schwierig, sie zu entspannen, wenn ein Krampf einsetzt. Diesen Krampf, wie man ihn auch in der Wade spürt, können Frauen im Scheidenbereich haben. Und das ist besonders unangenehm. In der Tierwelt kommt das häufiger vor. Jeder weiß, dass Hunderüden feststecken können, wenn sie ein Weibchen bespringen. Dann muss man einen Eimer kaltes Wasser über die Hunde gießen, damit sie sich wieder lösen können.

Auch ein Mann kann beim Geschlechtsakt durch einen Krampf in der Scheide der Frau eingeklemmt werden. Ich will aber keinem Angst machen, denn es kommt äußerst selten vor. In meiner ganzen Praxis habe ich nur einen Fall erlebt. Ich habe aber schon eine Anzahl von Patienten gesehen, die als Folge von Muskelkrämpfen solche Schmerzen haben, dass keiner von beiden den Geschlechtsakt wirklich genießen konnte. Manchmal ist die Ursache sonnenklar. Dabei denke ich an den typischen Fall einer Frau, die böse auf ihren Partner war. Er trank und gefährdete durch seine Alkoholprobleme das florierende gemeinsame Unternehmen. Er hatte keinen Blick mehr für sie, auch seine Haltung den Kindern gegenüber war problematisch. Sobald er mit ihr schlafen wollte, spürte die Frau eine schmerzhafte Anspannung der Beckenbodenmuskeln. Sie bat mich, etwas gegen diese Schmerzen zu tun, aber so etwas geht nicht, ohne die Beziehung zum Partner wieder zu verbessern.

Manche Frauen haben auch Schuldgefühle, vielleicht sogar religiöser Natur. Frauen können auch vor der Penetration Angst haben. Gelegentlich sehe ich sehr heftige Phobien, vor dem normalen Geschlechtsverkehr, aber auch vor Sexualkontakten bestimmter Art, nämlich oralen oder analen. Das sind so genannte Erwartungsängste, die Frauen manchmal entwickeln, weil ihr Mann früher einmal darauf gedrungen hat oder weil sie von ihren Freundinnen davon gehört haben. Sie fürchten sich vor etwas, das passieren könnte, und entwickeln dadurch Dispareunie. Eine solche Ursache herauszufinden ist wichtig, denn sonst entwickelt die Frau alle möglichen Techniken zur Abwehr des Sexualverkehrs. Eine der Methoden, die manche Frauen - meist unbewusst - einsetzen, ist die Magersucht, Anorexia nervosa. Sie werden so mager, um sagen zu können, dass Sex nicht mehr geht. Sie machen sich auch absichtlich weniger attraktiv. Eine andere Methode ist die Bulimie, bzw. ein Wechsel zwischen Anorexie und Bulimie. Solche Frauen müssen sehr behutsam behandelt werden, ganz allmählich wieder mit der Sexualität, insbesondere mit der des Partners, vertraut gemacht werden.

Für die Frau mag das vielleicht nicht angenehm sein, aber ich kann mir vorstellen, dass es für ihren Partner mindestens genauso unangenehm ist.

Man muss hoffen, dass der Partner genügend Liebe, Geduld und Wärme aufbringt, um diesen langen Weg mit seiner Frau zu gehen. Wenn sie durchhalten und es ihnen gelingt, gemeinsam die Schwierigkeiten zu meistern, ist der Sexualkontakt danach meist besonders gut.

Viele Schwierigkeiten entstehen, weil Männer die wenigen Eigenheiten, die eine Frau vom Mann unterscheiden, nicht berücksichtigen. Ich sprach gerade über die allgemeine Sensibilität des weiblichen Körpers. Eine Frau braucht auch ein längeres Vorspiel, um Lust zu empfinden, um die Feuchtigkeitsproduktion in der Scheide in Gang zu setzen und so das Liebesspiel möglich zu machen. Zwischen dem Verführen und dem beabsichtigten Orgasmus sind einige Schritte, auch biologisch, erforderlich. Die Frau verführt gern, wird aber auch gern verführt. Vor allem in der Erregungsphase braucht sie das mehr als der Mann. Für einen Mann ist diese Phase weniger wichtig.

Ich weiß nicht, ob es bei anderen Männern ebenfalls zutrifft, aber wenn ich verführt werde, bin ich auf einen Schlag auch erregt.
Stimmt. So funktioniert ein Mann. Aber für Frauen ist gerade die Erregungsphase sehr wichtig. Das darf ein Mann nicht vernachlässigen. Alles fängt natürlich mit der Lust auf Sex an, und es stellt sich die Frage, ob Östrogene, die weiblichen Hormone, diese Lust beeinflussen. Mit anderen Worten: Kann man den Geschlechtstrieb der Frau durch Verabreichung von Hormonen stimulieren?

Und, kann man das?
Wenn Affenweibchen erhöhte Östrogenwerte aufweisen, werden sie attraktiver. Sie scheiden Pheromone ab, das sind die Sexualgeruchstoffe, mit denen sie Männchen anlocken. Dann haben sie auch mehr Lust auf Sex. Bei Menschenfrauen ist das nicht so. Bei ihnen ist die Libido, die Lust auf Sex, vermutlich teilweise vom männlichen Hormon abhängig, das auch im Körper der Frau vorhanden ist. Bei diesen Prozessen spielen möglicherweise die so genannten Botenstoffe eine Rolle. Das sind Neurotransmitter, Neuro-Modulatoren, welche die Nervenimpulse in irgendeiner Weise verstärken oder abschwächen. Dopamin könnte den Geschlechtstrieb stimulieren, Serotonin unterdrückt ihn vermutlich ein wenig. Auch Melatonin beeinflusst möglicherweise die Libido. Vor einigen Jahren glaubte man, Melatonin könnte uns eine ewige Jugend schenken. Es handelt sich dabei um ein bekanntes Hormon, das bei Tierversuchen nachweislich den Alterungsprozess verlangsamt. Es wird noch immer verschrieben, unter anderem gegen Jetlag. Aber auch häusliche Situationen können die Libido beeinflussen. In jeder Familie gibt es gelegentlich Spannungen und böse Worte. Es hat sich herausgestellt, dass Streit die Libido der Frau senkt. Auf die Libido des Mannes hat ein Streit seltsamerweise keinen Einfluss. Eine Frau muss also nicht davor zurückschrecken, ihren Mann nach einem Wortwechsel zum Geschlechtsverkehr zu verführen. Der

Liebesakt kann den Hausfrieden wiederherstellen und die Liebe wieder aufblühen lassen. Umgekehrt trifft das nicht zu. Eine Frau ist nach einem Streit eher geneigt zu sagen: »Bleib du auf deiner Seite liegen.«

Ein anderer wichtiger Aspekt der Libido besteht darin, dass Frauen mit Sex manchmal Schmerzen verdrängen wollen. Für viele Frauen ist Sexualität eine Art Lusttherapie gegen Angst oder Schmerz. Im Gehirn liegen bestimmte Schmerzzentren in unmittelbarer Nähe der Lustzentren. Diese biologische Tatsache bewirkt, dass Lust manchmal den Schmerz verdrängen kann. Jeder hat bestimmt schon einmal erlebt, dass er unter sinnlichen oder sexuellen Reizen den Schmerz nicht mehr spürt. Für manche Menschen ist ein wenig Schmerz sogar lustvoll.

Für viele Menschen ist Lust synonym mit Orgasmus. Du sagtest bereits, dass der Weg zum Orgasmus für Männer einfacher und kürzer ist als für Frauen.

Die meisten Frauen erreichen den Orgasmus durch eine Stimulierung der Klitoris; der so genannte vaginale Orgasmus kommt nur bei fünfundzwanzig Prozent der Frauen vor. Frauen, die den Orgasmus ausschließlich klitoral erleben, können zum Orgasmus kommen, indem sie ihr Becken beim Sexualverkehr bewegen - sofern sie geübt sind und der Liebesakt lange genug dauert.

Das klingt wie eine Einschränkung. Es ist also nicht selbstverständlich, dass eine Frau durch den Geschlechtsverkehr zum Orgasmus kommt?

Nein. Im Intimleben hat der Mann die Pflicht, sich ernsthaft zu bemühen, einen Orgasmus der Frau möglich zu machen. Er kann völlig natürlich und sinnlich das Vorspiel verlängern und seine Partnerin manuell erregen oder zum Orgasmus bringen. Der Mann kann die Klitoris auch während oder sogar nach dem Geschlechtsakt stimulieren. Es wäre bestimmt sehr egozentrisch, nicht an die Lust und den Orgasmus seiner Partnerin zu denken.

Man hört Geschichten von Frauen, die zum Orgasmus kommen, wenn man an ihren Zehen saugt oder Erdbeeren mit Sahne von ihrem Bauch leckt.
Es besteht eine ganze Palette möglicher Reize, die Frauen zu einer Art Orgasmus bringen. Es gibt Frauen, die einen Orgasmus bekommen, wenn eine Brustwarze, ein Ohrläppchen oder ihr Bauch gereizt wird. Manche Frauen erleben schon einen Orgasmus, wenn sie ihre Beine aneinander reiben. Aber das alles kommt nicht oft vor. Es ist wenig sinnvoll, diesen seltenen Ausnahmefällen allzu viel Aufmerksamkeit zu schenken. Genau das stört mich an Fernsehsendungen, die meist nur Ausnahmefälle vorführen. Auf die Dauer wissen normale Menschen mit normalen Wünschen nicht mehr, was eigentlich normal ist.

Wir können also davon ausgehen, dass eine klitorale Stimulation für Frauen am lustvollsten ist.
Eine Frau spürt am ganzen Körper ein großes Verlangen nach sinnlicher Berührung, das sollte nie vergessen werden. Aber um wirklich zum Orgasmus zu kommen, ist bei etwa drei Viertel der Frauen eine Reizung der Klitoris nötig. Das restliche Viertel erreicht den Orgasmus durch Vaginalkontakt. Manche Frauen sind auch empfänglich für eine Kombination von beidem.

Man muss den Orgasmus der Frau jedoch in der richtigen Perspektive sehen. Manche Frauen sagen mir, ihr Liebhaber sei nur auf ihren Orgasmus aus. Für solche Männer ist der Orgasmus ihrer Partnerin ein Beweis dafür, selbst ein großartiger Liebhaber zu sein. Aber es gibt nun einmal Frauen, die schwer oder überhaupt nicht zum Orgasmus zu bringen sind. Man kann testen, ob eine Frau orgasmusfähig ist. Wenn sie rein biologisch dazu imstande ist, sind eventuelle Probleme lösbar. Aber es gibt auch so etwas wie Anorgasmie. Frauen, die daran leiden, sind zu keinem Orgasmus fähig, weil mit ihren Neurotransmittern, die ich gerade erwähnte, etwas nicht stimmt. Das heißt aber noch nicht, dass sie nicht gern Geschlechtsverkehr haben.

Aber es wird doch auch vorkommen, dass eine Frau keinen Orgasmus bekommt, weil der Sex nicht gut ist.
Es kommt tatsächlich noch vor, dass ein Mann nicht weiß, was er tun soll. Manche Männer sind einfach unbeholfen. Manche Paare nehmen im Liebesspiel eine falsche Stellung ein. Frauen haben beim Sex manchmal eine geringe Phantasie oder sind einfach nicht interessiert. Viele Frauen hatten auch nie die Gelegenheit, einen Orgasmus zu erleben. Ich denke jetzt an die Zeit vor der Pille, als eines der wichtigsten Verhütungsmittel das vorzeitige Abbrechen des Geschlechtsverkehrs war, der Coitus interruptus. Das Liebesspiel wurde bewusst kurz gehalten, um eine Schwangerschaft zu vermeiden. Damals waren die meisten Männer einfach nicht daran interessiert, ihre Frau in anderer Weise zu befriedigen. Das Liebesspiel kann auch aus anderen Gründen zu kurz sein, sodass die Frau nicht zum Orgasmus kommt. Viele Männer leiden unter vorzeitigem Samenerguss. Sie kommen sofort, nachdem sie ihre Frau penetriert haben, manchmal sogar schon vorher. Es ist bekannt, dass ein Mann nach dem Samenerguss eine negative Phase erlebt und dann oft kein Interesse mehr daran hat, auch seiner Partnerin Lustgefühle zu verschaffen. Es gibt auch Stellungen, in denen Frauen wenig oder keine Lust empfinden, wie der anale Koitus und der Koitus von hinten.

Ich habe gelesen, dass etwa zehn Prozent der sexuell aktiven Frauen Phantasien von Analverkehr haben.
Phantasieren ist nicht dasselbe wie es tun. Es gibt Ausnahmen, aber im Allgemeinen erleben Frauen auf diese Weise keinen Orgasmus. Aber es wird ja klar sein, worauf ich hinaus möchte. Es gibt Frauen, die so lange ohne Orgasmen leben mussten, dass sie sich jetzt sagen: »Ich brauche das nicht unbedingt.« Es gibt natürlich auch Frauen, die dieses spezifische Lustempfinden jahrelang entbehren mussten und es dann irgendwann doch einmal erleben möchten. Diesen Frauen muss geholfen werden. Andere Frauen wiederum haben ein hyperaktives sexuelles Verlangen. Eine zwanghafte sexuelle Obsession bei Frauen nennt man Nym-

phomanie. Diese Frauen haben ständig das Bedürfnis nach sexuellen Reizen. Es ist keine Ausnahme, wenn solche Frauen zehn-, zwölfmal täglich einen Orgasmus haben möchten. Bei den meisten Nymphomaninnen ist das Verlangen nach sexueller Lust jedoch kein wirkliches sexuelles Begehren. Oft ist genau das Gegenteil der Fall. Sehr oft möchten Frauen vor Schmerz oder Angst davonlaufen. Sie möchten fast unablässig einen Orgasmus spüren, weil in dem Augenblick Schmerz und Angst übertönt werden.

Auf den ersten Blick sollte man meinen, dass sie das Leben in vollen Zügen genießen.
Ja, manchmal wird eine Nymphomanin für ein Superweib mit einem ausgeprägten Geschlechtstrieb gehalten. Oft handelt es sich aber um Frauen, die Hilfe brauchen und mit höchster Behutsamkeit behandelt werden sollten.

Wir haben schon viel über die Klitoris gesprochen, aber noch nicht über den berühmten G-Spot.
Der G-Spot ist ein kleiner Bereich von etwa vier Quadratzentimetern in der Vagina, vorne am Eingang der Scheide in Höhe der Harnröhre. Darüber ist viel geredet und geschrieben worden, aber es gab keine Nachweise, bis einige Forscher den Versuch unternahmen herauszufinden, ob es den G-Spot tatsächlich gibt. Es ist gar nicht so einfach, so etwas zuverlässig und wissenschaftlich sauber zu untersuchen. Die Forscher haben unter anderem bei einer Gruppe von Frauen den so genannten G-Spot stimuliert und gleichzeitig Schmerzreize verabreicht. Wir haben gerade gesagt, dass sexuelle Lust die Schmerzschwelle erhöht, dass die Schmerzempfindlichkeit abnimmt. Es gibt Methoden zur Messung des Schmerzempfindens. Das Ergebnis der Studie: Beim Stimulieren des G-Spots verringert sich das Schmerzempfinden deutlich, entsprechend der Gabe von etwa zehn Milligramm Morphin. Das beweist, dass es bei vielen Frauen ziemlich sicher einen sensiblen Bereich vorne an der Scheide gibt, der die Lust steigert. Das spielt wahrscheinlich beim vaginalen Orgasmus eine Rolle. Es ist jedoch biolo-

gisch normal, dass diese Stelle nicht bei jeder Frau gleich sensibel ist.

Auch die Gebärmutter kann beim Orgasmus eine Rolle spielen. Die Gebärmutter kann sich auf und ab bewegen oder sich zusammenziehen. Diese Kontraktionen dienen möglicherweise dazu, den Samen anzusaugen, damit er leichter in den Gebärmutterhals eindringen kann. Angeblich steigern diese Bewegungen bei manchen Frauen das Lustempfinden. Auch deshalb leiden Frauen nach der Entfernung der Gebärmutter unter gewissen Störungen. Eine Frau sollte es sich gut überlegen, bevor sie ihre Gebärmutter entfernen lässt.

Wird die Gebärmutter nicht nur dann entfernt, wenn es absolut keine andere Möglichkeit gibt?
Es gab eine Zeit, in der man die Gebärmutter fast präventiv entfernte. Diese Zeiten sind, wie ich es einschätze, heute endgültig vorbei. Nun gibt es für eine solche Operation zu Recht strenge und eindeutige Indikationen. Man soll nicht unterschätzen, was man einer Frau damit antut. Daher werden in manchen Krankenhäusern Frauen von spezialisierten Psychologen auf die Operation vorbereitet und anschließend nachbetreut, weil die Entfernung der Gebärmutter ein Trauma verursachen kann.

Ein anderer heutzutage viel diskutierter Aspekt ist die weibliche Ejakulation, der nasse Orgasmus der Frau. Im Pinsel der Liebe *sprichst du darüber ziemlich zurückhaltend. Gibt es nun eine weibliche Ejakulation oder gibt es sie nicht?*
Wir wissen, dass bei manchen Frauen beim Geschlechtsverkehr eine Blasenkontraktion und dadurch Urinverlust auftritt. Aber es gibt auch Frauen, deren Scheidenwand sehr viel Sekret absondert. Ein Forscherteam hat die »Ejakulation« von sechs Frauen regelmäßig untersucht. Bei zwei von sechs entdeckten sie, dass es sich um einen reinen Urinverlust handelte, aber bei den vier anderen enthielt die Flüssigkeit doch Bestandteile, die vom »Schwitzen« der Scheiden-

wand stammten. Wer behauptet, der »nasse Orgasmus« sei nur Urin, hat also teilweise Recht, wer jedoch behauptet, es handle sich nicht um Urin, ebenfalls. Beides kommt vor.

Die Kunst des Verführens

Mit seiner warmen, tiefen Stimme und der bemerkenswerten Geduld, mit der er meine Fragen beantwortet, ist auch Bo Coolsaet ein Verführer. Und über Verführung möchte er heute sprechen. »Die Schönheit der Frau mag sich in unterschiedlicher Gestalt präsentieren«, sagt er, »aber sie bleibt stets der wichtigste Verführungsmechanismus der Frau. Es ist aber auch interessant zu sehen, was der Mann dem entgegenzusetzen hat, wie er sich im Verführungsprozess benimmt.«

Ist es falsch zu unterstellen, dass auch Männer verführen müssen?
Der Mann muss imstande sein, seine Erwählte auch wählen zu können. Ich spreche jetzt nicht von Umständen, in denen Verführungsmechanismen eine geringe oder gar keine Rolle spielen, etwa bei arrangierten Ehen. Ich spreche auch nicht von der Zeit, in denen ein Mann einem heiratsfähigen Mädchen einen Antrag machte. Die Zeiten, in denen ein Mädchen dann »ja« sagte, weil andere Lebenswege ihr sowieso nicht offen standen, liegen noch nicht einmal so lange zurück.

Früher war es so, dass sich eine Frau einen Mann aussuchte, von dem sie annahm, dass er ihr gesunde Nachkommen schenken könne. Er musste auch gesund sein, um für sie und ihre Nachkommen sorgen zu können. Eine gute physische Kondition des Mannes garantierte, dass die Familie nicht würde hungern müssen. Heute hat sich die Situation geändert. Die Anforderungen entwickeln sich weiter und werden komplexer. Auch die Verführungsmechanismen der Frau gehen über die reine Physis hinaus. Eine Frau besteht nicht nur aus Hüften und Brüsten. Zum Glück. Es gibt auch individuelle Unterschiede, individuell anziehende Merkmale, wonach ein bestimmter Mann von der einen und ein anderer Mann von einer anderen Frau bevorzugt wird. Aber es gibt auch Elemente, die bestimmen, ob ein Mann im Allgemeinen für Frauen attraktiv ist. Das Aussehen spielt dabei eine Rolle. Schönheit ist wichtig, auch wenn sich die Normen für Schönheit im Laufe der Zeit wandeln. Sie sind kultur- und modeabhängig. Trotzdem gibt es bestimmte Konstanten. Ich glaube, dass sich jede Frau einen Mann wünscht, der gut aussieht und mehr oder weniger normal gebaut ist, obwohl auch jemand, der von der Norm abweicht, attraktiv sein kann. Auch der Gesundheitsaspekt, der in der Prähistorie wichtig war, spielt weiterhin eine Rolle. Und eine Frau ist empfänglich für Hinweise, die ihr signalisieren, ob ein Mann warm und sinnlich ist. Sie wird auch versuchen einzuschätzen, ob sie mit ihm sinnlich und sexuell ein normales Leben führen kann. Ich spreche jetzt nicht von Superleistungen im Bett. Ich denke, dass eine Frau einen sexuell normal funktionierenden Partner erwartet, und unterstelle, dass sie das mehr oder weniger einschätzen kann.

Eine Frau möchte außerdem einen fruchtbaren Mann. Das kann man ihm nicht vom Gesicht ablesen. Früher ließen sich junge Paare auf ihre Fruchtbarkeit hin untersuchen, aber heute, scheint mir, kommt das nicht mehr vor, weil die Liebe wichtiger ist als die Fruchtbarkeit. Das ist eine schöne Entwicklung. Fruchtbarkeit als Vorbedingung für eine Ehe ist eine wenig liebevolle Einschränkung.

Junge Leute haben sich damals noch vor der Ehe auf ihre Fruchtbarkeit untersuchen lassen?

Aber sicher. Die pränuptiale Untersuchung wurde sogar propagiert. Als ich Mitte der sechziger Jahre mein Studium abschloss, war das allgemein üblich. Damals gab es noch viel häufiger große Familien mit fünf, sechs oder sogar zehn Kindern. Die Fortpflanzung stand damals noch an erster Stelle.

Aber auch damals war die Fortpflanzung nicht alles.

Es gab und es gibt individuelle Wünsche. Das habe ich gerade schon gesagt. Die eine Frau verlangt von ihrem Partner eine gewisse Intelligenz, die andere ein bestimmtes handwerkliches Können. Aber es gibt sicherlich auch allgemeine Aspekte, die eine Rolle spielen. Dass der künftige Partner sie auch wirtschaftlich versorgen kann, tritt heute, wo Frauen zunehmend in der Lage sind, für sich selbst und sogar für ihren Mann auch finanziell zu sorgen, in den Hintergrund. Gemeinsam ein erfülltes Gefühlsleben führen zu können, wird wichtiger, wie immer, wenn die Bedeutung wirtschaftlicher Faktoren abnimmt.

Ist das eine Vermutung oder eine Feststellung?
Mädchen und junge Frauen sagen mir, dass sie von ihrem künftigen Mann eine gewisse Sensibilität erwarten, er darf kein Macho sein. Solche Aspekte werden allmählich wichtiger als eine mögliche Topkarriere. Für Frauen hat die materielle Potenz eines Mannes immer weniger Bedeutung. Das ist wichtig, weil Geld immer ein wichtiger Verführungsmechanismus der Männer gewesen ist. Man kann sogar sagen, dass Geld lange Zeit der männliche Verführungsmechanismus par excellence war. Angehörige der besitzenden Klasse betrachteten die Frauen und Töchter der Bauern als Teil ihres Besitzes. Aber auch innerhalb der besitzenden Klasse wurde Geld benutzt, um eine »Liebesbeziehung« zu kaufen und eine Ehe einzugehen. In beiden Fällen läuft es eigentlich auf dasselbe hinaus, nämlich, dass Frauen und Mädchen gezwungen oder bezahlt werden, damit sie Lust verschaffen. Das ist sehr weit von unserem Liebesszenario entfernt, weil eine normale Liebesbeziehung ohne Gleichberechtigung unmöglich ist. Bei Gleichberechtigung der Partner ist auch das Verführen interessant.

Meist beginnt alles mit visuellem Kontakt, mit dem Sehen. Die Verführung beginnt mit dem ersten Blick. Ein Mann mit kühlem Blick wird niemals eine warmherzige Frau verführen können. Durch den Blickkontakt entsteht ein Gefühl der Wärme oder auch nicht. Man begegnet sich und hält Blickkontakt. Das ist der erste Verführungsmechanismus, der schon zu sehr großem Lustempfinden führen kann. Für etwas Ängstliche und Schüchterne ist der Augenkontakt manchmal sogar die einzige Form der Sinnlichkeit.

Augen verraten auch viel über den Charakter.
Ja, das stimmt genau. An den Augen lässt sich vieles ablesen. Man sieht, wer der andere ist und wozu er imstande ist. Das gilt für die unterschiedlichsten Bereiche, aber bei der Verführung spielt es eine sehr große Rolle. Was mir ebenfalls wichtig ist, möchte ich »die Schauorgie« nennen. Jede Frau und jeder Mann verführt. Und sie verführen nicht nur ihren Partner. Auf der Straße trägt man zu einer Art gemeinschaftlicher Verführungsstimmung bei durch die Art und das Verhalten, die Kleidung und den Blick auf andere. Ich finde das gut, denn es stimuliert die Sensibilität eines jeden von uns. Wir laden uns alle gegenseitig ein wenig auf, bevor wir nach Hause gehen.

Das sollte man dann aber auch tun, oder?
Man sollte unbedingt nach Hause gehen. Ich bleibe bei unserer ursprünglichen These, dass wir zurück ins warme Nest müssen. Mein ganzes Liebesszenario fiele zusammen, wenn die gemeinschaftliche Verführung in Promiskuität münden würde.

Es gibt noch andere Reize im Straßenbild, erotische Werbung, um nur einen Aspekt zu nennen.
Man kann sich fragen, ob aufreizende Werbung zu einem positiven, gemeinschaftlichen Erleben öffentlicher Verführungskunst beiträgt. Nacktheit in der Werbung, auf der Bühne und im Fernsehen kann über das Ziel hinausschießen und sich dadurch entwerten. Langfristig nimmt man keine Reize mehr auf, man verliert geradezu die Lust. Dann kommt man nicht positiv aufgeladen nach Hause, sondern eher mit einem Gefühl des Widerwillens.

Über welche Verführungsmechanismen verfügt der Mann denn noch?
Gespräche sind meiner Meinung nach sehr wichtig. Gute Gespräche können nach einer längeren gemeinsam verbrachten Zeit und manchmal schon in der Paarbildung von großer Intensität sein. Wenn man den belgischen Schauspie-

ler Jan Decleir vorlesen hört, dann versteht man sofort, was ich meine. Natürlich hat nicht jeder ein solches Talent. Aber wir können von ihm lernen, dass wir verbal miteinander kommunizieren sollten, und zwar so gefühlvoll und interessant wie möglich.

Es geht nicht nur darum, was man sagt. Auch die Intonation ist wichtig. Du hast zum Beispiel eine angenehme Stimme.
Vielen Dank. Aber ich nenne lieber das Beispiel des bekannten Schriftstellers Hugo Claus. Wenn er selbst seine Gedichte vorträgt, bekommen sie einen anderen Gehalt, einen anderen Akzent, als wenn unsereins das täte. Die Schlussfolgerung muss auf jeden Fall lauten, dass das Wort - sowohl im Inhalt wie im Ton - von eminenter Wichtigkeit ist. Man wird die Liebe eines anderen nicht durch Schreien gewinnen. Frauen haben ein gutes Ohr für das, was gesagt und wie es gesagt wird.

In einem früheren Gespräch hast du noch gesagt, es sei nicht notwendig, zu reden.
Stille und Zuhören sind natürlich wichtig, auch Musik. Jeder sucht sich selbst die Musik aus, die ihm etwas sagt. Darwin meinte sogar, die erste Musik sei möglicherweise der Brunstschrei gewesen. Vielleicht hat er Recht. Auf jeden Fall ist es eine schöne Theorie, denn in der gemeinsamen Kommunikation ist Musik ein wichtiges Verführungselement. Musik hat eine Seele, die fast mystisch-erotisch ist. Sogar Kirchenmusik, beispielsweise gregorianische Choräle, hat diese mystisch-erotische Qualität.

Das alles sind Verführungsmechanismen, die auch auf die Distanz wirken, aber dabei helfen, sich näher zu kommen. Und wenn man sich berühren möchte, muss man sich zuerst einmal näher kommen. In Freundschaftsbeziehungen bleibt die Verführung aufs Anschauen und Zuhören beschränkt. Aber die Berührung führt uns zur Intimität. Es fängt mit Streicheln an. Frauen kennen sich mit Liebkosungen sehr gut aus, der Mann hat in dieser Hinsicht noch einigen Nachholbedarf. Jeder berührt und streichelt einen Partner auf seine oder ihre Weise. Männer dürfen diese Phase nicht auslassen. Sonst behandeln sie die Frauen wie damals, als Geld vor Liebe ging. Zum Liebkosen gehört auch das Küssen. Das ist ein Element der körperlichen Liebe, das viele Männer vergessen haben. Ich frage meine Patienten manchmal, ob sie ihre Partnerin noch küssen. Nur wenige tun es.

Der niederländische Erfolgsautor und Fernsehstar Kees von Kooten sagte einmal: »Als wir noch jung waren, haben wir nur geküsst und nicht gebumst. Jetzt bumsen wir nur noch und küssen nicht mehr.«
Das ist die Realität. Mich freut das nicht. Man geht zu oft und zu schnell direkt zum Genitalkontakt über. Die Phase des Küssens wird zu oft ausgelassen. Es sei denn, sie folgt auf den Genitalkontakt; das ist auch möglich. Eigentlich finde ich einen intimen Kuss noch intimer als Genitalkontakt.

Ist für dich der Genitalkontakt – also Sex – dann ein Vorspiel zum Kuss?
Männer behaupten gelegentlich, sie seien nicht untreu, wenn sie eine andere Frau intim küssen. Das bezweifle ich. Ein Zungenkuss ist ein besonders intimer Akt, weil er sich so dicht am limbischen System vollzieht. Die Genitalien sind viel weiter vom Gehirn oder vom sprichwörtlichen Herzen als vom Mund entfernt. Prostituierte weigern sich oft zu küssen, und Recht haben sie.

Ich bin meiner großen Liebe auf einer Tanzparty begegnet.
Tanz ist tatsächlich ein weiterer Verführungsmechanismus. Männer tanzen oft weniger gern als Frauen. Das trifft auch auf mich zu, aber ich halte es für einen großen Mangel. Tanzen ist ein Ausdruck der Sinnlichkeit und sogar der Sexualität. Beim Tanzen schwingt man zusammen im Rhythmus – das sind sinnliche Körperbewegungen, die fast zwingend zur Intimität führen. Ich kann mir kaum vorstellen, mit jemandem zu tanzen, zu dem keine besondere Bindung vorhanden ist, es sei denn, man sieht Tanzen als rein physische Aktivität.

Man sieht manchmal Leute auf der Tanzfläche oder auf dem Podium, die zwar die Technik beherrschen, aber trotzdem nicht gut tanzen.
Das stimmt. Entweder ist es eine rein technische Angelegenheit oder eben ein Tanz. Das ist der Unterschied.

Vom Ursprung der Liebe

Bo Coolsaet möchte der herrschenden Sprachverwirrung ein Ende bereiten. Begriffe wie Liebe, Sexualität, Geschlechtstrieb und Begehren sind nicht identisch. Um klarzumachen, dass Liebe und Sex im Grunde gar nichts miteinander zu tun haben, kehrt er zum Ursprung der Liebe zurück, zu der Liebe zwischen einer Mutter und ihrem ungeborenen Kind.

Viele Menschen verwechseln Sex mit Liebe, Liebe mit Geschlechtstrieb, Geschlechtstrieb mit Begehren. Frauen meinen, ihr Mann liebe sie nicht mehr, weil er sie nicht streichelt. Männer glauben, ihre Frau habe sie nicht mehr gern, weil sie nicht mehr geküsst werden. Diese Sprachverwirrung führt zu vielen Missverständnissen, vor allem wenn Liebe mit Sexualität verwechselt wird. Strikt genommen haben Liebe und Sex nichts miteinander zu tun. Das kann ich, glaube ich, am besten verdeutlichen, wenn ich zum Ursprung der Liebe zurückgehe - und zunächst einmal zum Ursprung der Menschheit und zu den Unterschieden zwischen Mensch und Tier.

Steht das Tier vielleicht als Symbol für »Sex« und der Mensch als Symbol für »Liebe«?
Die Sache ist komplexer. Geschlechtsverkehr zwischen Tieren wird vom Instinkt bestimmt. Aber der Geschlechtstrieb des Menschen ist nicht mit dem tierischen Instinkt gleichzusetzen. Zu unserem Geschlechtstrieb gehören auch eine Reihe psychischer Faktoren. Einen Schritt weiter als der Geschlechtstrieb ist das Begehren, das Verlangen nach dem anderen. Und schließlich ist irgendwann in den Millionen Jahren der Evolution »die Liebe« entstanden. Wahrscheinlich gehen die typisch menschlichen Verhaltensweisen und Emotionen wie das Begehren, das Verlangen und die Liebe auf biologische Faktoren zurück. Wir wissen inzwischen,

dass die Monogamie aus rein biologischen Gründen für den Menschen eine geeignete Form des Zusammenlebens ist und dass die rekreative Sexualität das Paar aneinander bindet.

Ist rekreative Sexualität denn eine Antwort auf den Geschlechtstrieb?
Ja, die rekreative Sexualität bietet eine Lösung für die sexuellen Triebe, aber offensichtlich reicht sie nicht aus, um zwei Menschen aneinander zu binden. Das Bindemittel einer monogamen Beziehung ist die Liebe. In der Evolution geschieht nichts ohne Absicht. Auch das Entstehen der Liebe hatte damals also einen Zweck. Wenn der Geschlechtstrieb, die Begierde und die Liebe nicht in all den Millionen Jahren ihren Nutzen erwiesen hätten, gäbe es sie heute nicht mehr.

Ich kann begreifen, wie sich die Beine eines Tieres weiterentwickeln und schließlich zu den Flossen eines Seelöwen werden. Aber wie entsteht so etwas wie die Liebe?
Manche Menschen glauben, dass Gott dem Menschen die Liebe geschenkt hat. Ich respektiere diese Auffassung, erkläre aber das Entstehen der Liebe lieber mit biologisch-psychologischen Argumenten, also ohne dafür außerirdische Wesen oder religiöse Motive zu bemühen. Was bestimmt die Art und Weise, in der wir lieben? Ist es für Männer anders als für Frauen? Ist es in den unterschiedlichen Beziehungen jeweils anders? Und vor allem: Woher kommt die Liebe? Das sind prinzipielle Fragen, die wir ansprechen müssen.

Die meisten Forscher und Denker, die sich mit dem Thema Liebe befassen, landen unweigerlich bei Freud und Lacan.

Was hat denn Freud über die Liebe gesagt?
Die Liebe zwischen Mann und Frau ist im Lauf der Evolution aus der primären Liebe zwischen Mutter und Kind hervorgegangen. Der Vater, der Mann, der die Mutter geschwän-

gert hat, hat also nichts mit dem Entstehen der Liebe zu tun. Vor der Geburt bilden Mutter und Kind natürlich eine biologische Einheit. Beim Menschen geht die Sorge der Mutter für ihr Kind weiter als die instinktive Fürsorge, die Tiere für ihre Nachkommen an den Tag legen. Beim Menschen kann man von einer Liebe sprechen, die schon im Mutterleib beginnt, in der Phase der totalen Einheit zwischen Mutter und Kind. Die Folgen dieser vorgeburtlichen Einheit tragen wir unser ganzes Leben mit uns herum.

Ich will dem nicht widersprechen, aber ich habe Kinder und eine Frau, die ich liebe. Für mich ist die Liebe zwischen Mutter und Kind etwas anderes als die Liebe zwischen zwei Erwachsenen.

Wir sollten uns an die Definition von Liebe erinnern, die wir in unseren früheren Gesprächen gefunden haben. Die Liebe zwischen Mutter und Kind entspricht mehr oder weniger dieser Definition. Obwohl das ungeborene Kind sich dessen nicht bewusst ist, bilden Mutter und Kind eine Einheit. Und obwohl sie verschieden sind und beide eine eigene Identität besitzen, bilden sie zusammen gewissermaßen eine dritte Entität. Diese neue Entität war unser Ausgangspunkt für die ideale Liebe. Bei sorgfältiger Betrachtung dieses Modells sehe ich nur einen Unterschied zwischen den beiden Formen der Liebe: Das Kind bildet, im Gegensatz zu einem anderen Erwachsenen, noch keine eigene Entität.

Ein Kriterium für unsere ideale Liebe war auch Gleichberechtigung zwischen Partnern. Zwischen einer Mutter und ihrem ungeborenen Kind gibt es doch bestimmt keine Gleichberechtigung.

Dem muss ich widersprechen. Man kann schwerlich behaupten, das Kind sei weniger wert als die Mutter, auch wenn es kein selbstständig denkendes und mitbestimmendes Subjekt ist. In der Vergangenheit mussten Ehemänner und Väter manchmal zwischen dem Leben der Mutter und dem des Kindes entscheiden. Das war ein sehr schmerzlicher, fast unlösbarer Konflikt. Die Tatsache, dass die Entscheidung so herzzerreißend ist, beweist doch, dass diese Gleichberechtigung existiert.

Wir sprachen zunächst vom ungeborenen Kind. Was ändert sich mit der Geburt? Ein Kind ist jahrelang von der Mutter oder den Eltern abhängig.
Im Augenblick der Geburt löst sich das Kind von der Mutter. Es bekommt eine eigene Identität. Es beginnt eine eigene Persönlichkeit zu entwickeln, über die seine Mutter keine Macht oder zumindest keine absolute Macht mehr hat. Nach der Geburt beginnt ein Kind sein eigenes Leben. Es entwickelt schon bald einen eigenen Willen. Jede Mutter weiß das. Im dritten Lebensjahr verfügt ein Kind über eine Geschlechtsidentität, das so genannte Gender-Bewusstsein. Dann weiß ein Junge, dass er ein Junge ist, und ein Mädchen, dass es ein Mädchen ist. Mit dem Bewusstwerden der Geschlechtsidentität werden Mutter und Kind wirklich voneinander getrennt. Sie werden nicht in der Liebe getrennt, aber die Liebe nimmt eine andere Gestalt an, eine andere Dimension, in der auch Macht eine Rolle zu spielen beginnt.

Ist Macht nicht unvereinbar mit Liebe?
Tyrannei ist mit der Liebe unvereinbar, Macht nicht. Macht spielt in der Liebe immer mit, und das beginnt schon in der grundlegenden Mutter-Kind-Beziehung.

Ein Vater ist bisher noch nicht vorgekommen.
Sicher werden Männer fragen, wann sie an der Reihe sind. Sie waren natürlich mit dabei, von Anfang an, aber ganz anders als die Mütter. Wir haben bereits gesehen, dass die Väter in der Prähistorie nicht oft zu Hause waren. Es gab sicherlich eine Zeit, in der eine Frau kaum wusste, wer der Vater ihres Kindes war. Bei den Papua in Neuguinea leben Frauen und Männer noch heute voneinander getrennt. Die Frauen sind mit ihren Kindern in langen Hütten und die Männer getrennt von ihnen in runden Hütten untergebracht. In einer solchen Situation ist der »Vater« kaum ein

Vater. Ich denke, dass viele Papuamänner nicht wissen, welche der Kinder ihre sind. Wahrscheinlich hat früher die ganze Menschheit so gelebt.

Heute wissen wir es aber meist. Jedenfalls gibt es deutliche Anzeichen.
Aber sicher. Es beginnt mit einem Paar, das sich irgendwann zu einer Familie erweitert. Anfangs spielt der Vater im Leben seines Kindes keinerlei Rolle. Aber eines Tages nimmt das Kind den Vater bewusst wahr. Es hängt dann vom Geschlecht des Kindes ab, wie es sich ihm gegenüber verhält. Darauf gehe ich später noch näher ein. Jetzt will ich kurz den Blick auf etwas anderes lenken. Wenn die Beziehungen zwischen Mutter und Kind, zwischen Vater und Kind, zwischen Vater und Mutter in den ersten Lebensjahren wirklich so wichtig sind, wie wir vermuten, dann müssen wir alles daran setzen, diese Beziehungen zu hegen und zu pflegen.

Im späteren Liebesleben spielt die Figur des Vaters sogar eine wichtige Rolle. Wir alle haben Probleme mit der Liebe. Alle reden wir über Sexualität und alle haben wir auch irgendwelche Probleme damit. Keiner von uns weiß, wie er oder sie mit den sexuellen Lüsten umgehen soll. Für all das ist die Anwesenheit einer Mutter und auch eines Vaters in der gesamten frühkindlichen Entwicklung des Kindes vermutlich außerordentlich wichtig. Wenn alle Prozesse in der Eltern-Kind-Beziehung tatsächlich so delikat sind, wie wir vermuten, dann kann die Funktion der Eltern schwerlich auf Dritte übertragen werden. Selbst mit den allerbesten Pflegeeltern, die man sich vorstellen kann, ist es wahrscheinlich nicht dasselbe wie mit den eigenen Eltern.

Das klingt alles sehr vorsichtig. Warum sagst du ständig »wenn«?
Ich bin tatsächlich sehr vorsichtig. Dieser ganze Gedankengang über die Entstehung der Liebe und die Bedeutung der Eltern für die Entwicklung eines Kindes bleibt graue Theorie. Sie stützt sich zwar auf das genaue Studium bestimmter

Krankheitsprozesse, aber es bleibt eine Theorie. Wo es um Emotionen geht, können wir nur mit Wahrscheinlichkeiten arbeiten. Auch wenn man diese Phänomene mit großem wissenschaftlichen Ernst studiert, kann man niemals etwas schwarz auf weiß nachweisen.

Es gibt Kinder, die ihre Mutter bei der Geburt verlieren. Es gibt Kinder, die von Pflegeeltern erzogen werden oder die hier diskutierte Familienstruktur nie erleben. Die werden auch nicht unbedingt zu anormalen Menschen. Für manch einen kann sich eine weniger starke Mutterbindung sogar positiv auswirken. Es ist durchaus denkbar, dass ein Junge, der dieses heikle Szenario nie gekannt hat, zum besseren Ehemann, besseren Liebhaber und besseren Vater wird. Es gibt eben keine gesicherten Aussagen. Dennoch sind die Denkmodelle, die ich hier kurz anreiße, nicht neu. Damit beschäftigt man sich schon seit einem ganzen Jahrhundert.

Ich bin inzwischen doch sehr neugierig auf den Ursprung der Liebe.

Das will ich gern glauben. Wahrscheinlich ist jedem von uns der Wille angeboren, die einst als vollkommen erlebte Einheit zwischen Mutter und ungeborenem Kind wiederherzustellen. Vor der Geburt, bevor das Kind von der Mutter getrennt wird, kann man von einer Einheit sprechen, zu der unter anderem eine vollkommene Treue gehört. Aber sobald Mutter und Kind einmal getrennt sind, beginnt auch in der idealen Liebesbeziehung Untreue eine Rolle zu spielen. Sobald ein Kind seinen Vater bewusst wahrnimmt, sieht es ihn als Rivalen.

Ist das nicht ein bisschen übertrieben? Ich selbst bin bestimmt kein perfekter, vielleicht nicht einmal ein guter Vater. Dennoch habe ich den Eindruck, dass mich meine Kinder mögen.

Die Beziehung zwischen Kindern und ihrem Vater ist sehr komplex. Kinder lieben den Mann, der ihr Vater ist, Mädchen sogar noch mehr als Jungen. Für einen Sohn ist der

Vater aber auch der Liebhaber seiner Mutter und somit ein Konkurrent. Deshalb handeln so viele Bücher und Filme von Vatermord, Kindsmord und Ähnlichem. Ein Junge erlebt die Beziehung zwischen seinen Eltern, als würde ihn seine erste, größte Liebe mit seinem Vater betrügen. Wenn die Mutter im Lauf der Zeit ein zweites Kind bekommt und vielleicht noch ein drittes, nimmt die Untreue in seinen Augen sogar riesige Ausmaße an.

Für meinen Sohn war es wirklich nicht leicht, als er eine kleine Schwester bekam.
Nach der Geburt des zweiten Kindes beginnt das ältere Kind oft wieder einzunässen. Man vermutet einen solchen Zusammenhang auch bei Lern- oder Charakterstörungen. Das sind Theorien, aber du weißt ja offenbar aus Erfahrung, dass sie vermutlich zutreffen. Jeder, der Kinder hat, sieht oder spürt auch, dass es für Mädchen anders ist als für Jungen.

Dennoch kommen Jungen wie Mädchen aus dem Bauch ihrer Mutter. Beide haben also die vollkommene Mutterbindung gekannt.
Für einen Jungen ist die Mutter seine absolute Liebe. Weil ein Mädchen dasselbe Geschlecht wie die Mutter hat, schaltet es eines Tages gewissermaßen von der Mutter auf den Vater um. Damit wird anscheinend die Mutter zur Konkurrentin in der Beziehung zum Vater. Ich sage das mit Absicht so vorsichtig, weil das alles bei Mädchen etwas weniger klar ist als bei Jungen. Es gibt auch weniger Studien zur Mutter-Tochter-Beziehung bzw. Vater-Tochter-Beziehung als zur Mutter-Sohn-Bindung.

Woran liegt das?
Geschichte wurde eben von Männern geschrieben. Die Beziehung zwischen dem Mädchen und dem Vater ist sehr interessant, vielleicht noch interessanter und eindrucksvoller als die Mutter-Sohn-Beziehung, aber sie ist bisher weniger gut erforscht.

Wenn der Sohn sich seines eigenen Geschlechts, seiner Männlichkeit bewusst wird, wird ihm auch die Untreue der Mutter bewusst. Dann setzt der Mechanismus der Liebe ein. Von nun hegt er den Wunsch, die ursprüngliche Liebe wiederherzustellen. Dieser Wunsch begleitet ihn sein Leben lang.

Die Sehnsucht nach der Mutter?
Nein, die Sehnsucht nach der Liebe, die es zwischen ihm und seiner Mutter einmal gegeben hat. Hier bin ich anderer Meinung als manche Wissenschaftler, die alles freudianisch auf die real existierende Person der Mutter zurückführen möchten. Anfangs möchte der Sohn die Einheit, die er mit seiner Mutter einmal hatte, wiederherstellen. Sobald er aber geschlechtsreif wird und nach einer Partnerin verlangt, überträgt er diesen Wunsch auf die Partnerin, aber er wird diese Einheit weiterhin suchen.

Begehren und Begierde

Für Bo Coolsaet ist das Begehren der Wunsch, die ideale Liebesbeziehung, wie sie zwischen einer Mutter und ihrem ungeborenen Kind besteht, auch als Erwachsene zu realisieren. Dieses Begehren treibt uns in unserem Leben an. »Nach unserem vorigen Gespräch kannst du die Tragweite der Sexualität für die Liebe bestimmt besser einschätzen«, steigt Coolsaet mit Verve ein. »Es gibt Leute, die behaupten, Sexualität sei Liebe, ohne Sexualität könne man nicht lieben. Nun, ich scheue mich nicht zu sagen, dass sie Unrecht haben. Strikt genommen hat Sex nicht einmal etwas mit Liebe zu tun.«

Ich finde »sich lieben« einen schöneren Ausdruck für den Geschlechtsakt als »Sex haben«. Wenn ich es richtig verstehe, ist der Ausdruck aber falsch.
Sich lieben klingt tatsächlich sehr schön und in einer Liebesbeziehung kann man »Sex haben« durchaus als Liebe erleben. Aber eigentlich sind »sich lieben« und »Sex haben« keine Synonyme, weil Sex und Liebe völlig unterschiedliche Dinge sind.

In welche Kategorie gehört das Begehren?
Uns verlässt nie der Wunsch, den anderen zu finden, mit dem wir das ideale Verschmelzen zweier Individuen erleben können, und das ist die Beziehung des ungeborenen Kindes zu seiner Mutter. Diese ursprüngliche Liebe haben wir alle erfahren, reich oder arm, klug oder dumm, groß oder klein. Wir alle kennen es, auch wenn wir uns dessen nicht bewusst sind. Aber später geht es um zwei erwachsene Menschen, die sich bewusst füreinander entscheiden können. Das Ergebnis ist also keine Beziehung, in der der eine die ganze und der andere gar keine Macht besitzt, wie in der ursprünglichen Liebe.

Und dennoch spielen auch in der besten Ehe Machtverhältnisse eine Rolle.
Ja, auch in der idealen Liebe spielt Macht eine Rolle, aber auf freiwilliger Basis. Macht ist nicht das Problem in dem von mir so gern zitierten Liebesszenario. Man muss sich natürlich darüber im Klaren sein, dass dieses Szenario ein Idealbild ist. Unsere Leserinnen und Leser mögen denken: Meine Ehe ist nicht gerade perfekt, und auch bei meinen Eltern war nicht immer eitel Sonnenschein. Nun, das Idealbild gibt es in der Wirklichkeit nicht, bei niemandem.

In früheren Gesprächen hast du gesagt, das ideale Paar wäre selten. Jetzt sagst du, so etwas gäbe es gar nicht.
Ich weiß. Ich wollte sagen, dass manche Paare dem Idealbild nahe kommen. Aber dass man zu zweit wirklich absolut eins wird, das ist unmöglich. Darüber muss sich jeder im Klaren sein. Es gibt schon eine Menge Paare, die dem Idealbild in vielen Aspekten nahe kommen. Sie wollen vor allem weiter als Paar durchs Leben gehen. Sie hören nicht auf, sich zu begehren. Die Verliebtheit bleibt in einem gewissen Maß erhalten. In der absoluten Liebesbeziehung können die beiden dem Geschlechtstrieb den richtigen Platz zuweisen. Ihren Kindern sind sie gute Eltern. Aber deshalb bilden sie noch nicht das absolute, perfekte, ideale Paar. Das ist einfach so. Ich möchte das so offen sagen, damit nun nicht jeder seine eigene Situation mit unserem Idealbild vergleicht.

Wären wir sonst enttäuscht?
Ja und nein. Enttäuschung ist unvermeidlich. Wir sind alle enttäuscht. Wir haben alle das Traumbild eines Partners vor Augen, der vollkommen zu uns passt, und wir sind alle enttäuscht, weil unser Partner diesem Traumbild nicht hundertprozentig entspricht. Deshalb bleiben wir auf der Suche nach einem Partner, der diesem Traumbild voll entsprechen könnte.

Übrigens ist es gar nicht so schlecht, dass unser Traumbild niemals Wirklichkeit wird. So bleibt eine Sehnsucht bestehen, und so bleiben wir am anderen Geschlecht interessiert.

Das hat nichts mit Sexualität zu tun. Der sehnsüchtige Blick auf das andere Geschlecht ist unter anderem eine Folge des niemals völlig erfüllten, absoluten Liebesbildes. Das ist positiv zu bewerten, denn es vergrößert die Achtung vor dem anderen Geschlecht. Dass Männer Frauen nicht mehr als Objekt betrachten, könnte dort seine Ursache haben. Wird das andere Geschlecht zum Objekt degradiert, dann bewegen wir uns nicht länger in der Sphäre des menschlichen Begehrens, sondern in der des Geschlechtstriebs, der Begierde.

Worin besteht denn der Unterschied zwischen Begehren und Begierde?

Darauf kommen wir später noch ausführlich zurück. Jetzt halten wir erst einmal fest, dass man sich im Begehren nach einem gleichwertigen Partner sehnt, während sich die Begierde auf jemanden richtet, den man als Objekt betrachtet. Wenn man nie aufhört, einander zu begehren und nach dem anderen zu verlangen, dann ist ganz allgemein eine Hochachtung für das andere Geschlecht möglich. Aber so weit sind wir noch nicht. Wir kommen aus einer schlechten Zeit der Macht und Übermacht, einer Zeit von Männern mit einem Geschlechtstrieb und Frauen, die sich diesem männlichen Trieb einfach fügen mussten, kurz, einem Zeitalter, in dem es verlangendes Begehren kaum gab.

Am meisten findet dieses Begehren im Paar seinen Ausdruck. Für Paare besteht die Kunst darin, es lebendig zu halten und immer wieder neu anzufachen. Eines der größten und hartnäckigsten Missverständnisse ist der Gedanke, man müsse ständig neue Variationen des sexuellen Erlebens finden, um sich als Paar nicht zu langweilen, um auf Dauer zusammenzubleiben. Für mich steht das erst an zweiter oder dritter Stelle.

Wir müssen also nicht jeden Tag eine andere Stellung aus dem Kamasutra ausprobieren und auch nicht jede Woche zum Sexshop laufen, um neue Aphrodisiaka und Hilfsmittel zu kaufen?

Nein. Das immer wieder neue Entfachen des Begehrens ist viel reizvoller und schafft eine stärkere Bindung. Ein ständig herausgefordertes Begehren fördert die Liebe. Es fällt nicht leicht, das Begehren nicht erlöschen zu lassen, aber ganz so schwierig ist es auch wieder nicht. Gerade weil unser Verlangen nie völlig befriedigt wird, ist ein lebendiges Begehren möglich. Nicht auszudenken, was geschehen würde, wenn wir den absoluten, idealen Partner finden würden.

Das wäre doch wunderbar.
Da bin ich mir nicht so sicher. Nehmen wir einmal an, es gibt die Beziehung, die wirklich die ideale Liebe lebt, eine Beziehung, in der man sich sozusagen in die Mutter zurückversetzt wähnt. Das Begehren lässt nach, löst sich auf. Man verliert sich voll und ganz im anderen. Die Individualität beider Partner verschwindet, und es entsteht »etwas«, das uns wirklich in mystisch-religiöse Sphären erhebt. Etwas, das nicht mehr menschlich ist.

Wir können also sogar froh sein, dass wir den idealen Partner nicht gefunden haben, niemals finden werden?
Aber ja. Was ich eben angesprochen habe, erlebe ich in gewisser Hinsicht bei manchen meiner Patienten. Dann und wann verliert sich jemand auf diese Weise völlig in seinem oder ihrem Partner. Menschen können in der Liebe so viel geben, dass sie sich selbst weggeben. Aber dann nimmt das Begehren beim anderen Partner ab. Es tritt also genau das Gegenteil des Ersehnten ein, denn eine solche Beziehung funktioniert in der Realität niemals. Wenn wir über den Geschlechtstrieb sprechen, werden wir sehen, dass dabei doch ein gewisses Maß an Aggressivität erforderlich ist, dass Dominanz in der Sexualität eine Rolle spielt und dass es tatsächlich Momente gibt, in denen der Partner mehr oder weniger zum Objekt wird. Wenn der eine sich dem anderen ganz hingibt, wird Sexualität so gut wie unmöglich.

Kann man sich wirklich so sehr lieben, dass Sex unmöglich wird?

Ich kenne Paare, die mit diesem Problem kämpfen, und zwar beide, Mann wie Frau. Einfach formuliert: Es gibt Männer, die ihre Frau so sehr lieben, dass ihnen Geschlechtsverkehr unmöglich ist, weil die nötige Aggressivität völlig fehlt. Das ist wirklich keine graue Theorie. Paare suchen regelmäßig wegen solcher Probleme Therapeuten auf.

Das hört sich nach Hypnose an.
Das könnte man so nennen. Es ist die Illusion, die Person gefunden zu haben, mit der man eine vollkommene Einheit bilden kann. Die Frau glaubt, endlich den idealen Mann gefunden zu haben, und der Mann ist überzeugt, seine allerhöchste Liebe *wieder*gefunden zu haben. Verliebtheit ist die hypnotisierende Illusion, man habe das andere, perfekt zu einem passende Zahnrad gefunden. Verliebtheit ist so hypnotisierend, dass Untreue völlig unmöglich ist. Aber in dieser Form kann sie nicht andauern. Man erkennt, dass der Partner leider doch nicht die absolute Liebe ist.

Wenn man gerade festgestellt hat, dass der andere nicht perfekt zu einem passt, und also ein wenig enttäuscht ist, kann man dann einschätzen, ob einem noch genug Gemeinsames für einen weiteren Lebensweg bleibt?
Vernünftige, oder besser gesagt, weise Menschen werden intuitiv wissen, ob die Fundamente ausreichen, um bei der Person zu bleiben, in die sie sich verliebt hatten. Wenn sich beide für den gemeinsamen Weg entscheiden, müssen sich auch beide aktiv mit der Liebe beschäftigen. Man muss relativieren können und gelegentlich ein Auge zudrücken. Man darf nicht beim geringsten Streit die Schlussfolgerung ziehen: Ich gehe, denn er oder sie ist für mich nicht der richtige Partner. Mit einer solchen Einstellung wird man ewig suchen und paradoxerweise niemals finden. Wenn man sich dagegen bewusst für jemanden entscheidet und realistisch einschätzen kann, inwieweit dieser dem Idealbild entspricht, wenn man also die Basis für den gemeinsamen Lebensweg für ausreichend hält, dann muss man auch aktiv in die Beziehungsarbeit investieren.

Andererseits hast du in einem unserer ersten Gespräche gesagt, man solle auf alles, was die Beziehung gefährden könnte, verzichten. Untreue war da das große Beispiel.
Stimmt. In der Kontinuität findet man die Liebe. Man benügt sich mit einem Teil des Traum-Ideals, das wir beschrieben haben. Eigentlich ist es noch schöner als ein Traum, weil beide Partner sich für eine Realität entscheiden, die zwei gleichwertige, aber verschiedene Individuen zusammenbringt und in der sehr viel möglich ist, auch was das Geschlechtsleben angeht.

Du hast vorhin über gute Paare gesprochen, die dem Geschlechtstrieb den angemessenen Platz in ihrer Beziehung einräumen. Was meintest du damit?
Das Begehren, also die Suche nach der Ergänzung dessen, was wir seit der ersten Liebeserfahrung vermissen, ist das Fundament unseres Lebens. Das Begehren bekommt quasi durch die Triebe Würze. Wenn wir von Trieben reden, denkt jeder sofort an Sex. Aber wir haben mehr Triebe als nur den Geschlechtstrieb. Es gibt zum Beispiel auch kreative und intellektuelle Antriebe. Man hat lange geglaubt, alle anderen Triebe entstünden durch Sublimierung des Geschlechtstriebs. Manche Denker betrachten den Geschlechtstrieb als einzige Antriebskraft der menschlichen Existenz. Für sie ist jede menschliche Energie an sich sexuell. Wenn man die aus dem Geschlechtstrieb stammende Energie auf eine andere Ebene verlagert, werden dieser Theorie zufolge etwa die schönsten Kunstwerke geschaffen, die wissenschaftlichen Erkenntnisse erweitert oder andere Werte geschaffen, die edler sind als Sex.

Aus manchen, stark autobiographischen Werken großer Künstler lässt sich aber durchaus auf ein sehr aktives Sexualleben schließen.
Was Schriftsteller dem Papier anvertrauen, ist natürlich nicht immer wahr, auch nicht, wenn sie über sich selbst schreiben. Aber ich bezweifle diese Theorie sowieso, denn man denke an Picasso, einen der größten und aktivsten

Maler des zwanzigsten Jahrhunderts. Er hat quantitativ wie qualitativ ein gewaltiges Werk hinterlassen. Und er war trotzdem auch sexuell außerordentlich aktiv. Das scheint seine Kreativität nicht gebremst zu haben. Und er befriedigte seinen Geschlechtstrieb, wie es nur wenigen gegeben ist.

Mit dem Beispiel Picassos vor Augen könnte man sogar schließen, sexuelle Betätigung liefere geradezu die notwendige Energie, um große Kunstwerke zu schaffen.
Picasso war Picasso, ein großer Künstler und ein aktiver Liebhaber. Einen so gigantischen Geschlechtstrieb zu besitzen, das ist kein persönliches Verdienst. Er war einfach so. Aber er hat ganz sicher seine großen Kunstwerke nicht durch die Verdrängung seiner sexuellen Energie geschaffen. Heute sehen die meisten Wissenschaftler die sexuelle Energie auch nicht länger als den grundlegenden, sinnstiftenden Trieb. Ich habe gerade gesagt, unser Begehren völlig zu befriedigen ist ein Ding der Unmöglichheit. Es wird also immer ein Mangel vorhanden sein. Wir versuchen unablässig, diesen Mangel irgendwie zu kompensieren, in unterschiedlicher Weise. Manche Individuen oder Paare tun das, indem sie Lust erleben oder nach Lusterfahrungen suchen.

Kompensieren sie die fehlende Liebe durch Sex?
Je besser man das Phänomen Liebe begreift, desto mehr versteht man, dass Sexualität etwas Relatives ist. Der Geschlechtstrieb des Menschen ist kein tierischer Instinkt. Bei Tieren handelt es sich um den rein biologischen Reiz als Folge äußerer Signale für die Fruchtbarkeit des Weibchens. Es ist auch bemerkenswert, wie kurz der Kontakt der Tiere ist; eine Paarung dauert bei vielen Arten nur wenige Sekunden. Der tierische Instinkt ist ausschließlich auf Fortpflanzung ausgerichtet. Ein fruchtbares Weibchen fühlt den Paarungstrieb. Sobald es befruchtet ist, verschwindet dieser Trieb wieder.

Der menschliche Geschlechtstrieb ist eine Kombination aus dem instinktiven Wunsch zu zeugen bzw. auf jeden Fall Lust zu suchen, plus einer psychischen Komponente. Diese psychische Komponente des Geschlechtstriebs nennen wir die Libido. Auch das Begehren ist fast ausschließlich psychisch. Im Begehren nähert man sich dem anderen als einer gleichwertigen Person. Diese gleichwertige Person nennen wir ein Subjekt. Die Libido wird vom Physischen, von der Begierde, dem Hunger nach Befriedigung beherrscht. Dieser Hunger ist nach der Befriedigung effektiv gestillt. Man kann es sich als Grafik vorstellen: Die Begierde steigt an, erreicht einen Höhepunkt und fällt nach der Befriedigung auf Null zurück. Hier sieht man den Unterschied zum Begehren, dem Verlangen, das nie vergeht. Deshalb sind Begierde und Liebe zweierlei.

Wir haben uns schon ausführlich mit dem Sex beschäftigt und den Folgen, die sexuelle Probleme auf eine Beziehung haben können. Ist Sex kein wesentlicher Teil der Liebe?
Diese Frage wird mir oft gestellt. Nein, Liebe braucht keinen Sex. Sex kommt hinzu. Ich sage nicht, dass Sex nicht wichtig wäre. Sex ist ein bindender Faktor in einer Beziehung, aber nicht absolut notwendig. Nicht umsonst spricht man von der platonischen Liebe, einer Liebe, die rein geistig ist, in der es zwischen den Liebespartnern keinerlei körperlichen Kontakt gibt. Die platonische Liebe ist gewiss eine Form der Liebe, meiner Meinung nach sogar eine besonders edle.

Wird Liebe denn edler, wenn ihr das Element Sex fehlt?
Der Geschlechtstrieb geht nicht von Subjekt zu Subjekt. Er degradiert die Person, mit der man Sex erleben will, zu einem Gegenstand, zu einem Objekt. Der Geschlechtstrieb kann für die Liebe sogar bedrohlich werden. Der Partner dient dann nur noch der Befriedigung der eigenen Bedürfnisse. Daher sollte der Geschlechtstrieb unbedingt in das gesamte Liebesszenario integriert werden und Sex im Rahmen der Paarbeziehung so erlebt werden, dass die Liebe davon unberührt bleibt. Es ist also eine ständige Gratwanderung. Die Liebe ist das Ziel. Dieses Gleichgewicht zwischen Liebe und Sex ist eine heikle Angelegenheit, und es lässt

sich nicht leicht wahren. Es gibt Menschen, die eine faszinierende Beziehung haben und sich ständig gegenseitig wieder verführen, und das ohne jeden sexuellen Kontakt. Andererseits gibt es auch Paare, die gerade diesen sexuellen Aspekt suchen. Wieder andere erheben sich - ich glaube, ich wende das Wort hier richtig an - über das Niveau der Begierde, und es gelingt ihnen trotzdem, dabei den Geschlechtstrieb einzubeziehen. Das ist meiner Meinung nach die edelste Art, sich zu lieben. Es ist auch die schönste Art, als Paar zusammen zu sein.

Die Rolle, die das Begehren und der Geschlechtstrieb in unserem Leben spielen, ist bei jedem anders. Es ist wichtig zu akzeptieren, dass es Unterschiede gibt und wir daran nicht so ungeheuer viel verändern können. Wir kennen die genauen Mechanismen noch nicht.

Du hast schon einmal gesagt, dass es noch keine gezielt einsetzbaren Medikamente gibt, weil der Geschlechtstrieb noch zu wenig erforscht ist. Sollten wir die Lösung nicht lieber in psychotherapeutischer Richtung suchen?
Ich habe vorher gesagt, dass der Geschlechtstrieb auch einen psychischen Aspekt besitzt. Die Erziehung, aber auch der eigene Wille, kann einen sehr starken Geschlechtstrieb ein wenig mildern. Man kann ihn unter Kontrolle bekommen, was aber nicht heißt, dass das einfach wäre, schon gar nicht für Menschen, bei denen er sehr stark ausgeprägt ist. Und gerade solche Menschen leiden unter ihren Trieben. Schließlich kann ein Mann nicht einfach jede Frau, die ihm über den Weg läuft, bespringen. Das andere Extrem kommt auch vor: Manche Menschen haben einen zu geringen Geschlechtstrieb. Dafür kann es biologische Ursachen geben. Das Fehlen oder nur sehr eingeschränkte Vorhandensein des Geschlechtstriebs bei einem der Partner kann dem Paar Probleme bereiten. Körperlich können wir den Geschlechtstrieb kaum stimulieren. Es gibt seltene Fälle eines Mangels an männlichem Hormon. Aber bei der übergroßen Mehrheit der Betroffenen ist das Einzige, was wir möglicherweise beeinflussen können, der psychische Faktor. Man kann die

Libido visuell stimulieren. Bekanntermaßen kann das Betrachten gewisser Magazine oder erotischer Filme den Geschlechtstrieb anheizen, aber auch das gelingt nicht immer. Menschen mit ausgeprägtem Geschlechtstrieb lassen sich natürlich leichter stimulieren als trieblose Menschen. Ich habe Patienten, die nicht einmal durch gute erotische Filme stimuliert werden.

Viele hoffen auf ein Mittel, das ihren Geschlechtstrieb erhöht; nur, dieses Mittel gibt es nicht. Von vielen Substanzen wird behauptet, sie hätten in dieser Hinsicht positive Auswirkungen. Für Menschen mit einem normalen Triebleben kann alles stimulierend sein, ob es nun Ginsengwurzeln oder Kürbiskerne sind. Ein solches, biologisch gesehen, wertloses Mittel kann dennoch einen positiven Effekt haben, weil damit die Erwartungshaltung stimuliert wird.

Der Geschlechtstrieb wird also bereits vom Wunsch, ihn zu stimulieren, stimuliert.

Genau. Aphrodisiaka, die so genannten Liebeselixiere, zeitigen körperlich kaum eine Wirkung, wecken aber die Erwartung, dass es besser gehen wird, und das kann sich positiv auswirken. Allein schon die Stimmung, in der sie eingenommen werden, hat einen gewissen Einfluss. Deshalb finde ich Aphrodisiaka durchaus wichtig. Sie ermöglichen es einem jeden, auf harmlose Weise seinen Geschlechtstrieb ein wenig zu stimulieren.

Und was hat es nun mit dem Zusammenhang zwischen Geschlechtstrieb und Aggression auf sich?

Die Aggressivität des Mannes in der Sexualität ist offenkundig. Der Mann penetriert, er ist der aktive Partner. In diesem Sinn ist es ein Glück, dass er in einem bestimmten Augenblick einen Orgasmus bekommt. Der Orgasmus ist sozusagen das Sicherheitsventil, das die Aggression stoppt. Man stelle sich vor, es gäbe diese Bremse nicht – der Mann würde beim Geschlechtsakt einen immer stärkeren Geschlechtstrieb und eine viel größere Aggression empfinden. Wo sollte das hinführen?

Zum Tod?
Möglicherweise. Das wäre ein wahrer *mort passionelle.* Darüber gibt es unzählige Bücher und zahlreiche Filme. Theoretisch kann das auch vorkommen.

Du kannst dir aber denken, dass Aggressivität im Grunde der Liebe widerspricht. Deshalb sprach ich gerade vom heiklen Spiel des Einbettens des Geschlechtstriebs in die Liebe. Aber, ich habe darauf schon hingewiesen, es gibt auch Männer, die es ihrer Frau sozusagen nicht antun können, Geschlechtsverkehr mit ihr zu haben. Ein solcher Mann liebt seine Frau so sehr, dass er sich ihr nicht aggressiv nähern kann.

Bleibt bei diesen Männern dann die Erektion aus?
Nein, die Patienten, von denen ich jetzt spreche, sind gern zusammen. Sie liebkosen, streicheln und küssen sich. Sie erregen einander, auch genital. Im Grunde sind die besten Voraussetzungen für gelungenen Sex gegeben. Aber sobald der Mann seine Frau penetrieren will, wird sein Penis schlaff. Einige Männer sprechen buchstäblich vom »Sicherheitsventil«. Sie haben das Gefühl, als würde in dem Augenblick, in dem sie den Geschlechtsakt vollziehen wollen, ein Ventil geöffnet, das ihren Penis weich werden lässt und so verhindert, dass sie sich ihrer Frau aggressiv nähern.

Haben sie einen Samenerguss? Oder handelt es sich dabei um ein anderes Sicherheitsventil als den Orgasmus?
Sie haben keinen Samenerguss. Es ist eine Art Erektionsstörung, wenn auch eine aus edlen Motiven. Männer haben meistens die Befürchtung, dass es sich um ein organisches Leiden handelt. Frauen denken, es würde ihrem Partner an Liebe mangeln, aber das Gegenteil ist wahr.

Der Mann empfindet eigentlich zu viel Liebe.
Ja, das ist ganz besonders faszinierend und schön. Aber das Problem ist nur sehr schwer zu beheben. Es ist nicht leicht, einem Menschen Aggressivität anzuerziehen. Die meisten von uns besitzen ja ein gewisses Maß an Aggression. Das

zeigt sich in Kriegszeiten. Dann erkennt man die Menschen fast nicht wieder. Im Krieg begehen Männer manchmal Taten, an die sie in Friedenszeiten nicht einmal zu denken wagen würden! Der Krieg bringt ihre Gruppe in eine aggressive Situation, und sie werden zu Sexualverbrechern. Dann explodieren die Geschlechtstriebe förmlich. Frauen werden misshandelt und vergewaltigt, fast immer im Gruppengeschehen. Später können die meisten Soldaten ihr eigenes Verhalten psychisch kaum bewältigen. Sie haben die Grausamkeiten als Gruppe begangen, aber wenn der Krieg zu Ende ist, sind sie wieder Hans und Klaus. Dann sind sie wieder für sich allein verantwortlich. Das Individuum verhält sich in der Gruppe anders als im Alltagsleben. Manchmal haben diese Taten kaum etwas mit der betreffenden Person zu tun. Vergleichbares lässt sich auch bei Verbrecherbanden beobachten. Da ist die Liebe ganz fern.

Wir sprachen vom Auf- und Entladen der sexuellen Triebe.
Man könnte sich fragen, ob sich die sexuelle Energie wie eine Autobatterie allmählich auflädt, bis der Körper sagt: Jetzt muss alles raus, jetzt ist eine Leerung nötig. Dann hätte jeder seinen eigenen biologischen Rhythmus. In gewissem Sinne trifft das auch zu. Der eine spürt seinen Geschlechtstrieb einmal im Monat, der andere zweimal wöchentlich. Und, ganz selten, gibt es Männer, die den Geschlechtstrieb zweimal am Tag spüren. Biologisch stimmt die Theorie also mehr oder weniger. Aber die Batterie muss nicht unbedingt aufgeladen werden. Der Geist kann diesen Prozess insoweit beeinflussen, dass sich der Geschlechtstrieb kaum noch bemerkbar macht.

Aber einmal aufgeladen, wird eine Entladung unvermeidlich.
Auch das nicht. Aus hygienischen Gründen, sozusagen zur Körperpflege, braucht man keinen Orgasmus oder Samenerguss, auch wenn es gelegentlich behauptet wird. Wenn sich jemand aus religiösen Gründen zur Enthaltsamkeit entscheidet, gibt es kein biologisches Argument, das dagegen spricht.

Vom Kuss

In den vergangenen Wochen haben Bo Coolsaet und ich ausführlich über den Geschlechtstrieb und die Begierde gesprochen. Bo hat schon früher betont, wie wichtig es ist, dass Mann und Frau respektvoll und aufmerksam aufeinander zugehen. Das Liebesspiel ist mehr als der reine Geschlechtsakt. Darum werden wir heute über das fleischliche Verlangen und sein Pendant, den Kuss, sprechen. »Das Verfahren ist eine besonders interessante Materie«, stellt Bo Coolsaet fest.

Wie unterscheidet sich das Verlangen vom Begehren und dem Geschlechtstrieb?
Es ist nicht meine Absicht, hier komplizierte Definitionen zu geben. Ich möchte aber den Unterschied zu den anderen Phänomenen, die wir besprochen haben, wie Instinkt, Geschlechtstrieb und Begehren, erläutern. Das Verlangen ist der Drang, mit einem anderen tief gehend, aber nicht sexuell, intim zu sein. Solche Intimität muss nicht unbedingt körperlich, sie kann auch emotional oder intellektuell sein. Das Verlangen ist nicht sexuell; der Kuss ist der beste Beweis. Ein richtiger Kuss ist besonders intim, hat jedoch nichts mit den Geschlechtsorganen, den Genitalien, zu tun. Anders als Sex ist das Verlangen, das Küssen das Privileg von Menschen, die sich ebenbürtig sind. Du erinnerst dich, der Geschlechtstrieb macht den Partner, mit dem man Sex haben will, zum Objekt. Dagegen küssen sich nur ebenbürtige Partner. Das ist gerade das Schöne.

Ich küsse meine Kinder und meine betagte Mutter, aber anders als ich meine große Liebe küsse.
Wir wollen uns zunächst auf den intimen Kuss, den Kuss auf den Mund, beschränken. Er beginnt mit den Lippen. Der Zungenkuss ist natürlich noch intimer. Küssen ist wechsel-

seitig, man kann nicht allein küssen. Den Geschlechtstrieb kann man allein befriedigen, zum Beispiel durch Onanieren. Zum Küssen braucht man immer ein Gegenüber. Im Prinzip führt der intime Kuss nicht zu der Befriedigung, auf die der Geschlechtstrieb gerade aus ist. Nach dem Orgasmus ist der Geschlechtstrieb für eine gewisse Zeit befriedigt. Beim Küssen lässt die Befriedigung ewig auf sich warten. Man strebt Befriedigung gar nicht an.

Es soll aber vorkommen, dass man beim Küssen bereits einen Orgasmus bekommt.
Bei manchen Menschen kann der intime Kuss zum Orgasmus führen, aber das ist äußerst selten. Was noch wichtiger ist: Es ist nicht die Absicht. Die Intimität beim Küssen ist eine gänzlich andere als die Intimität in der Sexualität. Intimes Küssen führt zu einer Bindung der Partner, die völlig anders ist als bei der genitalen Intimität.

Ist Küssen für Frauen genauso schön wie für uns Männer?
Es ist wichtig zu wissen, was Frauen vom Küssen halten. Ich habe unterschiedliche Texte gefunden. Einer der schönsten ist ein Gedicht der französischen Dichterin Louise Labé, das vor vierhundertfünfzig Jahren geschrieben wurde: »Lass mich deinen Mund küssen, trink den meinen. Dein Mund, mein Mund, sie nippen vom Himmel des anderen!« Diese Zeilen drücken trefflich das Empfinden und die Lust der Frau beim Küssen aus.

Vor vierhundertfünfzig Jahren wurde also auch schon geküsst. Aber wie war es vorher? Vor zweitausend Jahren etwa?
Die Frage müsste lauten: Gibt es ein grundsätzliches menschliches Verlangen nach dem Kuss – wie ich vermute – oder ist er nur in bestimmten Kulturen bekannt? Im Alten Testament steht: »Mit den Küssen seines Mundes küsse er mich! Ja, deine Liebe ist köstlicher als Wein.« Ein wunderbarer Text, der vor mehr als dreitausend Jahren geschrieben wurde. Die Römer haben über den Kuss geschrieben, die

alten Griechen kannten sogar noch die Gewohnheit der »Kussnährung«. Es ist bekannt, dass Vögel vorverdaute Nahrung in den Schnabel ihrer Jungen befördern. Das ist eine Form der Kussnährung. Die alten Griechen kauten die Nahrung vor und gaben diese beim Küssen ihren Kinder weiter. Die Papua in Neu-Guinea tun das noch heute.

Als meine Kinder klein waren, zerkleinerten wir ihr Essen in einem Mixer. Wenn man keinen Strom und keine Küchengeräte zur Verfügung hat, scheint mir das Vorkauen ziemlich logisch.

Natürlich. Es ist praktisch und auch gesund. Die Nahrung wird nicht nur vorgekaut, sondern zum Teil schon vorverdaut. Das Essen wird mit Speichel vermischt und das fördert bekanntlich die Verdauung.

Alles weist also darauf hin, dass Küssen ein Brauch ist, eine fundamentelle Gewohnheit. Das bezeichne ich als fundamentelles Verlangen.

Schon im Mutterleib nuckeln Kinder an ihrer Hand oder am Daumen. In der Gebärmutter üben Kinder schon vom dritten Monat an das Saugen. Bei der Geburt können sie diesen Saugreflex dann sofort anwenden. Dieser Reflex ist wahrscheinlich der Ausgangspunkt für den intimen Kuss. Saugen ist mehr als nur Nahrungsaufnahme. Beim Trinken bekommt ein Kind Kontakt mit der warmen Brust. Manchmal sieht man Babys beim Stillen aus reiner Lust die Augen schließen, oder sie lachen oder seufzen ganz tief und wohlig. Man spürt, dass das Saugen für ein Baby eine Lusterfahrung, ein Glückserfahrung ist.

Ist das der Grund, weshalb Schnuller ein Kind beruhigen?

Schnuller, Daumenlutschen, später vermutlich auch das Rauchen. Ein Erwachsener kann es sich nicht mehr leisten, Daumen zu lutschen, möchte aber trotzdem noch etwas im Mund haben. Möglicherweise fängt man deshalb zu rauchen an. Man darf nicht vergessen, dass der Kontakt zur ersten Liebe, zur Mutter, für Jungen wie für Mädchen mit der Nahrungsaufnahme, mit oraler Lust, verbunden ist.

Vermutlich ist es für den Rest unseres Lebens eine grundlegende Erfahrung. Das würde auch erklären, weshalb für Männer wie für Frauen die Brust so wichtig ist. Brüste sind nach Freud für ein Kind das erste Sexualobjekt. Mit diesem Körperteil erlebt es seine erste Liebesbeziehung. Und dieser erste Eindruck wird nie ausgelöscht. Nicht alle, aber doch sehr viele Männer stehen auf große Brüste, und das ist so seltsam nicht. Man muss sich nur einmal vorstellen, was die riesige Brust für einen Säugling bedeutet, nämlich eine gigantische Quelle der Lust.

Verliebte Menschen trinken manchmal Wein aus dem Mund des Geliebten. Fast jeder hat das schon einmal gemacht. Es ist der höchste Ausdruck des intimen Kusses und daher nah verwandt mit dem Nährungskuss.

Küssen alle Völker?

Japaner sieht man nie küssen. Aber das liegt nicht an ihren Genen, sondern an ihrer Kultur. Sie küssen sich nicht in der Öffentlichkeit, weil Küssen in ihrer Kultur als Vorspiel der sexuellen Intimität zwangsläufig zum Geschlechtsverkehr führt. Ein Paar belässt es nie beim Küssen allein. Das Tabu, in der Öffentlichkeit zu küssen, setzt in Japan übrigens schon im frühkindlichen Alter ein. Kinder, die nicht mehr gestillt werden, werden von den Eltern auch nicht mehr geküsst. Japanische Kinder lernen sehr schnell, wie sie Intimität anders ausdrücken können, zum Beispiel mit Kopfbewegungen. Wenn man die Gewohnheiten nicht kennt, kann man schwere Fehler begehen. Ich habe einmal von einem Mann aus dem Westen gehört, der sich mit einer Japanerin verloben wollte. Er wurde seinem künftigen Schwiegervater vorgestellt und gab ihm einen Kuss, weil er sich dankbar zeigen wollte. In Japan ist das so ungefähr die gröbste Beleidigung, die man einem anderen antun kann. Der junge Mann signalisierte seinem künftigen Schwiegervater dadurch nämlich, dass er mit ihm schlafen wolle.

Gibt es auch Völker, bei denen gar nicht geküsst wird?

Vor allem in Afrika leben Völker, bei denen es den Kuss

nicht gibt, weil sie der Meinung sind, Frauen dürften keine Lust empfinden. Wie du weißt, werden Frauen dort beschnitten, damit sie keine genitale Lust mehr verspüren können. Sie dürfen aber auch oft oral keine Lust empfinden. Du kennst bestimmt Fotos von Frauen, die ihre Lippen verunstalten, indem sie dort kleine Teller einsetzen. Lange Zeit wurde behauptet, sie wollten so die »Schönheit« ihrer Lippen betonen, aber dem ist nicht so. Die Verunstaltung soll offensichtlich grundsätzlich orales Lustempfinden unterbinden, indem das Küssen unmöglich gemacht wird. Nun ja, auch die katholische Kirche versagte bei uns Frauen lange jede Lust.

Inzwischen küssen wir alle viel und gern.
Ich würde nicht behaupten, dass wir viel küssen. Bei uns gibt es keine grundlegenden Studien über den Kuss. Die Kinsey-Gruppe hat eine große Anzahl von Menschen befragt, ob sie gelegentlich intim küssen. Mir liegen die Ergebnisse vor, die, ehrlich gesagt, bemerkenswert sind. Von Akademikern und anderen gebildeten Männern antworten siebenundsiebzig Prozent, sie würden gelegentlich intim küssen. Menschen mit geringerer Schulbildung gehen hingegen eher direkt zum Genitalkontakt über.

Welchen Zusammenhang kann es zwischen Küssen und intellektuellem Niveau geben?
Das ist nicht ganz klar, aber das Gefühl der Gleichberechtigung, das im Küssen und im Hinauszögern der Triebbefriedigung liegt, hat vielleicht etwas damit zu tun.

Berichtet die Kinsey-Gruppe auch über Frauen?
Von allen unberührten Frauen hatten immerhin schon siebzig Prozent Erfahrung mit dem intimen Kuss. Bei Frauen mit sexueller Erfahrung stieg der Prozentsatz auf fünfundachtzig bis neunzig Prozent. Wir dürfen also schließen, dass die meisten Männer und Frauen in unseren Breiten den intimen Kuss kennen und erlebt haben, unterschiedlich oft und unterschiedlich intensiv, jeder in seiner oder ihrer Weise.

Gibt es unterschiedliche Arten von Küssen?
Geküsst wird mit dem Mund, und der Mund liegt in einer Oase sensitiver Rezeptoren. Beim Küssen kann man einander anschauen und sich zuhören. Man spürt die Lippen und Wangen des anderen. Man schmeckt sich. All diese Rezeptoren - bestimmt habe ich einige vergessen -, die für die Sinnlichkeit wichtig sind, finden sich im Mundbereich. Beim Geschlechtsverkehr ist das völlig anders.

Aber der Geschlechtsverkehr ist doch auch etwas sehr Intimes?
Die Genitalzone ist gewissermaßen örtlich begrenzt und in ihrer Reizempfindlichkeit eingeschränkt. Auch daher stelle ich den intimen Kuss in gewisser Hinsicht über den Geschlechtsverkehr. Die Intimität des Kusses übertrifft die Intimität des Geschlechtsaktes. Sokrates meinte, beim Küssen sei die Gefahr, sich zu verlieben, größer als beim Koitus. Wie allgemein bekannt, hatten im alten Griechenland Männer Geschlechtsverkehr mit Knaben oder miteinander. Das war üblich und führte zu keinerlei Verpflichtungen. Ein intimer Kuss dagegen schon. Als Sokrates einen seiner Freunde einen Jüngling küssen sah, wurde er sehr böse und eifersüchtig.

Der Mund mag sehr empfindlich sein, aber die reizbare Fläche ist doch auch nicht sehr groß.
Die Wirkung des Kusses beschränkt sich nicht nur auf die Zone des Mundes. Über das zentrale Nervensystem wirkt der Kuss sich auch auf unterschiedliche Körperfunktionen aus. Ein intimer Kuss lässt das Herz höher schlagen, und die Blutgefäße erweitern sich wie bei sexueller Erregung. Der Puls erhöht sich, der Blutdruck steigt. Der intime Kuss verursacht Schweißausbrüche und Wärmewellen im ganzen Gesicht. Auch das Hormonsystem reagiert. Messungen weisen nach, dass beim intimen Küssen eine Art Endomorphin produziert wird. Das ist ein Stoff, der Schmerz verringert und einem das Gefühl des Wohlbefindens gibt. Der Körper produziert bei großen Anstrengungen Endomorphin. Daher kann Sporttreiben zu einer Art Sucht werden.

Küssen auch?
Küssen kann süchtig machen. Das ist doch wirklich interessant. Beim Küssen werden möglicherweise die gleichen Stoffe produziert, die beim Orgasmus freigesetzt werden, wie Oxytozin und sogar bestimmte Amphetamine. Männer können beim Küssen eine Erektion bekommen, obwohl ihre Genitalien nicht direkt gereizt werden. Auch die Geschlechtsorgane der Frau können sich wie bei einer lokalen Stimulation vergrößern. Die Beckenbodenmuskeln reagieren ebenfalls. Bei manchen Menschen beginnen die Hände zu zittern. Man sieht, ein Kuss kann alles Mögliche auslösen.

Küssen hat fast sexuelle Folgen.
Küssen ist keine direkte sexuelle Handlung, aber kommt dem doch sehr nahe, weil die Geschlechtsorgane mitbeteiligt sind. Das macht das Küssen zur idealen Vorbereitung auf den Sexualkontakt. Die Vagina wird feuchter, das lässt die Penetration sanfter verlaufen, usw. Die Bedeutung des Kusses wird oft verkannt. Es wird einfach zu wenig geküsst. Nur schwer ist ein liebevolles, sexuelles Spiel vorstellbar ohne die vorbereitende Intimität des Kusses. Sich Küssen schafft Vertrauen. Es bestätigt auch die Gleichwertigkeit. Das Küssen hebt die Ungleichkeit im Geschlechtsakt auf. Deshalb ist der Kuss so wichtig und finde ich es so schade, dass wir vom Fernsehen mit Intimküssen von Schauspielern überschwemmt werden; man merkt doch, dass das falsche Küsse sind.

Schauspieler küssen doch gar nicht wirklich, wie sie sich auch nicht wirklich k.o. schlagen. Ist der Filmkuss nicht einfach eine Technik?
Früher haben sie sich nicht wirklich geküsst, heute schon. Man sieht ja, wie ihre offenen Münder sich aufeinander zu bewegen. Aber man sieht auch, dass diese Küsse nicht wie bei Geliebten von Herzen kommen. Ich habe immer das Gefühl, zwei Fische zu beobachten, die am Strand liegen und nach Luft schnappen.

Sollten wir uns nicht lieber von unserem Gefühl als von Hollywood leiten lassen?
Ja. Jeder küsst auf seine Weise. Es geht nicht darum, wie, sondern dass man küsst und vor allem, dass man diese Phase nicht auslässt. Deshalb muss man sich im Klaren sein, dass ein Kuss nicht vom Himmel fällt. Auch zu einem Kuss gehört ein Vorspiel. Ihm gehen Signale voraus, die bei jedem anders sind. Man sieht sich zärtlich in die Augen, man berührt einander. Jedes Paar hat seine eigenen Rituale und Gesten, die den Funken überspringen lassen und einen intimen Kuss vorbereiten.

Wenn ich gute Freunde oder Freundinnen treffe, dann geben wir uns auch oft einen oder mehrere Küsse.
Der Kuss, den man Freunden und Verwandten gibt, den sich Priester bei der Messe geben, oder der Bruderkuss, mit dem sich die russischen Politiker begrüßen, sind natürlich keine intimen, sondern zeremonielle oder rituelle Küsse. Man kann sie mit dem Händedruck vergleichen, obwohl sie eigentlich mehr bedeuten. Politiker-Küsse sollen Vertrauen schaffen. Ein Händedruck zur Begrüßung hat viel weniger Bedeutung, ist reine Formsache. Es gibt eine sehr große Bandbreite zeremonieller Küsse: Man kann auf die Wange küssen; die Wangen können sich aneinander reiben; der Kopf kann leicht den anderen Kopf berühren. All diese Varianten hängen von der Kultur, den Umständen und Absichten ab, aber jeder zeremonielle Kuss dient dazu, Vertrauen zu schaffen.

Das macht den Judaskuss so interessant. Wenn die Überlieferung stimmt, dann hat Judas das dem Kuss innewohnende Vertrauen dazu missbraucht, Jesus zu verraten. Daher wird der Kuss des Verräters oder sogar ein unaufrichtiger Kuss »Judaskuss« genannt. Wenn man jemandem, zu dem man kein Vertrauensverhältnis hat, dennoch einen zeremoniellen Kuss gibt, ist das eigentlich eine Beleidigung. Man macht eine Geste, die der Intention widerspricht.

Gibt es noch andere Varianten des zeremoniellen Kusses?
Ich denke an den Kuss von Charles und Diana nach ihrer Hochzeit. Frisch verheiratet traten die beiden auf den Balkon des königlichen Palasts und küssten sich auf den Mund. Die ganze Welt betrachtete damals voller Bewunderung diese überaus romantische Szene.

Es war ein ganz besonderer Moment, weil die Mitglieder des britischen Königshauses tatsächlich darauf gedrillt werden, keine Gefühle zu zeigen. So etwas hatte es noch nie gegeben, dass ein britischer Prinz seine Prinzessin in der Öffentlichkeit küsst.
Das war wirklich etwas ganz Besonderes. Aber erst vor dem Hintergrund der späteren Ereignisse wird dieser Kuss von Charles und Diana zu etwas Außergewöhnlichem. Die Geschichte ist bekannt. Es handelte sich also um einen ikonischen Kuss, einen Kuss, der nicht echt ist, sondern nur ein Bild schafft.

Wo wir gerade von der Ehe sprechen; in bestimmten Kulturen gilt eine Ehe als geschlossen, wenn sich die Partner geküsst haben. Allmählich wird das auch bei uns gang und gäbe, fällt mir auf. Früher schloss man den Ehebund durch das Überstreifen der Ringe. Aber auch früher wurden in bestimmten Milieus schon Ehen mit einem Kuss besiegelt; der Kuss stand dabei für die geistige Vereinigung. Bekanntermaßen nennt man in England den intimen Kuss *French kiss* oder auch *soul kiss*, Seelenkuss. Mir gefällt diese Bezeichnung sehr gut. Viele Dichter haben den Kuss als die Hingabe der Seele mit den Lippen beschrieben. Es ist logisch, dass sich ein guter Dichter diese Chance nicht entgehen lässt.

Gedichte über das Küssen sind so beliebt, weil ja jeder gern küsst.
Keineswegs. Manche Männer und Frauen haben tatsächlich eine Abneigung gegen Küssen. Die Ursache kennen wir nicht, es mag mit frühkindlichen Erfahrungen zusammenhängen. Stellen wir uns etwa vor, ein Kind sieht, wie der Vater oder die Mutter einen Menschen, der nicht zum

vertrauten Kreis gehört, intim küsst. Eine solche Erfahrung kann ein Trauma verursachen.

Die Abneigung kann aber auch mit der Nahrung zu tun haben. Gestillte Kinder saugen anders als Flaschenkinder. Das wirkt sich anscheinend auf das spätere Küssen aus. Babys, die gestillt werden, legen den Mund um die Brustwarze und drücken ihre Zunge gegen den Gaumen, wie bei einer Massage. Ein Flaschenkind saugt richtig. Anscheinend essen die beiden Gruppen unterschiedlich, schmecken unterschiedlich und küssen offenbar auch anders. Dazu gibt es keine umfangreichen Untersuchungen, deshalb müssen wir diese Ergebnisse mit Vorsicht betrachten. Aber die These ist interessant.

Könnte es nicht sein, dass sich manche Menschen vor der Intimität des Küssens fürchten?

Das spielt tatsächlich eine Rolle, ganz sicher bei Frauen. Sie entwickeln vielleicht nach negativen Erfahrungen mit Männern einen Widerwillen gegen das Küssen. Männer missbrauchen den intimen Kuss auch manchmal, indem sie dominant küssen und so die Frau demütigen. Es gibt auch Menschen, die keinen direkten Kuss wagen, jedoch auf indirekte Weise küssen. In Filmen sieht man manchmal, dass zwei Menschen, die sich lieben, sich nicht küssen, sondern einer von ihnen zum Beispiel ein Foto küsst, also indirekt. Das kommt vor, und der andere Partner sollte dem Aufmerksamkeit schenken. Manche Menschen können sich eben nicht so gut mit Worten ausdrücken. Ein indirekter Kuss kann dann bedeuten, dass sich der Mann oder die Frau nach einem Kuss sehnt, den Wunsch aber nicht äußern kann oder es nicht wagt. Was man in der Intimität auch immer wieder beobachtet, ist eine Verbindung von Schmerz und Lust.

Küssen kann doch aber nicht wehtun?

Da sollte man sich nicht täuschen. Manche Menschen haben die Neigung, sehr tief zu küssen, manchmal sogar schmerzhaft tief, manche beißen auch beim Küssen. Damit sind wir beim oralen Sadismus angelangt. Freud meinte, oralen Sadismus bereits bei Kindern zwischen dem achten und dem achtzehnten Monat feststellen zu können. In diesem Zeitraum sollen Säuglinge ziemlich aggressiv und sadistisch an der Brust saugen. Manche Menschen bleiben ihr ganzes Leben auf diesen oralen Sadismus fixiert und wollen mit dem sinnlichen Genuss des Küssens auch noch Schmerz verbinden.

Mir fällt noch der Papst ein, der beim Betreten eines Landes die Erde küsst ...
Auch das ist ein ritueller Kuss, er zeigt damit, wie viel Vertrauen er in seine Gastgeber setzt, weil er sich so in eine besonders schwache Position bringt. Denn wenn man feindliche Absichten befürchtet, kniet man sich nicht, um die Erde zu küssen; der Feind könnte einem den Kopf abschlagen. Die Erde zu küssen ist also ein extremer Vertrauensbeweis und auch eine Form der Selbsterniedrigung. Das kann man auch mit dem Handkuss ausdrücken.

Viele küssen die Hand, sollten es aber besser sein lassen, weil sie den echten Handkuss nicht kennen. Das ist etwas sehr Höfisches. Je höher die Person gestellt ist, deren Hand man küsst, desto tiefer verbeugt man sich.

Erfolgt ein Handkuss nicht zwischen Gleichen?
Auch, aber der Mann drückt eine sehr große Hochachtung für die Frau aus, deren Hand er küsst. Je tiefer er sich neigt, desto größer ist sein Respekt. Der Kniekuss drückt hingegen echte Ungleichkeit aus. Und wenn man sich wirklich unterwerfen möchte, wenn man wirklich große Untertänigkeit ausdrücken möchte, kann man die Füsse oder die Zehen küssen.

Ist der Kuss zwischen Eltern und Kinder auch ein ritueller Kuss?
Das ist in jeder Kultur anders. In manchen Kulturen küssen etwa die Eltern die Genitalien ihrer Kinder. Väter nehmen beispielsweise den Penis ihres Sohnes in den Mund, wenn das Kind unruhig ist oder wenn sie wirklich ihre Liebe ausdrücken wollen. So ein kleiner Junge genießt das. Uns

scheint es seltsam, aber in anderen Kulturen ist es normal und wäre seltsam, es nicht zu tun. Dieses extreme Beispiel führe ich hier nur an, um klarzumachen, dass die Kultur die Art des Küssens zwischen Eltern und Kindern bestimmt. Amerikanische Eltern küssen ihre Kinder mitten auf den Mund, bei uns in Belgien ist das nicht so üblich. Die Art, wie man Wärme ausdrückt, ist auf beiden Seiten des Ozeans verschieden. Aber es ist wichtig, dass eine natürliche Intimität zwischen Eltern und Kindern herrscht.

Wenn ich von der Arbeit nach Hause komme, fällt mir meine Tochter um den Hals, aber mein vierzehnjähriger Sohn möchte nicht mehr geküsst werden.
Das ist ganz normal. Beim Erwachsenwerden wollen Söhne oft nicht mehr vom Vater, wohl aber noch von der Mutter geküsst werden. Zwischen Vater und Sohn existiert nun einmal eine gewisse Rivalität. Aber keine Sorge, die Phase geht vorbei. Wenn Jungen in der Pubertät die Entwicklung ihrer Männlichkeit erleben, finden sie Küssen auch ein wenig zu weich, zu weibisch.

Müssen wir solche Stereotypen nicht hinter uns lassen? Sollten wir unseren Söhnen nicht beibringen, dass Männer durchaus küssen?
Man sollte nie etwas aufdrängen. Ein heranwachsender Junge würde sich vor seinen Freunden schämen, wenn ihn sein Vater küsst. Er würde sich als Schwächling fühlen. Im Lauf der Zeit lernen Kinder auch, den Kuss des Vaters zu schätzen.

Wie oft ist normal?

Viele Menschen machen sich Gedanken über ihr Sexualleben, stellt Bo Coolsaet fest. Daher möchte er auch über die »normale« Frequenz sexueller Aktivität reden.

»Ich habe eine ganze Menge Briefe mit ähnlichen Fragen zur Sexualität bekommen«, sagt er. »Hier habe ich ein interessantes Schreiben eines achtzigjährigen Mannes. Seine Frau ist neunundsiebzig. Sie haben eine wunderbare Beziehung und lieben sich mehr oder weniger regelmäßig.«

Was ist für dich regelmäßig?
Gelegentlich benötigen die beiden ein paar Hilfsmittel, und manchmal sehen sie gemeinsam einen Softporno an. Sie lieben sich einmal im Monat und fragen sich, ob das normal ist. Das werde ich übrigens häufiger gefragt. Nicht nur von Senioren, sondern von Menschen jeden Alters, von Männern wie von Frauen. Auch wenn ich einen Vortrag halte, wird mir jedesmal diese Frage gestellt: Wie oft ist normal?

Jeder sieht und hört im Fernsehen Storys, die jede Phantasie übertreffen. Die meisten vergleichen das, was sie hören, mit dem, was sie selbst erleben. Sie stellen fest, dass es bei ihnen nicht so schön, nicht so intensiv, nicht so lange und nicht so häufig vorkommt, und haben Angst, sie seien nicht »normal«. Wir sollten uns lieber fragen, ob das, was wir im Fernsehen sehen und hören, normal ist und vor allem, ob es auch die Wahrheit ist. Die Beispiele von älteren Menschen, die angeblich fünfmal täglich Geschlechtsverkehr haben und dabei prächtige Orgasmen erleben, das kann auch ein reines Phantasieprodukt sein. Was Männer oder Frauen sich untereinander über ihre sexuellen Erfahrungen und Gewohnheiten erzählen oder was sie im Fernsehen zum Besten geben darüber, wie oft sie Sex haben, ist doch meistens

Erfindung oder zumindest Übertreibung. Alles kann sein, alles ist denkbar, alles ist möglich, wir dürfen nur unser kritisches Denken nicht ausschalten.

Wir kennen den Wert von Augenzeugenberichten. Aber gibt es denn keine wissenschaftliche Studien zu diesem Thema?
Der bekannte Sexualforscher Kinsey hat unter anderem etwa tausend männliche Gefangene befragt, wie oft sie Sex hatten; natürlich bevor sie ins Gefängnis kamen. Die Ergebnisse dieser Studie waren zweifellos verblüffend. Er hat die Zahlen veröffentlicht, aber sie waren so hoch, dass man Kinsey selbst für einen Sexbesessenen hielt. Nach der Veröffentlichung haben einige Kollegen die Gefangenen ein zweites Mal interviewt. Dabei stellte sich heraus, dass diese untereinander vereinbart hatten, viel höhere Zahlen zu nennen und Kinsey nicht mit der Wahrheit, sondern mit ihrer Phantasie zu konfrontieren. Kinsey war darauf hereingefallen. Also, warum sollte man glauben, was irgendjemand im Fernsehen erzählt?

Wie kann man als Wissenschaftler falsche Angaben über etwas so Intimes wie das Liebesleben, bei dem keine Zeugen anwesend sind, erkennen?
Man muss ein Kontrollsystem einbauen, wenn man derart intime Fragen stellt. Das ist natürlich nicht einfach. Es funktioniert eigentlich nur bei Paaren, die sich treu sind. Dann kann man der Frau die gleichen Fragen stellen wie dem Mann und anschließend die Ergebnisse vergleichen. So nähert man sich zumindest der Wahrheit an.

Aber unsere Frage war: Wie oft ist »normal«?
Wenn man sich eine Gruppe junger Leute, eine Gruppe im mittleren Lebensalter und eine Gruppe älterer Menschen vornimmt, wo liegt dann der Durchschnitt? Wir wissen, dass die Frequenz in jungen Jahren höher liegt als im reiferen Alter; aber was der Durchschnitt ist, was »normal« ist, das wissen wir nicht. Man hört so viele unwahrscheinliche und manchmal doch wahre Geschichten, an denen man sich

nicht messen sollte. Ich kenne Männer, die täglich dreimal sexuellen Kontakt haben. Bevor sie zur Arbeit gehen, in der Mittagspause und abends noch einmal. Für manche Menschen ist das der normale Rhythmus. Wenn es ihnen beispielsweise nur noch zweimal täglich gelingt, befürchten sie gleich, impotent zu werden.

Ein etwa dreißigjähriger Mann kam mit genau dieser Klage zu mir. Er hatte bereits einige meiner Kollegen aufgesucht und sogar männliche Hormone verabreicht bekommen. Nach einem ausführlichen Gespräch mit dem Mann stellte sich heraus, dass sich seine Frequenz auf dreimal täglich reduziert hatte. Fünfmal täglich war sein normaler Rhythmus! Das möchte ich aber nur als Beispiel verstanden wissen. Es gibt Männer mit einem sehr hohen Rhythmus, aber sie sind wirklich die Ausnahmen. Ich habe im Lauf meines Berufslebens mit so vielen Menschen über diese Problematik gesprochen, dass ich daraus nur einen Schluss ziehen kann: Diese Fälle sind nicht die Norm.

Was ist dann die Norm?
Ich selbst habe keine groß angelegte Studie durchgeführt und möchte hier auch nicht die Zahlen Kinseys und anderer bekannter Forscher wie Masters und Johnson zitieren. Die haben sich auch an der Nase herumführen lassen, kein Mensch nimmt heute noch ihre Ergebnisse ernst. Glücklicherweise wurde 1994 eine ausführliche Befragung von Paaren durchgeführt. Also die gerade von mir beschriebene Situation, mit einer Kontrollmöglichkeit. Man hat Männer wie Frauen gefragt, wie oft sie im vergangenen Jahr Geschlechtsverkehr miteinander hatten. Die Zahlen sind meiner Meinung nach erstaunlich: Vierzehn Prozent hatten im vergangenen Jahr keinerlei sexuelle Kontakte.

Waren alle Befragten verheiratet?
Es waren Paare, verheiratet oder nicht. Also vierzehn Prozent hatten in einem Jahr keinerlei und sechzehn Prozent nur wenige Male sexuellen Kontakt. Mit anderen Worten: Etwa ein Drittel der Paare hat nie oder höchstens einmal im

Monat Geschlechtsverkehr. Ein anderes Drittel, genauer gesagt siebenunddreißig Prozent, hat einige Male im Monat sexuellen Kontakt. Sechsundzwanzig Prozent der Paare bringt es auf zwei- bis dreimal pro Woche. Und dann gibt es noch eine Ausnahmegruppe von acht Prozent, die mindestens viermal pro Woche Sex hat. Pro Woche! Von Paaren, die täglich mehrere Male Sex haben, war also keine Rede.

Sind die Zahlen deiner Meinung nach zuverlässig?
Ich glaube, ja. Ich will hier nicht näher auf die wissenschaftliche Methode eingehen, aber es handelt sich um zuverlässige Daten. Die Zahlen von Kinsey sowie Masters und Johnson lagen zwei- bis dreimal höher.

Wenn ich es richtig verstehe, hat Kinsey damals nur Männer befragt.
Aber es waren immerhin anonyme Interviews. Selbst wenn sie anonym bleiben, übertreiben manche Männer also noch, und nicht nur ein klein wenig, sondern mit einem Faktor von zwei, drei und sogar mehr.

Wurde diese deiner Meinung nach zuverlässige Studie von europäischen Wissenschaftlern durchgeführt?
Nein, es war ebenfalls eine amerikanische Studie. Es wäre interessant, einmal europäische Zahlen zur Verfügung zu haben, um die Frage beantworten zu können, ob Amerikaner auch in dieser Hinsicht anders sind als wir. Leider ist dieser Bereich in Europa bisher nur wenig erforscht. In den Niederlanden wurden einmal 751 Paare befragt, eine relativ große Zahl. Die Ergebnisse sind ebenfalls interessant, aber in anderer Hinsicht. Bei dieser Untersuchung ging es nicht um die Häufigkeit der sexuellen Aktivität, sondern man stellte diesen 751 Paaren zwei spezifische Fragen. Die erste Frage betraf den so genannten Cunnilingus, also, ob der Mann die Geschlechtsorgane der Frau gelegentlich küsste. Achtzig Prozent der Männer bejahten die Frage, aber bemerkenswerterweise nur sechzig Prozent der Frauen. Zwanzig

Prozent der Männer haben den Cunnilingus also nicht in der Wirklichkeit, sondern nur in ihrer Phantasie ausgeführt.

Oder sie waren der Meinung, es würde dazugehören.
Es gibt noch eine weitere Möglichkeit. Vielleicht haben die Frauen aus welchem Grund auch immer die Frage nicht wahrheitsgemäß beantwortet. Möglicherweise empfinden manche Frauen diese Form von Sex als unschicklich.

Bei der zweiten Frage ist der Unterschied zwischen Männer- und Frauenaussagen noch auffälliger. Sie bezog sich auf die Fellatio, d. h. ob die Frau ihren Mann gelegentlich mit dem Mund befriedigte. Vierzig Prozent der Männer, aber nur fünfzehn Prozent der Frauen antwortete mit »ja«. Fast dreimal mehr Männer behaupten, ihre Frau würde sie gelegentlich oral befriedigen.

Das sagt viel über den Mann.
Oder über die Frau. Wir wissen es einfach nicht. Ich habe natürlich so meine Vermutungen. Aber diese Studie beweist auf jeden Fall, dass die Phantasie eine große Rolle spielt. Ich denke, vor allem bei Männern spielt sich ein Teil der Sexualität in der Phantasie ab. Ich glaube auch, dass die Phantasie sinnvoll ist, weil sie als eine Art Ventil funktionieren kann. Bestimmt träumen Menschen von Dingen, die sie in Wirklichkeit niemals tun oder nie wagen würden, weil sie nicht in den Rahmen ihrer Intimität oder ihres sozialen Umfelds passen. Diese ganz bestimmte sexuelle Lust können sie dann aber in ihrer Phantasie realisieren. Das ist eine unschädliche Weise der Entladung, die bei normalen Paaren wahrscheinlich auch als Mittel gegen die Gewöhnung fungiert, die infolge jahrelanger Monogamie eintritt.

Ich möchte noch einmal auf die älteren Menschen zurückkommen. Sie haben im Schnitt einmal pro Monat Geschlechtsverkehr. Das ist erheblich weniger als der Durchschnitt, der etwa bei einmal pro Woche liegt.
Das ist der Durchschnitt für alle Menschen im sexuell aktiven Alter. Im Alter nehmen Frequenz und Lust auf Sex

stark ab. Nur sechzehn Prozent der achtzigjährigen Männer hat noch Interesse an der Sexualität und zeigt dabei eine gewisse Aktivität; bei Frauen zwischen siebzig und achtzig Jahren sind es nur noch sieben Prozent. Ich bin sehr froh, dass uns jetzt endlich halbwegs zuverlässige Zahlen zur Verfügung stehen. Denn sie zeigen, dass sich kein Mensch zu schämen braucht oder frustriert sein muss. Das ist zu begrüßen, denn solche Frustrationen könnten eine der Ursachen für das Burning-out-Syndrom sein.

Viele Männer und Frauen schreiben mir, dass sie weniger Lust auf Sex haben als früher. Manche - auch junge Menschen - verspüren sogar überhaupt keine Lust mehr. Als ich das in einigen Interviews sagte, bekam ich ziemlich viele abweisende Reaktionen. Auch bei meinen Patienten beobachte ich aber schon seit längerer Zeit einen Rückgang der Libido, manchmal sogar in extremer Weise. Einige sind darunter, die absolut nichts mehr von der Sexualität wissen wollen. Sie spüren den Geschlechtstrieb zwar noch, wollen sich davon aber nicht mitreißen lassen und verlangen von mir eine chirurgische oder chemische Kastration. Meiner Meinung nach ist der Rückgang der Libido eine Folge des übertriebenen Interesses, das der Leistungsaspekt der nehmenden Sexualität auf Kosten der begehrenden Liebe findet. Die Ich-Sucht verdrängt die gebende Liebe, nicht nur in der Sexualität. Auch im gesellschaftlichen Leben nehmen Individualismus, Materialismus und soziale Ungerechtigkeit immer mehr zu. Die gesellschaftlichen Veränderungen der letzten Jahre eskalieren derart, dass die Mentalität des Gebens in eine des Nehmens umschlägt. Für mich ist das eine der Ursachen.

Die Veränderungen in der Mann-Frau-Beziehung könnten ebenfalls eine Ursache sein. Der Mann, der früher die Frau als Objekt sah, fürchtet heute, von der sexuell aktiven Frau selbst als Objekt benutzt zu werden. Diese Rolle ist ihm nicht vertraut, sie bereitet ihm Unbehagen. Er hat Angst vor der dominanten Frau. Diese Angst vermindert wiederum seine sexuelle Leistungsfähigkeit.

Ist Burning-out ein Männerproblem?
In der Mann-Frau-Beziehung ist es ein Männerproblem. Aber es gibt auch kulturelle Ursachen, die beide Geschlechter betreffen. Man kann sie wie folgt zusammenfassen: Das Geheimnis der Sexualität ist verloren gegangen. Und wenn das Geheimnis schwindet, schwindet auch die Faszination. Lust, die nicht ausgelebt werden darf, ist naturgemäß größer.

Ist es denn kein Fortschritt, dass man nicht mehr nur hinter vorgehaltener Hand über Sex redet?
Das ist gewiss ein Fortschritt. Ich habe gerade von dem älteren Paar erzählt, das Pornographie positiv stimulierend und also nützlich einsetzt. Aber es gibt Formen von Pornographie, die Ekel erregen. Auf sehr viele Menschen wirkt Pornographie auch abstumpfend. Das kann eine Ursache für das Burning-out-Syndrom sein, denn wenn man die Grenzen des Erlaubten ständig erweitert, gibt es nach einiger Zeit nichts Neues mehr zu entdecken. Auf den ersten Blick mag der regelmäßige Besuch von Swinger-Clubs stimulierend wirken, aber eigentlich ist es die beste Methode, sich die Sexualität selbst zu verleiden.

Das Gute im Leben entsteht aus einer gewissen Zurückhaltung heraus, als Folge gewisser Verzichte. Das gilt auch für sexuelle Reize. Wir müssen sie mit Mäßigung genießen, nicht aus puritanischen Motiven, sondern einfach, weil es für die Sexualität gut ist. Sonst brennt unsere Kerze in kürzester Zeit ab, und es gibt nichts mehr zu entdecken.

Meno- und Penopause

Nach unserem letzten Gespräch wissen wir, dass sich die sexuelle Aktivität von Paaren stark unterscheiden kann und dass sich dafür keine Normen aufstellen lassen. Viele fragen sich auch, ob es normal ist, wenn ein fünfundvierzig- bis fünfzigjähriger Mann seltener als früher den Drang zum Geschlechtsverkehr mit seiner Partnerin verspürt. Die meisten Menschen möchten auch wissen, ob Pillen oder Spritzen daran etwas ändern können. Bo Coolsaet nimmt einen Brief von seinem Stapel. »Dieser Mann fragt, ob die nachlassende Lust auf Sex, ich zitiere, ein ›Symptom für die Penopause‹ sein kann.«

Die Penopause?
Die Frau erlebt mit etwa fünfzig Jahren eine Menopause, das ist bekannt. Manche nehmen an, beim Mann trete ein ähnliches Phänomen auf. Wir dürfen niemals vergessen, dass der menschliche Körper eigentlich darauf eingerichtet ist, nur fünfzig Jahre alt zu werden. Durch die Entwicklung der Medizin, bessere Ernährung und verbesserte Hygiene liegt das Durchschnittsalter im Westen heutzutage viel höher. Darüber können wir nur froh sein, müssen es aber auch in der richtigen Perspektive sehen. Jedes Jahr, das wir älter als fünfzig werden, ist reiner Gewinn. Die Frau ist danach nicht mehr fruchtbar; bei ihr ist der Übergang von der fruchtbaren zur unfruchtbaren Periode ziemlich eindeutig feststellbar. Diesen Übergang nennen wir die Menopause. Bei manchen Frauen tritt die Menopause relativ früh ein, bei anderen dauert es etwas länger. Aber es läuft immer auf dasselbe hinaus: Die Frau ist nicht länger fruchtbar.

Bei Männern liegt das anders. Sie können noch mit neunzig Kinder zeugen, auch wenn bei Kindern älterer Väter häufiger angeborene Abweichungen vorkommen. Bei Männern nimmt die Fruchtbarkeit also nur sehr langsam ab.

Dennoch zeigen sich in dem Alter, in dem Frauen unfruchtbar werden, auch bei Männern bestimmte Veränderungen. In der Pubertät explodieren die Hormone; jungen Männern fällt es oft schwer, sie zu beherrschen. Und umgekehrt fällt es einem fünfundvierzig- oder fünfzigjährigen Mann plötzlich schwer, seinen Geschlechtstrieb zu aktivieren. Die Libido, der spirituelle Teil des Geschlechtstriebs, lässt nach. Man könnte sagen, dass die Männer in diesem Alter schon alles hinter sich haben. Das Interesse am Sex wird bei vielen geringer, auf jeden Fall das Interesse am Sex mit der eigenen Partnerin.

Ist das nur eine Frage der geringeren Libido?
Es gibt biologische Faktoren, auch im Gehirn. Reize werden nur abgeschwächt wahrgenommen, und von einem bestimmten Alter an nimmt das Gehirnvolumen übrigens ab. Es zeigt erste Abnutzungserscheinungen: Wir können uns nicht mehr so gut an Namen erinnern, unser Kurzzeitgedächtnis funktioniert nicht mehr wie früher. Bei vielen Männern nimmt auch die Qualität der Reize ab, die vom Gehirn aufgenommen werden. Das wird von anderen Alterserscheinungen begleitet, wie einer herabgesetzten Qualität der Nervenbahnen oder verengten Blutgefäßen.

Wie viele fünfzig- bis fünfundfünfzigjährige Männer haben nicht schon einen Herzinfarkt überstanden? Wie viele Männer haben in dem Alter nicht schon eine Gefäßoperation hinter sich, weil die unteren Gliedmaßen zu schlecht durchblutet waren? Ziemlich viele. Auch die Blutgefäße im Penis sind beeinträchtigt. Durch die geringere Gewebeelastizität nimmt auch die Qualität der Erektion bei vielen Männern ab.

Was verstehst du unter der Qualität der Erektion?
Die so genannte Rigidität, das Steifbleiben. Das können wir messen. Man kann versuchen, den Penis zu biegen. Nun, bei jungen Männern mit voller Erektion wird das nicht gelingen, der Penis könnte brechen. Im Alterungsprozess nimmt die Rigidität der Erektion ab. Dann kann man die Schwellkör-

per an der Seite eindrücken, was bei jungen Männern kaum möglich ist. Die verringerte Qualität zeigt sich meist bei der Glans oder Eichel, dem Kopf des Gliedes. Dieser ist mit einem anderen Schwellkörper verbunden, der unten am Penisschaft die Harnröhre umgibt. Es kommt vor, das sich der Penis aufrichtet, die Glans daran aber nicht mehr voll beteiligt ist. Bei manchen kann die Glans sogar etwas hängen. Das nennen wir ein »Concordebild«. Man versteht auch gleich, warum: Ein steifer Penis mit einer schlaffen Eichel erinnert ein wenig an Concorde-Flugzeug. Im Allgemeinen hat das nichts zu bedeuten, aber es ist schon ein klarer Hinweis auf die nachlassende Erektionsqualität. Man muss das akzeptieren. Ein Mann sollte nicht in Panik geraten, wenn er bei sich das Concordebild beobachtet. Denn sonst kann ihn die Impotenzangst packen, und dann geht auf einmal überhaupt nichts mehr.

Jeder Mann um die fünfzig wird auch bemerken, dass sich das Volumen des Ejakulats verringert, dass also weniger Flüssigkeit ausgeschieden wird und die Ejakulation weniger kräftig ausfällt. Auch wilde Geschichten hierüber sollten wir mit Vorsicht genießen. Junge Männer brüsten sich damit, meterweit ejakulieren zu können. Tatsächlich liegt die normale »Reichweite« einer Ejakulation bei jungen Männern bei etwa sechzig Zentimetern. Bei älteren Männer fließt das Ejakulat kraftlos heraus. Das ist völlig normal und ist darauf zurückzuführen, dass der Muskel, der die Harnröhre umgibt, weniger kräftig ist.

Gehört der zur Beckenbodenmuskulatur?
Ja, stimmt. Durch das Üben der Beckenbodenmuskulatur kann man die Ejakulationskraft erhöhen. Sehr viele Männer um die fünfzig bekommen Probleme in vielen Bereichen, auch in der Sexualität. Das kann unterschiedliche Ursachen haben: das Lebensalter, die Lebensweise, der Stress. Man kann sich fragen, ob auch der Hormonhaushalt dabei eine Rolle spielt. Bei Frauen ist das ganz sicher der Fall. In der Menopause sind die weiblichen Hormone, die Östrogene, großen Veränderungen ausgesetzt. Das Wegfallen der

Monatsblutung ist das deutlichste Zeichen. Die Menopause wirkt sich bei manchen Frauen auch auf die Libido aus, auf die Lust auf Sex. Das kann psychogene, aber auch organische Ursachen haben.

Aus Studien geht hervor, dass immerhin vierzig Prozent der Frauen unter den verschiedensten Problemen leiden, unter anderem unter den völlig harmlosen Hitzewallungen. Manche bekommen Kopfschmerzen, andere leiden unter Nackenschmerzen oder Müdigkeit. Wieder andere Frauen werden emotional instabil. Sie reagieren empfindlicher und weinen leichter.

Ich habe bereits darauf hingewiesen, dass die Vagina trockener und die Schleimhaut der Vagina dünner wird. Die Verringerung des Säuregehalts der Scheide in der Menopause kann zu Problemen führen. Junge Frauen sind noch mehr oder weniger gegen Infektionen gefeit; der Säuregehalt in der Scheide beugt Entzündungen vor. Während der Menstruation nimmt der Säuregehalt ab, und die Frau wird anfälliger für Infektionen. Das ist auch nach der Menopause der Fall. Gleichzeitig wird die Schleimhaut dünner, und die Scheidenhaut reißt leichter ein. Nach der Menopause sollte eine Frau also vorsichtig sein. Bei regelmäßigem Partnerwechsel oder wenn eine Frau mehr als eine Beziehung gleichzeitig hat, können wir ihr nur raten, jedesmal ein Kondom zu benutzen.

Obwohl sie gar nicht mehr schwanger werden kann.
Das klingt seltsam, ich weiß. Aber sie ist empfindlicher gegenüber trivialen Infektionen. Wenn sie keine feste Beziehung hat, muss sie sich deshalb gut schützen. Natürlich auch gegen Aids.

Bei vielen Frauen wird die Klitoris nach der Menopause größer. Manche Frauen erschrecken sich dann, weil sie fürchten, es würde sich eine Geschwulst entwickeln. Aber das Wachsen der Klitoris ist normal, wenn sich das Gleichgewicht des Hormonspiegels ändert. Ihre Empfindlichkeit bleibt aber gleich. Die Menopause verringert keineswegs die Möglichkeit, zu einem Orgasmus zu kommen. Es gibt sogar

Frauen, die nach der Menopause zum ersten Mal einen Orgasmus erleben.

In einem Fernsehprogramm über Alterssexualität sagte eine ältere Dame, die etwa zehn Jahre lang keinen Geschlechtsverkehr gehabt hatte, sie müsste Übungen machen, um wieder eine Penetration zu ermöglichen.
Es ist wichtig, dass eine Frau, die aus irgendeinem Grund keinerlei sexuellen Kontakt hat, dennoch ihr biologisches System aktiv hält. Es ist nicht verboten, zu masturbieren. Es kann auch nützlich sein, gelegentlich eine Creme aufzutragen, aber das ist weder ein Zwang noch eine Verpflichtung. In Rücksprache mit ihrem Hausarzt kann eine Frau das Nötige tun, um ihre Geschlechtsorgane gut zu pflegen.

Muss der Mann auch etwas für sich tun?
Bei Männern über fünfundsechzig treten Erektionsstörungen häufiger auf. Und selbst wenn es keine Probleme mit der Erektion gibt, können andere Schwierigkeiten auftauchen. Ein siebzigjähriger Mann schreibt mir zum Beispiel, dass er zwar keine Probleme mit der Erektion hat, es ihm aber schwer fällt zu ejakulieren. Allein beim Onanieren kommt er zu einem Samenerguss, jedoch nicht beim Geschlechtsakt mit seiner sechzigjährigen Frau.

Ab einem gewissen Alter nimmt die Empfindlichkeit des männlichen Glieds ab. Bei der älteren Frau lässt gleichzeitig die Elastizität der Muskeln um die Scheide herum nach, mit der Folge, dass der Vaginalkontakt den Penis des Mannes nicht ausreichend stimuliert, um ihn zu einem Orgasmus zu bringen. Weil der Penis nicht empfindlicher gemacht werden kann, muss der Reiz umso intensiver werden. Der Stimulus muss stärker sein. Auch deshalb sollten Frauen ihre Beckenbodenmuskeln weiterhin üben.

Aber wenn der Penis nicht empfindlich genug ist, kann es denn dann nicht sein, dass auch die Übungen der Frau nicht ausreichen?

Es gibt Paare, die einen kleinen Trick für sich entdeckt haben: Die Frau drückt beim Vaginalverkehr ihre Hand fest um den Penis, so dass ihr Mann doch zu einem Samenerguss kommt. Für alternde Männer und Frauen kann es übrigens auch nützlich sein, die Stellung zu variieren. Ich plädiere nicht dafür, permanent die unterschiedlichsten Varianten auszuprobieren, aber älteren Menschen fällt es oft schwerer, die klassischen Stellungen längere Zeit durchzuhalten. Dann sollte man die Stellung den physischen Möglichkeiten anpassen. Je nach Erektionsqualität des Partners ist es für eine Frau vielleicht besser, den Geschlechtsakt im Sitzen oder in der so genannten Löffelhaltung zu vollziehen. Dabei liegen Mann und Frau mit angezogenen Knien in Seitenlage auf dem Bett, wie Kaffeelöffel in der Schublade nebeneinander. Für ältere Menschen kann das eine bequeme Stellung sein.

Auch beim Mann verändert sich im Alter einiges. Es entsteht kein Liebestropfen mehr. Das Orgasmusgefühl nimmt ab. Er erlebt nicht mehr die kräftigen Höhepunkte wie damals als junger Mann. In diesem Alter leiden viele Männer an vorzeitigem Samenerguss oder brauchen im Gegenteil länger für einen Orgasmus. Ein vorzeitiger Samenerguss ist leichter zu therapieren als ein verzögerter. Aber es muss keine Katastrophe sein, wenn es länger dauert. Meist ist die Partnerin damit sogar sehr zufrieden.

Warum behandelt man Frauen während der Menopause eigentlich mit Hormonen?

Man kann Frauen eine niedrige Hormondosis gegen Erscheinungen wie Trockenheit der Scheide und Hitzewallungen verordnen. Es gibt aber auch eine Medikation, die bewirkt, dass Frauen noch weiter ihre Menstruation haben. Für manche Frauen ist es nämlich psychologisch sehr wichtig, die Menopause künstlich aufzuschieben. Die früher so verabscheute Menstruation gibt ihnen in höherem Alter das Gefühl, jung zu sein. Was beweist, dass alles relativ ist.

Kann man auch die Penopause hinauszögern?

Die Menge männlicher Hormone im Blut wird mit dem Alterungsprozess allmählich geringer. Eine Weile lang verabreichte man alternden Männern alle zwei, drei Wochen eine Testosteronspritze. Es hat sich jedoch herausgestellt, dass nur ein kleiner Teil des Testosterons in unserem Blut wirken kann. Der größte Teil ist an Globulin gebunden, nur die freien 2,5 Prozent sind aktiv. Testosteron wird zu fünfundneunzig Prozent in den Hoden produziert, der Rest in der Nebennierenrinde. Es gibt also unterschiedliche Arten von Testosteron. Die freien Elemente des männlichen Hormons wirken zum Teil auf die sexuellen Phantasien und die nächtlichen Erektionen. Sie wirken sich auch auf die spontanen Erektionen aus, die manchmal besonders unerwünscht sind. Aber das männliche Hormon beeinflusst die Sexualität viel weniger, als wir lange Zeit angenommen hatten. Es beeinflusst die Lust am Sex nur sehr gering.

Früher wussten wir noch zu wenig über den Erektionsmechanismus. Da wurden vielen Männern Hormone verabreicht, obwohl das nicht ungefährlich ist. So ist bekannt, dass mit dem Alter die Wahrscheinlichkeit, an Krebs zu erkranken, zunimmt. Im Falle von Prostatakrebs gibt es einen direkten Zusammenhang mit dem männlichen Hormon. Wenn man bei einem Mann mit einer erblichen Veranlagung zu Prostatakrebs zusätzlich Testosteron spritzt, beschleunigt man den Prozess eher noch.

Wozu sind männliche Hormone gut, wenn schon 97,5 Prozent des gesamten Testosterons in unserem Blut nutzlos sind, das Testosteron nicht einmal etwas bewirken kann und zudem noch Krebs erregend ist?

Wenn wir den Spieß einmal umdrehen und – theoretisch – bei einem Mann das Testosteron reduzieren, würden wir doch eine Reihe von Phänomenen beobachten. Die Lust auf Sex würde zu einem Großteil nachlassen; sein Denken würde sich verändern; die so genannten kognitiven Funktionen würden sich verringern. Die Muskelmasse und die Körperbehaarung würden abnehmen, dagegen würde das Gewicht zunehmen. Seine Figur würde sich ändern, alles würde ein wenig rundlicher werden. Auch Männer mit einem normalen Testosterongehalt können mit zunehmendem Alter mehrere dieser Merkmale aufweisen. Sie fühlen sich dann oft weniger männlich.

Obwohl ihr Testosterongehalt normal bleibt?
Der absolute Wert des Testosterongehaltes sagt nur wenig aus. Die Grenzwerte sind sehr weit gestreut, und die individuellen Unterschiede sind außerordentlich groß. Siebzigjährige Männer können einen viel höheren Testosterongehalt besitzen als Zwanzigjährige. Dennoch kann er bei dem Siebzigjährigen Auswirkungen haben, und zwar, weil sein Gewebe keine oder weniger Rezeptoren für Testosteron aufweist.

Was sind Rezeptoren?
Man kann sie sich als eine Art Häkchen vorstellen, an die sich das männliche Hormon anhängt. Wenn das Gewebe beim Altern weniger oder manchmal sogar gar keine »Häkchen« mehr aufweist, kann man unendlich viele Hormone ohne jede Wirkung verabreichen. Man kann jedoch unmöglich Rezeptoren verabreichen; diese verschwinden einfach mit dem Älterwerden. Männer altern also graduell. Das männliche Hormon nimmt im Alterungsprozess allmählich ab, aber das ist mit der Menopause der Frau absolut nicht vergleichbar. Es ist zudem sinnlos – und kann sogar gefährlich sein –, Männern Testosteron zu verabreichen. Aus alldem können wir schließen, dass es keine Penopause gibt.

Mittel gegen Versagensangst

Sehr viele Männer leiden unter Versagensangst. Ein guter Grund, einmal ausführlich darüber zu sprechen. Bo Coolsaet war voll und ganz einverstanden.

Wie das Wort bereits sagt, handelt es sich dabei um die Angst zu versagen. Diese kann in Begleitung von organischen Erektionsproblemen auftreten oder auch nicht. Bei körperlich bedingten Störungen, etwa verengten Blutgefäßen, einer nicht ausreichenden Nervenversorgung oder einer nachlassenden Qualität der Schwellkörper, ist eine organische Ursache für die weniger gute Erektion gegeben. Man weiß einfach, dass man versagen wird. Wenn dann noch die Angst davor hinzukommt, steckt man in einem fast unlösbaren Dilemma. Dann müssen wir versuchen, sowohl das organische Leiden als auch das psychische Problem zu behandeln. Aber es gibt auch Männer, bei denen die Versagensangst primär ist, die also keinerlei organische Störungen haben.

Was verursacht primäre Versagensangst?
Diese Angst tritt am häufigsten bei Paaren auf, wo beide Partner schon eine Reihe anderer Beziehungen hinter sich haben. Die Frau wirft da mitunter dem Mann vor, sie sei enttäuscht über seinen Penis - über die Länge, den Umfang oder die Festigkeit, oder dass er ein wenig nach links oder rechts gebogen ist. Es vergeht kaum eine Woche, ohne dass ein Patient mit einer solchen Geschichte zu mir in die Sprechstunde kommt. Aber wenn sich die Partner wirklich lieben, wird auch ein Nachlassen der Erektion kein Problem darstellen, weil andere Elemente der Beziehung bindend sind. Meist wird jedoch einfach nach Argumenten gesucht, um die Beziehung zu beenden.

Der Penis ist also nie die wirkliche Ursache. Aber wenn ein nicht sehr selbstbewusster Mann derart negative

Kommentare von der Frau zu hören bekommt, mit der er eine intime Beziehung hat, kann sich das fatal auf seine Erektionsfähigkeit auswirken. Wenn dieser Mann - und oft sind es junge Männer - nach dem unvermeidlichen Bruch eine neue Beziehung wagt, überfällt ihn die Versagensangst und dann wird er schließlich auch tatsächlich versagen. Das ist eine der wichtigsten Ursachen der Versagensangst.

Andererseits ist ein Mann zum Versagen verurteilt, wenn er sich selbst viel zu hohe Normen setzt in Bezug auf das Wie oft und Wie lange. Wer zu viel von sich verlangt, kann nur versagen. Das gilt nicht nur in der Sexualität, sondern in allen Lebenslagen. Daher sollte man lieber von dem, was ich das Nullprinzip nenne, ausgehen: nichts erwarten, sich bemühen, das Beste daraus zu machen, und sich über alles freuen, was man bekommt. Das ist eine gesunde Einstellung, die auch im Intimbereich funktioniert. Meist erleben Menschen, die auf anderen Gebieten zu versagen fürchten, diese Versagensangst auch in der Sexualität.

Könnte das ein Persönlichkeitsproblem sein?
In gewissem Sinne ist die Versagensangst ein Persönlichkeitsproblem, aber es ist auch eine Folge der allgemeinen Überbewertung von Sexualität in den Medien und in unserer Gesellschaft. Manchmal verzweifeln Menschen wegen der Geschichten, die sie im Fernsehen vorgesetzt bekommen. Wir wissen bereits, dass es dafür keinerlei Grund gibt. Das ist auch die klassische Therapie gegen Versagensangst: einem Mann beizubringen, dass es nicht sein muss. Um den Leistungsdruck zu vermindern und dem Mann zu zeigen, dass der Geschlechtsakt nicht das A und O ist, sind verschiedene Gespräche erforderlich. In der Regel behauptet der Mann, seine Frau würde von ihm eine andere, eine bessere Erektion verlangen.

Wenn ich mich dann mit den beiden Partnern gemeinsam unterhalte, bekomme ich oft etwas anderes zu hören. Dann sagt die Partnerin womöglich sogar: »Für mich ist es nicht unbedingt nötig.« Unter diesen Bedingungen raten wir den Partnern, eine gewisse Zeit sehr intim miteinander zu sein und dem Vorspiel sehr viel mehr Aufmerksamkeit zu widmen. Die beiden müssen erkennen, dass das Vorspiel nicht notwendig zum Geschlechtsakt führen muss.

Das Vorspiel ist dann kein Vorspiel mehr, sondern wird zum eigentlichen Spiel.
In der Behandlung der Versagensangst ist es ein sehr wichtiger Schritt, das Vorspiel als das eigentliche Spiel zu begreifen. Sobald ein Mann das begriffen hat, verschwindet ein großer Teil seiner Versagensangst ganz von selbst. Ein Mann, der meint, dass er muss, wird sehr oft nicht können.

Versagensangst kann aber auch etwas mit körperlichen Problemen zu tun haben?
In der Tat. Manche Männer haben Gefäßprobleme im Penis. Heutzutage kann man Verengungen der großen Blutgefäße sehr schön wieder weiten, sogar ohne größere Operationen. Beim Penis ist es schwieriger, weil die Blutgefäße kleiner sind. Für eine solide Erektion ist eine gute Blutzufuhr natürlich ganz wesentlich. Bei Männern mit Erektionsstörungen kontrollieren wir also systematisch die Blutversorgung des Glieds. Wir rufen eine künstliche Erektion hervor und messen die Strömungsgeschwindigkeit in den Blutgefäßen. Dabei erzielen wir relativ genaue Ergebnisse. Am Monitor untersuchen wir auch die Form der Gefäße. Aus all diesen Daten können wir schließen, ob die Blutzufuhr noch ausreicht.

Ist es schwierig oder gar unmöglich, die Blutzufuhr zum Penis wiederherzustellen?
Operativ ist es zwar möglich, Blutgefäße zu transplantieren und kleine Blutgefäße miteinander zu verbinden. Die Erfolgschance ist jedoch gering, wenn der Mechanismus im Penis nicht ausreichend reagiert, um eine Erektion möglich zu machen. Uns stehen aber auch andere Mittel zur Verfügung. Bei der Hälfte der betroffenen Männer erzielt man mit Viagra ein befriedigendes Ergebnis. Auch Selbstinjektionen führen zu einer soliden Erektion. Wie bereits gesagt, es ist

eine sehr einfache Technik, die manche Paare als Teil des Vorspiels gemeinsam anwenden.

Kann das nicht auch gefährlich sein?
Wenn man die Technik richtig lernt und die Vorgaben strikt befolgt, ergeben sich so gut wie nie Komplikationen.

Und der Preis?
In der Apotheke kostet eine Spritze von 10 Mikrogramm etwa 30 bis 35 Mark. Das ist teuer. Wenn wir die Flüssigkeit in der Krankenhausapotheke zubereiten lassen, kostet sie vielleicht nur ein Zehntel des Apothekenpreises. Der Preis ist auch von der Dosierung abhängig. Wenn man die Flüssigkeit zubereiten lässt, sind Selbstinjektionen das preiswerteste Mittel gegen Erektionsstörungen.

Wird der Penis nicht wie der Arm eines Drogenabhängigen nach einiger Zeit völlig zerstochen sein?
Die verwendeten Nadeln sind extrem fein. Man sieht hinterher nichts davon, und die meisten Männer spüren den Einstich kaum. Drogenabhängige benutzen intravenöse Nadeln. Die sind viel dicker.

Durch die Anpassung der Dosierung kann man auch übrigens die Dauer der Erektion bestimmen; sie kann durchaus eine Viertelstunde oder ein halbe Stunde anhalten, gelegentlich auch zwei bis drei Stunden, je nach Dosierung, aber auch entsprechend der Penisqualität. Männer, die aus irgendeinem Grund eine bestimmte Zeit keine Erektionen mehr hatten und deren Erektionssystem gewissermaßen eingerostet ist, können bei einem Neuanfang Probleme bekommen, aber die Erektion normalisiert sich nach einigen Selbstinjektionen regelmäßig wieder.

Selbstinjektionen können auch eine erfolgreiche Therapie gegen die Versagensangst sein. In meiner Sprechstunde saßen schon Patienten, die lange ergebnislos psychotherapeutisch behandelt wurden. Sie konnten sich aber nicht von der lähmenden Wirkung des Leistungdrucks befreien. Nach einer Reihe von Injektionen hatten sie die Erfahrung gemacht, dass sie sehr wohl noch Erektionen bekommen können, und so konnten sie ihre Angst überwinden. Wir verschreiben also ein Mittel, das über einen organischen Umweg eine psychogene Blockade aufheben kann.

Bei richtiger Anwendung der Selbstinjektionen ergeben sich also keine nennenswerten Probleme?
Es können Komplikationen auftreten. In der Frühphase der Anwendung von Selbstinjektionen haben wir relativ viele Komplikationen erlebt. Es wurden andere Mittel verabreicht als heute, und die Dosierung war nicht immer auf den einzelnen Patienten abgestimmt. Es gab auch Prostituierte, die Injektionen spritzten, und das war nicht immer von Erfolg gekrönt. Bestimmte Bordelle jenseits der belgischen Grenze hatten sich auf das Verwöhnen von Männern mit Potenzproblemen spezialisiert. Manche hatten dazu eigens Pfleger eingestellt; sie verabreichten die erforderlichen Injektionen, die natürlich nicht individuell angepasst waren. So kam es zu einer Menge Priapismen.

Was ist dieser Priapismus?
Eine schmerzhaft harte Erektion, die nicht spontan abklingt, nennen wir einen Priapismus, jedoch erst, wenn die Erektion länger als sechs Stunden andauert. Aber man kann es auch schon früher merken, denn ein Priapismus fühlt sich anders an als eine normale Erektion. Ein Priapismus ist härter. Solange man den Penis eindrücken kann, gibt es keine Probleme. Wenn nach einer Selbstinjektion eine schmerzhaft angespannte Erektion auftritt, muss man den Urologen aufsuchen. Dieser spritzt ein Antidotum, ein Mittel mit entgegengesetzter Wirkung zur Selbstinjektion, und dadurch verschwindet der Priapismus.

Ich las in »Der Pinsel der Liebe«, dass ein Priapismus ernste Folgen haben kann.
Wenn nicht rechtzeitig ein Urologe hinzugezogen wird, kann ein Priapismus zu bleibender Impotenz führen. Man hat zwar ein paar Stunden Zeit – schließlich sprechen wir

erst nach sechs Stunden von Priapismus –, aber wenn man allzu lange abwartet, wird es gefährlich. Wir erleben gelegentlich, dass sich Männer nicht trauen, zu Hause etwas über ihr Problem zu sagen, etwa weil sie eine Prostituierte besucht haben. Dann vergeht oft eine ganze Nacht, bevor sie einen Urologen aufsuchen.

Kann man dann noch etwas tun?
Bei einem Priapismus zirkuliert das Blut im Penis nicht mehr, und Blut, das nicht strömt, wird zu Blutgerinsel; ein ähnlicher Vorgang wie bei der Schorfbildung nach Verletzungen. Wenn ein Priapismus zu lange anhält, bilden sich Gerinsel in den Schwellkörpern. Dann kann man die Schwellkörper nicht mehr mit einem Antidotum entleeren. Den Schwellkörper muss man sich als eine Art Schwamm mit vielen Hohlstellen vorstellen. Sobald Blut einströmt, dehnen sich die Schwellkörper aus, und das Glied erigiert. Wenn jedoch alle Hohlstellen, die dazu noch überdehnt waren, mit Blutgerinseln gefüllt sind, ist es unmöglich, all das Blut herauszuholen. In den Schwellkörpern erfolgt eine Narbenbildung. Das Ergebnis kann die bleibende Unfähigkeit zu einer natürlichen Erektion sein.

Kann Priapismus auch ohne Selbstinjektionen auftreten?
Es gibt eine Verwandtschaft zu bestimmten seltenen Blutkrankheiten. Früher nahm man an, Priapismen seien die Folge übermäßiger sexueller Aktivität, aber nachgewiesen ist das nicht. Bevor die Selbstinjektionen aufkamen, gab es so gut wie keine Priapismen. Bei Viagra und den anderen Mitteln, die binnen absehbarer Zeit auf den Markt kommen werden, tritt Priapismus so gut wie nie auf. Das ist ein entscheidender Vorteil.

Die sexuelle Entdeckungsreise junger Menschen

Diskussionen über Jugendliche und Sex werden meist über den Kopf der Betroffenen hinweg geführt. Was halten junge Menschen selbst von Sex? Das fragte eine sechzehnjährige Patientin Bo Coolsaets ihre Freunde und Freundinnen. »Rebecca hat unter etwa fünfzig Gleichaltrigen eine Umfrage über Liebe und Sexualität gemacht«, sagt er. »Diese Initiative hat mich sehr gefreut.«

Bei Umfrageergebnissen habe ich oft so meine Zweifel.
Diese Umfrage haben die jungen Leute selbst durchgeführt. Das macht sie gerade interessant. Meiner Meinung nach werden ehrlichere Auskünfte gegeben, wenn Gleichaltrige untereinander über intime Dinge sprechen, als wenn Erwachsene die Fragen stellen. Es ist natürlich keine wissenschaftliche Studie, aber man bekommt doch einen Eindruck davon, was Fünfzehn-, Sechzehn- und Siebzehnjährige bewegt. Rebecca hat die Antworten für uns zusammengefasst, und ich halte es für lohnend, darüber zu sprechen.

Als Erstes hat sie gefragt, was sich jeder unter Sexualität vorstellt. Die jungen Leute sind der Meinung, sie sollten schon im jugendlichen Alter Sex erleben dürfen, vorausgesetzt, beide Partner sind einverstanden und haben dabei ein gutes Gefühl. Sie finden auch, dass die beiden zusammen eine gute Beziehung haben müssen, bevor es zu Sex kommt. Sie wollen, dass man sich vertraut und dass sich alles in einer liebevollen, behüteten Atmosphäre abspielt.

Bist du sicher, dass die Interviewten erst sechzehn Jahre alt sind? Manch einer braucht zehn, zwanzig Jahre, bis er sich ein so klares Bild von der Sexualität machen kann.
Unsere Generation hat tatsächlich etwas länger gebraucht, bis wir uns bewusst wurden über Liebe, Sex und was wirklich

zählt. Wenn die heutige Aufklärung dazu führt, dass auch junge Menschen so über Sex denken, sind wir vermutlich auf dem richtigen Weg.

Ist es nur eine Frage der sexuellen Aufklärung oder haben Rebecca und ihre Freunde einfach viel Erfahrung?
Im Grunde geht es um Aufklärung. Manche Erwachsene behaupten, junge Menschen wollten ihre Sexualität heute früher entdecken, aber Rebecca ist da anderer Meinung und mit ihr diese Gruppe junger Menschen. Diese Jungen und Mädchen glauben, dass vor allem das Fernsehen falsche Informationen über Jugendliche und Sex verbreitet. Sie finden auch, dass zu viel Aufhebens um Sex gemacht wird. Die Medien geben ihnen zu wenig Informationen und erwecken zu oft den Eindruck, Sex sei außerordentlich wichtig. Sie haben das Gefühl, ihnen würde das alles aufgedrängt. Sie beschreiben sich selbst als Entdeckungsreisende in Sachen Liebe und hätten es lieber, wenn die Geheimnisse der Sexualität nicht so sensationslüstern auf dem Bildschirm enthüllt würden. Sie sagen selbst, dass sie bei ihren Entdeckungsreisen sehr verletzbar sind und falsche oder einseitige Information sie nur verwirrt.

Was halten sie von Verhütungsmitteln?
Alle Befragten halten Verhütungsmittel bei Sexualkontakten für unverzichtbar. Die meisten wissen auch mehr oder weniger, wie man sie benutzt. Dennoch gibt es viele Zweifel und Missverständnisse. Offensichtlich herrscht auf diesem Gebiet doch noch ein Informationsdefizit.

Hat Rebecca in ihrer Umfrage nur Fragen zum Sex oder auch über die Liebe gestellt?
Sie hat auch über die Liebe gesprochen. Den jungen Interviewpartnern ist die Liebe sogar wichtiger als Sex. Sie wollen die Liebe, aber auch die Sexualität entdecken und spüren, dass in Bezug auf Sexualität Tabus existieren, trotz der großen Aufmerksamkeit, die das Thema in den Medien findet. Sie merken, dass es schwierig ist, einfach über Sex zu

reden. Erwachsene gehen ihrer Meinung nach zu schnell davon aus, dass man, wenn man mit jemandem zusammenwohnt, auch Sex mit ihr oder ihm hat. Sie finden in ihrer Phase des Suchens zu wenig Verständnis. Sie möchten wissen, was denn eigentlich die Liebe ist und welchen Stellenwert die Sexualität dabei hat, aber gleichzeitig suchen sie selbst erst noch ihren Platz in der Gesellschaft. Sie wollen den anderen suchen können, ohne gleich in eine feste Form des Zusammenlebens gedrängt zu werden.

Wollen sie ihre Sexualität frei ausleben können?
Ganz im Gegenteil, sie möchten lockere sexuelle Kontakte lieber vermeiden. Sie halten eine mehr oder weniger stabile Beziehung für eine wesentliche Voraussetzung und meinen, man müsse »vernünftig« bleiben.

Was halten diese jungen Leute davon, die gesetzliche Altersgrenze für sexuelle Handlungen herabzusetzen?
Sie meinen, man könne keine generelle Altersbeschränkung vorschreiben. Sie meinen, es hänge vom jeweiligen Menschen ab, ob er für Sex reif ist oder nicht, vom persönlichen biologischen und psychischen Grad des Erwachsenseins und vom Verantwortungsgefühl der Betroffenen. Meiner Meinung nach eine vernünftige Schlussfolgerung.

Ich denke nicht, dass der Gesetzgeber eine Altersuntergrenze vorschreibt, um junge Menschen mit gut entwickeltem Verantwortungsgefühl zu ärgern, sondern um junge Menschen mit einem mangelhaft entwickelten Verantwortungsgefühl vor sich selbst und anderen zu schützen.
Das stimmt, aber bei den Jugendlichen ist doch eine deutliche Entwicklung zu beobachten. Früher waren Achtzehnjährige weniger ausgeglichen, weniger reif als heute die meisten Vierzehn- oder Fünfzehnjährigen. Früher wurde die Jugend wirklich langfristig infantilisiert. Vom biologischen Standpunkt aus ist der Vorschlag, die Altersgrenze auf vierzehn Jahre herabzusetzen, nicht unvernünftig. Wenn ich lese, wie diese Gruppe Sechzehnjähriger über Sex und Liebe denkt,

neige ich dazu, der Jugend mehr Vertrauen zu schenken, als man es im Allgemeinen tut.

Wenn die Behörden ein Mindestalter vorschreiben, müssen sie auch die Verantwortung für die Aufklärung übernehmen. Wie ist es möglich, dass sich Sechzehnjährige, die laut Gesetz Geschlechtsverkehr haben dürfen, darüber beschweren, dass sie falsche oder nicht ausreichende Informationen über Verhütungsmittel bekommen?
Da läuft tatsächlich etwas falsch. Aber bei Erwachsenen stelle ich das gleiche Unwissen und das gleiche Informationsbedürfnis fest. Es ist aber immerhin eine gesunde Entwicklung, wenn junge Menschen dieses Thema selbst ansprechen und darüber Informationen verlangen.

Ich freue mich über diese Umfrage, weil ich der Ansicht bin, dass sie ein gutes Bild der realen Situation vor Ort gibt. Ärzte neigen oft zum Pathologisieren, weil sie fast ausschließlich mit Menschen konfrontiert werden, die Probleme haben.

Was ist für junge Menschen normal und was nicht?
Rebecca hat ihre Freunde gefragt, was sie unter gesunden sexuellen Kontakten verstehen. Die Antwort war: Kontakte, die auf Liebe, Achtung und Geborgenheit basieren. Man muss sich mit den Wünschen des Partners gut fühlen. Nichts sollte geplant oder erzwungen sein; sexueller Kontakt sollte ohne Leistungsdruck und ohne Druck eines Partners auf den anderen möglich sein. Der Kontakt muss allmählich aufgebaut werden können, um spätere Schuldgefühle zu vermeiden. Sie haben - und das überrascht mich ehrlich gesagt - keine Probleme mit Sadomasochismus.

Wissen sie denn, was das ist?
Keiner der Befragten hatte bereits eigene Erfahrungen mit SM, aber sie wissen sehr wohl, dass manche Menschen Schmerz als angenehm oder zumindest sexuell reizvoll empfinden.

Wie kommen Sechzehnjährige dazu, von sich aus das Thema SM anzusprechen?
Alle Zeitungen sind doch voll davon. Vor gar nicht allzu langer Zeit hatten wir noch den Fall eines Richters, der im Zusammenhang mit SM-Praktiken im Blickfeld der Öffentlichkeit stand. Da konnte man deutlich sehen, dass viele Erwachsene sich schwer damit tun, SM zu tolerieren. Zumindest hält man solche Praktiken für unvereinbar mit bestimmten öffentlichen Funktionen. Die Jugendlichen haben dafür offensichtlich mehr Verständnis, obwohl die meisten offensichtlich für sich selbst nicht - oder noch nicht - daran interessiert sind. Ausnahmen bestätigen natürlich die Regel. Ich habe eine Reihe von dreizehn- und vierzehnjährigen Patienten, die fast ausschließlich auf SM fixiert sind. Wie andere junge Menschen auf eine Entdeckungsreise zu sich selbst gehen und erste sexuelle Erfahrungen miteinander machen, sind diese Jungen - ich habe nur Jungen erlebt - ausschließlich an Schmerz als Stimulans interessiert. Weil das bereits im jugendlichen Alter, manchmal sogar schon vor der Pubertät, auftritt, kann man sich fragen, ob eine SM-Neigung vielleicht biologisch angelegt ist. Über dieses Problem wird geforscht.

Ist Sadomasochismus eine sexuelle Abweichung oder nicht?
Im sexuellen Erleben gibt es eine unglaublich große Palette an Variationen. Leichte Formen von Sadomasochismus finden sich bei fast jedem Paar. Es gibt Frauen und Männer, die gern ein wenig Schmerz erleiden.

Wann wird daraus eine Abweichung?
Die Grenze zur Abweichung lässt sich nicht leicht ziehen. Ich vermute, dass diese jungen Menschen so freimütig über SM reden, weil geringe Ausprägungen leicht zu akzeptieren und vielleicht sogar völlig normal sind. Das Schmerz- und das Lustzentrum liegen sehr nah beieinander. Was den einen schmerzt, bereitet dem anderen vielleicht Lust. Man kann also nicht pauschal über die sexuellen Vorlieben anderer urteilen. Mir scheint SM problematisch, wenn die

Achtung vor dem Partner verletzt wird, aber möglicherweise wünscht sich der andere genau dieses. Ich beobachte, dass das Interesse an SM wächst und die Anzahl der Mitglieder in SM-Clubs steigt. Die Gesellschaft sollte sich damit abfinden, dass Sadomasochismus existiert.

Du bist selbst Vater. Sind Vierzehnjährige deiner Meinung nach nicht zu jung für Sex?
Die Suche nach Liebe und Sexualität beginnt schon viel früher. Gestern erst rief mich eine besorgte Mutter an. Ihr vierjähriger Sohn steckt regelmäßig die Hände in die Hose und zieht sich manchmal auf sein Zimmer zurück. Sie rief mich an, weil sie entdeckt hatte, dass er dort mit seinem Penis spielt, und fragte mich, ob das nicht schädlich wäre, ob sie eingreifen solle.

Ein vierjähriger Junge?
Schon bei Babys kann das Glied steif werden, und es ist bekannt, dass es ihnen Lust bereitet. Das Geschlechtsbewusstsein entsteht etwa mit drei Jahren, und dann beginnt auch die Entdeckungsreise zu den Geschlechtsorganen. Das ist völlig normal, und man sollte es ruhig zulassen. Es ist normal, dass sich Jungen für ihren Penis interessieren, Doktorspiele machen und wissen wollen, wie ein Mädchen aussieht. Erwachsene finden das manchmal pervers, aber es sind ganz normale Entwicklungen, gegen die man allerdings vor noch nicht allzu langer Zeit schreckliche Maßnahmen ergriff.

Wie bei der Onanie.
Die Reaktionen, die man damals zu hören bekam! Weißt du, man hat die merkwürdigsten Instrumente entwickelt, um die spontanen Erektionen, die jeder Junge von Geburt an hat, zu unterdrücken. Du kennst vielleicht die so genannten Penisringe. Diese Ringe haben innen scharfe Haken und werden über den Penis geschoben. Wenn der kleine Penis dicker wurde, zwickten die Häkchen, um eine Erektion zu verhindern und das Onanieren unmöglich zu machen. Es

gab Rüstungen, bei denen der Penis in einen Köcher gesteckt wurde; dann konnte ein Junge nicht mehr onanieren, weil er den Penis einfach nicht mehr anfassen konnte. Und auch wenn es nicht so schrecklich zuging, kamen Mütter nachts ins Zimmer, um nachzusehen, ob die Kinder im Schlaf die Hände auch brav auf der Zudecke liegen hatten.

Gibt es also keine Situationen, in denen sich Eltern Sorgen machen müssen?
Manche Menschen kultivieren die Selbstbefriedigung, sie masturbieren fünf-, sechs-, siebenmal am Tag. Mir erscheint das nicht richtig, aber wenn der Wunsch besteht, kann man so etwas nur schwer unterbinden. Zuerst wird man den Grund für die häufige Masturbation herausfinden müssen.

Ist denn nicht immer Lust der Grund?
Wir haben schon erwähnt, dass manche Erwachsene immer wieder Orgasmen erleben wollen, um ihre Ängste zu verdrängen. Das gibt es auch bei jungen Menschen: Lernschwierigkeiten, schlechte Schulergebnisse, ein gespanntes Verhältnis zu den Eltern - es gibt viele Gründe, weshalb junge Menschen übermäßig onanieren. Das Masturbieren an sich ist kein Problem, aber es kann der Ausdruck eines echten Problems sein. Deshalb muss man sich damit auseinander setzen, und zwar nicht durch ein Verbot, denn wenn die Jugendlichen nicht masturbieren können, werden die Ängste vielleicht auf andere Weise bekämpft. Ich muss nur auf die große Anzahl von Selbstmordversuchen junger Menschen hinweisen. Du verstehst, Masturbieren einfach zu verbieten, das kann durchaus ein Fehler sein. Ich denke auch, dass es schwierig ist, bei den eigenen Kindern herauszufinden, ob und welche Probleme sie haben. Aber wir sprechen jetzt auch von extremen Fällen. Dass ein Kind ab und zu masturbiert, ist völlig normal.

Identitätsbildung und Paraphilie

Dieses Mal wollen wir uns über Paraphilie unterhalten – d. h. über Abweichungen, bei denen das Objekt des sexuellen Interesses anders ist als im Normalfall. Bevor wir darauf näher eingehen, gibt Bo Coolsaet ein grundsätzliches Statement ab: »Wie wir uns in unserer Beziehung fühlen, wie wir Sexualität erleben, sogar wie wir unser Leben führen, ist von unzähligen Faktoren abhängig, die manchmal auf die allerersten Stunden in der Gebärmutter zurückgehen. In diesem gesamten Prozess kann so viel schief gehen, dass man von einem Wunder sprechen kann, überhaupt normale Menschen auf der Welt zu finden.«

Wer bestimmt, was normal ist?
Seit Freud wurden zahlreiche tiefenpsychologische Untersuchungen durchgeführt und unzählige Theorien entwickelt. Ein Großteil unseres Wissens und unserer Annahmen basiert auf langwierigen, tiefgehenden Untersuchungen von Problemfällen. In der Psychoanalyse von Mitmenschen, die mit ihrer Art, zu leben, zu fühlen oder sexuell aktiv zu sein, nicht zufrieden sind, entdecken Psychoanalytiker Abweichungen. Daraus schließen sie dann zurück auf die Norm. Es handelt sich um eine sehr komplexe Materie. Denken wir nur an die Diskussion über die Herabsetzung der sexuellen Volljährigkeit. Sie beweist meiner Meinung nach die Ohnmacht der Erwachsenen. An allen Exzessen, die publik werden, fühlen sie sich schuldig, sind aber offensichtlich nicht in der Lage, junge Menschen ausreichend zu informieren oder ihre eigenen Kinder so zu erziehen, wie es notwendig wäre. Beim Gedanken an die von Rebecca befragten Jugendlichen und deren Umgang mit der Sexualität und der Liebe könnte man sich fragen, wer hier wen beschützen muss. Hätten wir selbst anders gelebt, dann hätte ein Teil der Jugendlichen heutzutage möglicherweise weniger Probleme.

Können wir unsere Kinder denn ohne feste Regeln erziehen?
Versteh mich nicht falsch, ich möchte unserer eigenen Generation auch keine Schuldgefühle einreden. Ich versuche nur, Anknüpfungspunkte zu finden, über die jeder für sich nachdenken kann. Dem wird dann hoffentlich eine bessere Erziehung folgen.

Kann sich das Individuum tatsächlich ändern? Viele Eigenschaften sind doch angeboren?
So etwas sollte man nicht vorschnell behaupten. Ich habe bereits erläutert, dass bestimmte Aspekte unseres Verhaltens erlernt sind, wir aber auch von unseren Vorfahren eine ganze Palette von genetischen Eigenschaften ererbt haben. Schon unser genetisches Mosaik ist außerordentlich kompliziert und völlig unberechenbar. Die Gene selbst ändern sich zwar nicht, wohl aber ihre Kombination. Daneben gibt es noch psychologische Aspekte, die teils ererbt sind, aber zum größten Teil von unseren Beziehungen zu anderen bestimmt werden. Der Gesamtkomplex erblicher, biologischer und psychologischer Aspekte zeigt bereits die enormen Möglichkeiten individueller Entwicklung. Er sagt aber auch viel über die ständige Gefahr, dass etwas schief läuft.

Wir alle haben eine Vorstellung vom normalen Leben, von der guten Beziehung, von der normalen Sexualität, und so weiter. Aber es gibt so viele andere Entwicklungsmöglichkeiten, die einem seltsam vorkommen mögen, weil man diese Gefühle nicht kennt und sie vielleicht sogar ablehnt. Beispielsweise die Pädophilie. In unserer Kultur ist diese sexuelle Variante absolut inakzeptabel. Früher wurde Homosexualität genauso verketzert wie heute Pädophilie, und in manchen Ländern ist das immer noch so. Bei uns ist Homosexualität inzwischen allgemein akzeptiert, weil wir diese sexuelle Präferenz inzwischen besser verstehen. Ich glaube sowieso, im Grunde sind wir alle bisexuell veranlagt.

Wie bitte? Biologisch gesehen können wir doch nur heterosexuell sein.

Ich will versuchen zu erklären, was ich meine. Wir alle haben ein biologisches Geschlecht, aber es gibt auch so etwas wie ein »Gender-Bewusstsein«, ein Geschlechtsbewusstsein, das bestimmt, ob wir uns als Mann oder Frau fühlen. Ein Mann kann alle biologischen Merkmale eines Mannes aufweisen und dennoch ein anderes Geschlechtsgefühl, eine andere Geschlechtsidentität, besitzen. Darauf komme ich noch zurück. In der Gebärmutter machen sich die ersten Einflüsse auf das Kind bemerkbar. Wenn das Kind die Gebärmutter verlässt, beginnt das große Schachspiel. Ein unglaublich prekäres Schachspiel, in dem kleine Elemente eine ausschlaggebende Rolle für die Entwicklung eines Kind spielen können. Ich nenne das die Chaostheorie.

Nach dieser Theorie sind, auf der Grundlage bestimmter Fakten, unendlich viele Entwicklungen möglich. Kleine, kaum noch zu rekonstruierende Einflüsse können die Entwicklung wesentlich mitbestimmen. Der Flügelschlag eines Schmetterlings in China kann in Peru einen Orkan auslösen. Aber die Chaostheorie trifft auch auf Menschen zu. Manchmal fragt man sich, wie es kommt, dass ein Mensch ausgerechnet zu dieser Person geworden ist. Niemand kann sich bewusst an entscheidende Vorfälle oder Ereignisse erinnern. Die Eltern haben immer als normales Paar gelebt. Sie haben das Kind immer ganz normal geliebt. Und dennoch, durch eine Kleinigkeit entwickelt sich ein Kind in eine bestimmte Richtung. Wir müssen einsehen, dass sogar aus der Verbindung zweier Heiliger ein Krimineller hervorgehen kann.

Es ist also nicht immer die Schuld der Eltern, wenn etwas schief geht.

Eltern müssen sicherlich nicht ständig mit Schuldgefühlen leben. Dennoch trägt jeder, der für ein Kind sorgt, eine riesige Verantwortung. Ich sage absichtlich, »jeder, der für ein Kind sorgt«, weil es nicht immer die Eltern sein müssen. Ich hoffe natürlich, dass Eltern, die beide ganztags außer Haus arbeiten, ihre Stellvertreter sorgfältig aussuchen. Die ersten intimen Kontakte eines Kleinkindes sind mit bestimmend für sein späteres Leben. Was aus einem Kind wird, hängt von den ersten Kontakten ab, von der Erziehung und vor allem von den soziokulturellen Bedingungen, unter denen es aufwächst. Der zweite große Sprung in der Entwicklung eines Individuums ist die Pubertät. Die hormonelle Eruption in dieser Zeit ist für das Verhalten von Jungen wie Mädchen mit ausschlaggebend. Warum und wie die Hormone wirken, ist noch nicht völlig klar, aber in der Pubertät tritt etwas ein, was in der körperlichen und geistigen Entwicklung einen Riesensprung bedeutet.

Wenn ich mir meine heranwachsenden Kinder ansehe, habe ich nicht gerade den Eindruck, dass man nach dem Eintritt in die Pubertät noch viel steuern kann.
Jetzt gehen wir zu schnell vor. Um die Position des Mannes und der Frau und die grundlegenden Gefühle des Mannes gegenüber der Frau zu verstehen, muss man wissen, dass sich eine befruchtete Eizelle immer zuerst als weibliche Zelle entwickelt. Erst später wird die weibliche Veranlagung zurückgedrängt. Das Y-Chromosom produziert männliche Hormone, und erst danach kann ein Junge entstehen. Im Grunde sind alle befruchteten Eizellen zunächst weiblich; Jungen entwickeln sich auch aus der weiblichen Zelle.

Ist der Mann sozusagen eine Abweichung der Frau?
Was für ein schrecklicher Gedanke. Ich möchte es so formulieren, dass sich Jungen aus Mädchen entwickeln. Das allein sollte schon ausreichen, die männlichen Ansprüche auch auf diesem Gebiet etwas zu bändigen. Bei niederen Tierarten wird das Verhalten durch erbliche Faktoren bestimmt, durch die Gene und die später produzierten Hormone. Bei höheren Affenarten und beim Menschen ist das Verhalten zum Teil erlernt. Für Affen ist der Kontakt mit der Mutter ungeheuer wichtig, noch mehr gilt das für den Menschen. Bei Primaten ist sogar das Paarverhalten erlernt, bei niederen Tierarten instinktiv. Primaten und Menschen müssen Kontakt zu ihresgleichen haben, zu denen, die sie gezeugt

haben oder sie aufziehen, und dabei kann alles Mögliche in die falsche Bahn geraten.

Man kennt das Phänomen männlicher Transsexueller: Menschen, die zwar ein männliches Aussehen haben, sich aber als Frau fühlen. Die Tiefenpsychologie lehrt uns, dass männliche Transsexualität am häufigsten bei Jungen auftritt, deren Mutter eine relativ ausgeprägte bisexuelle Komponente hatte und deren Vater entweder schwach oder oft abwesend war. Unbewusst identifizieren sich diese Jungen mit der Mutter, während sie den Vater abweisen. Sie werden gewissermaßen weiblich.

Und weibliche Transsexuelle, Frauen, die sich als Mann fühlen?
Diese Form entsteht meist, weil ein Mädchen die Rolle des abwesenden Vaters übernimmt. Bei Jungen wie bei Mädchen kann die Ursache der Transsexualität also in der physischen, mentalen oder emotionalen Abwesenheit des Vaters liegen. Das bringt uns zur Bedeutung, die die Anwesenheit des Vaters hat. Der Vater muss unter anderem präsent sein, um seinem Sohn die Möglichkeit zu geben, sich mit ihm zu identifizieren, und gleichzeitig der Tochter die Möglichkeit zu nehmen, sich als seine Stellvertreterin zu betrachten. Wahrscheinlich ist die »Abwesenheit« des Vaters einer der Gründe, weshalb so viele junge Menschen in ihrer Entwicklung auf dem Weg in die Erwachsenenwelt Schwierigkeiten haben. Die Anwesenheit und das Verhalten der Eltern sind also sehr wichtig für die Entwicklung der Geschlechtsidentität. Wir können uns nicht vorstellen, wie wichtig es ist, ein Kind in den Arm zu nehmen, was es bedeutet, einfach da zu sein. Wichtiger als ihr Tun ist nämlich, wer die Eltern sind und wie sie sich verhalten.

Wie meinst du das?
Angenommen, der Vater ist krank und übernimmt deshalb im Haus die sogenannte Mutterrolle, während die Mutter außer Haus das Familieneinkommen verdient. Für die Entwicklung der Geschlechtsidentität eines Kindes spielt die

Tatsache, dass sich die Eltern anders verhalten als in der »klassischen« Familie, offensichtlich keine Rolle. Ein Vater muss kein Macho sein, und die Mutter darf eine Rolle übernehmen, die normalerweise eine männliche ist. Das stört die Identitätsbildung eines Kindes keineswegs. Meiner Meinung nach ist das für unsere heutige Gesellschaft eine wichtige Aussage.

Wahrscheinlich sind Jungen und Mädchen in der Mutter-Kind-Beziehung vom allerersten Moment an schon ein wenig bisexuell. Es gibt unterschiedliche Theorien zur Entstehung von Transsexualität, Travestie und Homosexualität. Die Aussagen in der Fachliteratur widersprechen sich häufig. Die Wahrheit ist also längst nicht erwiesen, aber es zeichnen sich interessante Denkmodelle ab. Fest steht mehr oder weniger, dass die Unterschiede zwischen Jungen und Mädchen, oder zwischen Männern und Frauen, weniger groß sind als im Allgemeinen angenommen wird. Männer und Frauen ähneln sich mit anderen Worten mehr, als man im Alltag vermuten sollte.

Spielen wir denn alle eine Rolle?
Unbewusst spielen wir eine Rolle, die uns von der Erziehung, dem schulischen Umfeld und den soziokulturellen Bedingungen vorgegeben wurde. Diese Elemente drängen uns in eine bestimmte Richtung. Angesichts der Veränderung der Mann-Frau-Beziehung und der Verlagerung der Rollenverteilung zwischen den Geschlechtern kann man sich fragen, was eigentlich typisch männlich bzw. typisch weiblich ist. Das weibliche Geschlecht ist mit ziemlicher Sicherheit verbal kompetenter. Der Frau fällt es leichter zu reden, der Mann ist in visueller und mathematischer Hinsicht stärker und auch besser im räumlichen Denken. Aus Untersuchungen geht hervor, dass diese Begabungen möglicherweise genetisch bedingt sind. Uns selbst gebührt also kein Verdienst. Sehr viel anderes, worüber wir bereits gesprochen haben – wie männliche Dominanz, weibliche Schüchternheit, die Angst des Mannes, die soziale Kompetenz der Frau –, ist wahrscheinlich angelernt.

Dennoch kann ein Charakterzug sich aus einem anderen entwickeln. Der Mann ist sicher aggressiver als die Frau. Das ist auch bei den Primaten der Fall. Die Primaten haben, im Gegensatz zu uns, keine Erziehung genossen und können daher auch nicht gebildet oder verbildet sein. Die Aggressivität birgt jedoch trotzdem sekundäre Merkmale, wie die Dominanz. Sie ist kein primäres Merkmal des Mannes, sondern Folge seiner größeren Aggression. So können auch die sozialen Fähigkeiten der Frau eine Folge ihres verbalen Talents sein. Hormone haben auch einen gewissen Einfluss.

Darüber haben wir bisher noch nicht gesprochen.
Aufgrund von Krankheitsbildern haben wir einiges Wissen. Manche Mädchen entwickeln eine Geschwulst der Nebennieren, in denen auch männliche Hormone gebildet werden. Sie haben also zu viele männliche Hormone im Blut und verhalten sich dadurch wie Jungen. Sie spielen gewissermaßen mit Autos und nicht mit Puppen. Gelegentlich macht man die Erziehung dafür verantwortlich, wenn Jungen aggressive Spiele spielen, aber es hat sich herausgestellt, dass das nicht der Fall ist. Ein Großteil des typischen Jungenverhaltens ist hormonell bedingt. Wenn die Eltern ihrer Tochter eine Puppe geben und ihrem Sohn einen Revolver, entsprechen sie den natürlichen Verhaltensweisen der Kinder, betonen sie sogar noch, aber sie bestimmen sie nicht.

Es gibt aber auch Jungen, die mit Puppen spielen. Haben diese Jungen eine hormonelle Störung?
Nicht unbedingt. Ich sagte schon, dass wir wahrscheinlich alle von Anfang an ein wenig bisexuell veranlagt sind. Deshalb ist es logisch, dass viele Jungen irgendwann auch einmal wissen wollen, wie es ist, ein Mädchen zu sein, und sich dann fast wie Mädchen verhalten.

Wie kommt es, dass der eine Junge der größte Wildfang ist und der andere am liebsten seiner Puppe die Flasche gibt?
Mädchenhaftes Verhalten bei Jungen kommt nachweislich am häufigsten bei klugen Jungen vor, die sich nicht mit

ihrem Vater identifizieren können. Solche Probleme entstehen, weil der Vater nicht oder kaum da ist. Oder er ist zwar anwesend, aber nicht als väterliche Autorität. Mädchenhaftes Verhalten von Jungen tritt auch bei Söhnen überbesorgter Mutter öfter auf. Diese Söhne identifizieren sich auf Dauer mit der Mutter. Dadurch nimmt ihre Persönlichkeit weibliche Aspekte an. Auch Mütter, die ihren Sohn aus irgendwelchen Gründen zu weiblich kleiden, können damit die spätere Entwicklung ihres Kindes sehr stark beeinflussen.

Meinst du also, dass diese Jungen von der Mutter homosexuell gemacht werden?
Das muss nicht sein. Mädchenhaftes Verhalten bei Jungen kann zu einem »allgemeinen homosexuellen Gefühl« führen. Das heißt aber noch lange nicht, dass die Gefühle eines solchen Jungen im späteren Leben einem Mann gelten müssen. Wenn die Wahl auf ein Liebesobjekt fällt, das von der Gesellschaft nicht als normal angesehen wird, sprechen wir von Paraphilie. Paraphile haben also ein Problem mit der Objektwahl; das Liebesobjekt kann ein anderer Mann, eine andere Frau, womöglich ein Tier sein. Aber ein allgemeines homosexuelles Gefühl bedeutet nicht, dass ein Mann mit weiblichen Zügen per se homosexuell werden muss.

Willst du damit sagen, dass ein homosexuell veranlagter Mensch nicht unbedingt homosexuell ist?
Ja, in etwa. Mehr und mehr Männer sind sich einer gewissen Zuneigung zu anderen Männern bewusst und wagen es, sich offen dazu zu bekennen. Zuneigung zu einem anderen Mann muss aber nicht unbedingt heißen, dass man diesen Mann auch sexuell begehrt. Das möchte ich mit »allgemein homosexuelles Gefühl« ausdrücken. Ich halte dies für eine positive Entwicklung. Die Liebe nimmt der Aggression zwischen Männern untereinander die Schärfe. Diese Entwicklung können wir doch nur begrüßen.

Wenn die Weichen schon so früh gestellt werden – was wissen wir denn aus der Wissenschaft über die Sexualität von Kindern?
Es gibt sehr interessante Studien. Es ist faszinierend zu erfahren, wie Kinder ihre Sexualität erleben bzw. erleben würden, gäbe es keine Tabus und keine Gesetze. Man hat bei uns und auch bei primitiven Völkern zu rekonstruieren versucht, wie das normale sexuelle Verhalten von Kindern eigentlich aussehen würde. Die Ergebnisse der Studien sind wirklich bemerkenswert. Dabei hat sich herausgestellt, dass Jungen schon vom sechsten oder siebten Lebensmonat an richtige sexuelle Spiele spielen.

Lebensmonat?
Ja. Sie empfinden offensichtlich schon sehr früh ein Lustgefühl, wenn sie mit ihren Geschlechtsorganen spielen. Mädchen fangen damit etwas später an, im zehnten, elften Monat. Vom sechzehnten Monat an kommt bei Jungen wie bei Mädchen eine Art Masturbation vor. Das sind die Ergebnisse seriöser wissenschaftlicher Studien. Höchst bemerkenswert ist auch der Einfluss des kulturellen Umfeldes. Kinder aus den unteren sozialen Klassen – ich benutze diesen Terminus, ohne damit irgendein Werturteil zu verbinden – beginnen früher zu masturbieren und tun es auch öfter als Kinder aus höheren Klassen. Es wundert mich, dass die Umwelt schon in diesem Alter die sexuelle Entwicklung beeinflusst, noch bevor das Kind sich seiner Geschlechtlichkeit überhaupt bewusst ist.

Bei Menschen wie bei Primaten ist das sexuelle Verhalten in erheblichem Maße die Folge eines Lernprozesses, der überwiegend durch die Mutter-Kind-Beziehung bestimmt wird.

Man hört heute Eltern klagen, sie würden es nicht einmal mehr wagen, ihre Kinder in den Arm zu nehmen.
Gerade weil ein Kind so verletzlich ist, dürfen wir keine Pathologisierung der Eltern-Kind-Beziehung zulassen. Heute ist man leider dazu geneigt, fast hysterisch zu reagieren

und den normalen, liebevollen Umgang von Eltern mit ihren Kindern als etwas Krankhaftes anzusehen. Wenn man beobachtet, wie eine Mutter ihren kleinen Sohn in den Arm nimmt, wie sich die Haut der beiden berührt, dann ist das tatsächlich eine Art Verführungsmanöver, aber deshalb muss man noch lange nichts Verdächtiges dahinter suchen. Ganz im Gegenteil, dieser Kontakt ist für die gesunde Entwicklung des Kindes unglaublich wichtig.

Denn die Tiefenpsychologie lehrt uns, dass wir durch uns selbst, aber auch durch die anderen, mit denen wir uns identifizieren, zu der Person werden, die wir sind. In unserem Persönlichkeitsprozess gibt es zwei Faktoren, die entscheiden, in welcher Weise wir uns entwickeln. Da ist zum einen der erbliche Faktor, der ganz in uns liegt. Aber wir sind auch diejenigen, die wir sind, weil wir uns mit anderen identifizieren. Wir sind also teilweise auch der Andere. Unter dem »Anderen« verstehe ich alle Menschen, die in unserem Leben eine wichtige Rolle spielen. Für die meisten Menschen sind das die Eltern und die Person, zu der man eine Liebesbeziehung hat. Wir identifizieren uns mit dem Vater und mit der Mutter. Das bedeutet, dass sie ein Teil unserer eigenen Persönlichkeit sind. Wir sind auch ein bisschen die Person, die wir lieb haben. Diesen Identifikationsprozess kennt vermutlich jeder von sich selbst. Ebenso die beiden entgegengesetzten Pole, mit denen wir im Lauf unserer Entwicklung konfrontiert werden.

Welche Pole meinst du?
Die Pole des Guten und des Bösen. Die Person, die uns erzieht, unseren Partner oder die Person, mit der wir leben, sehen wir entweder als Engel oder als Teufel. Man sollte einmal sein eigenes Leben oder das von Freunden und Bekannten betrachten. Wie oft kommt es in einer Beziehung vor, dass der andere in den Augen seines Partners nichts falsch machen kann – und plötzlich kippt dieses engelgleiche, göttliche Gefühl, der Engel wird zum Teufel, und der Partner macht auf einmal alles falsch? In jeder Beziehung kann ein Mensch plötzlich schrecklich verärgert sein und sogar wü-

tend werden auf die geliebte Person. Wut ist meist ein Mittel zur Entladung der Aggressivität, um sie unschädlich zu machen.

Bei Scheidungen erlebt man, wie zwei Personen, die jahrelang voller Bewunderung füreinander zusammengelebt haben, urplötzlich kein gutes Haar mehr aneinander lassen. Dieselben Menschen wie zuvor, aber plötzlich ist alles, was früher gut war, schlecht geworden. In jedem von uns leben ständig Anbetung und maßlose Wut. Wir müssen lernen, mit dem Engel und mit dem Teufel zu leben - und mit der Tatsache, dass Gefühle plötzlich ins Gegenteil umschlagen können.

Bedeutet das auch, dass man sich nicht mehr liebt?
Ich bin überzeugt, dass viele Leser gelegentlich die Erfahrung machen, aus heiterem Himmel ihren Partner nicht mehr ertragen zu können, dass alles an ihm sie ärgert. Das ist völlig normal, und man sollte darüber Bescheid wissen. Sonst kann die plötzliche Verstimmung dazu führen, dass man sich dauerhaft voneinander distanziert, dass Kälte aufkommt und man schließlich die Wärme, die man früher bei seinem Partner fand, woanders sucht.

Dann ist man eigentlich wieder auf Suche nach dem Engel im anderen, während in jedem anderen auch ein Teufel steckt.
Das ist es eben. Jeder von uns hat ein Idealbild, bei dem alles am anderen gut ist, und ein Bild des Teufels, bei dem alles am anderen schlecht ist. Ich habe bereits erwähnt, dass wir eigentlich alle bisexuell sind, und zwar zum Teil, weil wir uns mit dem Objekt unserer Liebe identifizieren. Wir sind nicht nur, wer wir sind; wir sind auch der, den wir lieben. Ein Mann, der eine Frau liebt, ist also teilweise diese Frau.

Ein Mann, der einen Mann liebt, wäre dann männlicher als ein heterosexueller Macho.
Das ist eine hübsche Idee, aber es gibt so viele verschiedene Rollenmuster im Rahmen der Homosexualität, dass dies

nur eine der möglichen Interpretationen sein kann. Die Identifikation mit dem Partner ist auch nicht die einzige. Bei Kindern ist die Bisexualität, von der wir nun sprechen, sehr deutlich ausgeprägt. Ein kleines Mädchen erlebt seine erste Liebesbeziehung mit seiner Mutter, die auch eine Frau ist. Ein Junge identifiziert sich mit der Mutter, mit der er seine erste Liebesbeziehung erlebt, aber auch mit dem Vater, der mit der Mutter eine Liebesbeziehung hat. Er identifiziert sich also mit beiden Liebespartnern. Welche Rolle seine Entwicklung dominiert, wird mitbestimmend für seine sexuelle Präferenz sein. Der Einfluss all dieser Identifikationsprozesse auf spätere Beziehungen darf keineswegs unterschätzt werden. Wir haben das Gute und das Böse, aber auch auf einer anderen Ebene macht sich der Mann ein doppeltes Bild von der Frau.

Wie denn?

Ein normaler Mann sieht seine Frau immer ein wenig als Maria und als Eva, als Jungfrau und gleichzeitig als Hure. Einerseits gibt es im Liebesszenario die Anbetung einer Frau als Madonna, andererseits in ihrer Rolle als verführerische Geliebte. Das Hurenbild ist also in der Liebe ebenfalls von Bedeutung. Über Huren sollten wir uns deshalb auch einmal unterhalten.

Von Huren und Dirnen

»Die prinzipielle Frage lautet, ob Prostitution der Gleichwertigkeit von Mann und Frau zuwiderläuft«, antwortet Bo Coolsaet auf meine Frage, was er von der Prostitution halte. »Wird eine Frau erniedrigt, wenn sie für Sex bezahlt wird? Reduziert die Prostitution sie von einem gleichwertigen Individuum auf ein käufliches Objekt? Das glaube ich nicht. Die meisten Prostituierten, die ich kenne, üben ihren Beruf sehr bewusst aus. Sie verschaffen Männern gegen Entgelt Lust und schöpfen daraus ein Machtgefühl. Wenn eine Frau sich aus freien Stücken dafür entscheidet, ist sie dem Mann, der sie für den Geschlechtsverkehr bezahlt, zumindest gleichwertig.«

Aber nicht alle Frauen sind aus freien Stücken zur Prostitution gekommen.
Wenn Frauen und Mädchen unter falschen Versprechungen angelockt, mit Drogen voll gepumpt und zum Sex mit zahlenden Kunden gezwungen werden – und obendrein das Geld anschließend auch noch sofort abgeben müssen –, dann hat man es nicht mit bezahltem Sex, sondern mit organisierter Kriminalität zu tun. Dagegen muss natürlich vorgegangen werden. Diese Frauen sollte man nicht Prostituierte nennen; sie sind Opfer krimineller Organisationen.

In Schweden ist die Prostitution seit kurzem verboten, weil es für die Frau eine Erniedrigung sein soll.
Wenn es sich um eine freie Entscheidung handelt, kann Prostitution für eine Frau gar nicht erniedrigend sein. Ich fürchte, dass Männer nach einem Verbot der Prostitution andere Wege zur Erfüllung ihrer Wünsche finden würden. Die Gefahr ist groß, dass dann eine unkontrollierbare Situation entsteht. Denn im Rotlichtviertel wird kontrolliert. Frauen, die von Beruf Prostitutierte sind, kennen die

gesundheitlichen Risiken und begrenzen diese auf ein Minimum. Das ist im Interesse der Hure und zugleich im Interesse der Männer, die ihre Dienste in Anspruch nehmen. Mir gefällt das Wort »Hure« übrigens nicht. Andererseits ist mir der Begriff Prostituierte zu abgehoben. »Dirnen« finde ich eine schöne, sinnliche Bezeichnung für diese Frauen.

Was bringt einen Mann dazu, sich an eine »Dirne« zu wenden?
Es gibt viele Gründe, weshalb Männer zu den Dirnen gehen. Es gibt Gelegenheitskunden, die beim abendlichen Treffen mit Freunden einmal entdecken wollen, was hinter den Gardinen vor sich geht. Das ist eine normale Neugier. Manche gehen hinein, unterhalten sich ein wenig und kommen dann wieder heraus. Es geht schließlich nicht nur um sexuelle Kontakte.

Bist du da ganz sicher? Prostituierte posaunen immer gern heraus, dass sie mit ihren Kunden mehr reden als Sex betreiben. Ich habe dann immer den Verdacht, dass sie ihren Beruf schöner darstellen wollen, als er ist.
Unter meinen Patientinnen sind auch Prostituierte, und ich unterhalte mich gern mit ihnen. Ihr Leben fasziniert mich. Hinter den Gardinen wird tatsächlich weitaus mehr geredet, als man denkt. Ich möchte auch mit dazu beitragen, dass diese Frauen weniger an den Rand der Gesellschaft gedrängt werden. Deshalb habe ich unter anderem an einem Schweizer Buch über Prostituierte mitgearbeitet. Eigentlich sollte man Prostitution als einen normalen, moralisch unbelasteten Beruf betrachten. Auch an dem Bedürfnis mancher Männer, Prostituierte aufzusuchen, ist nichts Anrüchiges.

Sind es nur Zufallskunden in Feierabendlaune, die Prostituierte aufsuchen?
Ganz anders als die neugierigen Männer, die nur gelegentlich hineinschauen, gibt es auch Männer, die immer die gleiche Dirne aufsuchen. Oft sind das einsame Männer, die mit dieser Frau hauptsächlich reden. Sie entwickeln eine emo-

tionale Bindung zu ihr. Nach einiger Zeit bekommt die Frau eine Funktion im Leben dieser Männer. Unter den treuen Kunden sind auch solche, die gar kein Interesse am sexuellen Kontakt haben, die wirklich ausschließlich reden wollen.

Warum sollte man für ein Schwätzchen zahlen?
Gute Prostituierte können mit Männern umgehen, sie zu einem guten Gespräch motivieren. Sie hören bereitwillig zu, und so kann der Kunde in Ruhe seine Geschichte erzählen. Manche Männer können das unter Kollegen, bei einem Bier an der Bar. Andere Männer können sich in Anwesenheit von Geschlechtsgenossen nicht so gut äußern und wagen es im Alltag nicht, eine Frau anzusprechen. Für sie ist es eine gute Lösung, sich gelegentlich eine Stunde mit einer Prostituierten zu unterhalten. Eine solche Frau ist eine Art Therapeutin. Was sie macht, kann für den Mann, und vielleicht sogar für die Gesellschaft sehr nützlich sein.

Handelt es sich dabei meist um allein stehende Männer?
Sehr häufig handelt es sich um verheiratete Männer, die mit ihrer festen Partnerin bestimmte Aspekte des Lebens oder bestimmte Wünsche nicht besprechen können. Dann gehen sie zu einer Frau, die dafür ein offenes Ohr hat. In solchen Fällen lässt sich ein Bordell am besten mit dem früheren Beichtstuhl vergleichen: Man bleibt anonym, man kommt beinahe erlöst wieder heraus, und es gibt auch eine Art Beichtgeheimnis. Was in einem Bordell gesagt oder getan wird, gelangt nur selten an die Öffentlichkeit.

Gibt es auch untreue Stammkunden?
Manche Männer sind im Rahmen der bezahlten Sexualität treu, andere sind dabei fast promiskuitiv. In bestimmten Kreisen gehört es zur Tradition, nach einem erfolgreichen Geschäftsessen ins Bordell zu gehen. Unternehmen kennen oft die sexuellen Vorlieben ihrer wichtigen Kunden. Das können sehr spezifische Wünsche sein. Beispielsweise habe ich von einem Geschäftsmann gehört, der jeden Monat ein

anderes Mädchen haben möchte, aber es muss bestimmte Maße und sogar eine spezifische Busenform haben. Dafür wird dann gesorgt. In der Geschäftswelt ist es nicht unüblich, auf diese Weise Kundenbeziehungen zu pflegen.

Seine Frau wird sich darüber doch kaum freuen.
Es sind oft viel beschäftigte Männer, die selten zu Hause sind. Ihre Ehe gleicht eher einem Wirtschaftsvertrag. Diese Männer kompensieren ihre Abwesenkeit, indem sie ihren Frauen zu Wohlstand und Status verhelfen. Sie zahlen für alles: für Liebe, wenn man in solchen Beziehungen von Liebe sprechen kann, und für Sex. Solche Bordellgänger neigen dazu, die Macht des Geldes zu genießen. Ich habe mehr Achtung vor dem einsamen Mann, der zu den Dirnen geht.

Ist so ein Geschäftsmann nicht ehrlicher gegenüber der Prostituierten als gegenüber seiner Frau?
Die meisten Frauen, die sich in einer solchen Situation befinden, wissen meines Erachtens sehr wohl, was Sache ist. Weil in diesen rein ökonomischen Ehen von einer emotionalen Bindung sowieso kaum die Rede sein kann, gibt es nicht einmal mehr Eifersucht. Die Frau kann sich alles leisten, was sie nur möchte. Dafür akzeptiert sie, dass ihr Mann seine sexuelle Befriedigung anderswo sucht. Es kommt zu häufig vor, als dass man glauben könnte, die Frauen wüssten von nichts.

Unterscheidet man noch weitere Kategorien von Bordellbesuchern?
In einer Hafenstadt wie zum Beispiel Antwerpen gibt es natürlich auch die Gruppe gezwungenermaßen einsamer Männer, wie zum Beispiel die Matrosen. Aber es sind nicht nur die Matrosen. Priester werden zum Zölibat gezwungen und haben genau wie jeder andere Mensch ihre Begierden. Das kommt gelegentlich ans Licht, wenn ein Priester oder Mönch beim Geschlechtsverkehr in einem Bordell stirbt. Ich nenne das den lila Tod, seit es einen französischen Kardinal erwischt hat.

Es gibt auch behinderte Menschen, denen Prostituierte helfen können. Es wird in dieser Hinsicht zu wenig getan, obwohl niemand dagegen moralische Einwände erheben kann. Für Menschen mit bestimmten Behinderungen ist manuelle Befriedigung die einzig mögliche Form körperlicher Lust. Warum sollte man sie ihnen verwehren?

Voriges Jahr gab es eine Fernsehsendung über die Sexualität geistig behinderter Menschen. Einer der Männer wurde von einer Prostituierten besucht, damit er zum ersten Mal in seinem Leben Geschlechtsverkehr haben konnte. Freunde, mit denen ich über die Sendung sprach, fragten sich, ob dieser Mann danach nicht größere Probleme hatte als zuvor.

So viele andere Möglichkeiten haben diese Menschen nicht. Man kann versuchen, mit einer chemischen Therapie den Geschlechtstrieb zu dämpfen. Man kann hoffen, dass eine Art spontane Askese entsteht, wenn man diese Menschen von sexuellen Reizen abschirmt - oder man sucht eben eine Lösung für den Geschlechtstrieb, der sich bei geistig Behinderten auch noch oft in abweichender Form äußert. Ich bin davon überzeugt, dass Prostituierte für diese Menschen nützliche Arbeit leisten könnten. Auch für Todkranke kann es eine große Befreiung sein, noch einmal sexuell befriedigt zu werden.

Wäre das ebenfalls eine Aufgabe für Prostituierte?

Bei der Versorgung von Terminalpatienten findet bei uns die Sexualität zu wenig Beachtung. Das Thema kann kaum angesprochen werden. Diese Menschen werden so gut wie vollständig isoliert, geradezu, als wären sie schon gestorben. Niemand denkt an ihre normalen menschlichen Bedürfnisse. Daher wäre es keine schlechte Idee, Prostituierte so auszubilden, dass sie praktisch als Psychotherapeuten oder zumindest als Sozialarbeiterinnen eingesetzt werden können. Wir könnten ihnen doch die Gelegenheit geben, sich in dieser Richtung weiterzubilden.

Ist das wirklich nötig? Wie ich gehört habe, nennen sich Prostituierte doch auch heute schon gern »Sozialarbeiterinnen«.

Sozialarbeit verlangt Fingerspitzengefühl. Psychotherapeuten wissen das. Das sehe ich doch in meiner eigenen Praxis. Wenn man sich mit diesen Aufgaben beschäftigt, ist es nützlich, eine gewisse Kenntnis von Krankheitsprozessen zu haben. Ich denke, dass solche Kenntnisse den Dirnen auch mehr Selbstvertrauen im Umgang mit bestimmten Problemkunden geben würden. Zuhören bleibt natürlich das Allerwichtigste. Psychoanalytiker sagen manchmal wochenlang kein Wort zu ihren Patienten, bis auf einen einzigen, höflichen Satz. Ihre Aufgabe besteht überwiegend im engagierten Zuhören. Auch Prostituierte können diese wichtige Rolle übernehmen, zum Beispiel bei emotional einsamen Männern.

Was bedeutet denn emotional einsam genau?

Viele Männer sind nicht in der Lage, einen anderen Menschen zu lieben. Sie haben irgendwann in der Anfangsphase ihres Lebens, beim Kontakt Mutter-Kind, beim Kontakt Vater-Kind oder in irgendeiner anderen Phase der Identitätsbildung etwas verpasst. Wenn dieser Mangel nicht behoben werden kann, bleiben diese Männer stets auf der Suche. Sie haben dann lockere Bindungen, zu Freundinnen, zu Frauen von Freunden. Aber eine Frau spürt schnell, wenn ein Mann keine Liebe geben kann. Auch in einer kurzen, außerehelichen Beziehung sucht eine Frau mehr als nur Sex. Aber diese Männer können nicht aus ihrer Haut. Sie können die Frau immer nur als Objekt benutzen. Diese Männer können keinen gleichwertigen Kontakt mit einer Partnerin unterhalten.

Prostitution kann also für eine Frau doch erniedrigend sein. Oder irre ich mich?

Wer von den beiden ist in solchen Fällen mehr wert? Ich habe sehr viel Achtung vor einer Frau, die sich dafür bezahlen lässt, dass sie sich einem Mann, der nur mit Objekten umgehen kann, bewusst als Objekt hingibt. Ein extremes Beispiel für einen Mann, der nicht lieben konnte, war der Marquis de Sade.

De Sade war im Umgang mit Frauen nicht gerade zimperlich. Treffen Prostituierte oft auf Männer mit abweichenden Wünschen?
Es gibt Männer, die in den Medien sexuelle Varianten kennen gelernt haben und sie gern einmal ausprobieren möchten; in ihrer eigenen konservativen Umgebung ist das jedoch nicht möglich. Man muss sich dabei einen Mann vorstellen, der dreißig Jahre verheiratet ist und Kinder, vielleicht auch schon Enkel hat. Er bekommt allmählich das Gefühl, etwas zu versäumen, und möchte unbedingt einmal eine bestimmte sexuelle Variante ausprobieren. Mit seiner Partnerin geht das nicht. Er wagt es nicht einmal, mit ihr darüber zu sprechen. Dann kann er eine Prostituierte aufsuchen, die etwa bereit ist zu analem Sex oder zu einer anderen als der Missionarsstellung.

Eine andere Stellung sollte doch auch zu Hause möglich sein?
Ich habe männliche Patienten, denen ich aus medizinischen Gründen rate, beim Liebesspiel auf dem Rücken zu liegen, während die Frau auf ihm sitzt. Nun, es gibt Männer, die es nicht wagen, ihre Frau darum zu bitten.

Viele Männer träumen davon, einmal mit zwei Frauen zugleich Sex zu haben. Selbst wenn man es wagt, seiner eigenen Partnerin einen solchen Vorschlag zu machen, braucht man noch eine weitere Person zum Dreier. Es ist vielleicht weniger umständlich, dann gleich zwei Frauen zu bezahlen.
Es ist auch gefährlich, so etwas mit Bekannten zu tun. Damit sind so viele Risiken verbunden, darunter das der Erpressung. Daher ist es oft vernünftiger, mit einer Prostituierten fremdzugehen als mit der Frau eines Freundes oder einer Praktikantin. Bei einer Prostituierten ist auch die Frage der Verhütung schon vorgeklärt. Ein Mann, der seiner

Ehefrau untreu sein möchte, kann in gewaltige Schwierigkeiten geraten, wenn die Frau, mit der er eine außereheliche Beziehung hat, behauptet, sie würde Verhütungsmittel nehmen, es aber nicht tut. In der Hinsicht ist es mit einer Dirne viel sicherer. Sie ist auch keine Frau aus dem eigenen sozialen Milieu. Die Gefahr, dass der Seitensprung versehentlich herauskommt, ist damit erheblich geringer.

Prostituierte haben unter ihren Kunden auch normale Männer, die zu Hause eine gute, sexuell befriedigende Beziehung haben. Was suchen diese Männer eigentlich in einem Bordell?
Männer gehen auch ins Bordell, weil sie die verbotene Frucht einmal kosten möchten. Den Kick, den man sich verschafft, wenn man gegen ein Verbot verstößt, dürfen wir nicht unterschätzen. Ich vermute, alle Männer fühlen eine heimliche Neigung dazu. Frauen vielleicht auch. Aber der Grund, warum ein Mann ins Bordell geht, ist nach Meinung der Psychoanalytiker die Erfüllung seiner Phantasien. In seiner Phantasie stellt sich ein Mann die Erfüllung seines Verlangens nach Liebe vor. Viele Männer stellen sich in ihren sexuellen Phantasien eine Frau vor, die ihren Sehnsüchten und Träumen in allem entspricht. Es gibt Männer, die diese Phantasien am liebsten bei einer Person haben, die sie dafür bezahlen. Die Frau tut, was er von ihr verlangt, und er ergänzt das mit seinen Phantasien. Wenn er bei der Dirne ist, baut er in seiner Phantasiewelt eine ganze Beziehung auf. Für ihn ist sie dann die Illusion seiner idealen Liebe.

Ist Prostitution nun doch käufliche Liebe und nicht käuflicher Sex?
Prostitution hat nur wenig mit Sexualität zu tun. Männer gehen zu käuflichen Frauen, weil diese ihre Illusion von der Liebe leichter wahr machen können. Die Liebe, die sie mit ihrer Partnerin im Alltag nicht erreichen – die übrigens kein Mensch bei seinem Partner oder seiner Partnerin voll und ganz erlebt –, phantasieren sie bei einer neutralen, ungefährlichen Frau herbei. Die erfüllt ihr Begehren natürlich

ebenso wenig, aber die Männer machen sie in ihrer Phantasie zur idealen Frau. Eine gute Prostituierte lässt das zu. Sie drängt sich nicht auf, bietet sich aber als eine Art Puppe an, die der Mann mit seinen Phantasien bekleidet. Prostitution ist also kein käuflicher Sex, aber auch keine rein käufliche Liebe. Prostitution ist eine bezahlte Liebesillusion. Es gibt natürlich Formen, bei denen es sich ausschließlich um Sex handelt, wie etwa bezahlte Orgien.

Wie würdest du eine Orgie definieren?
Eine Orgie ist für mich ein Fest, bei dem man einen Überfluss, in diesem Fall den sexuellen Überfluss, gemeinsam genießt. Orgien hat es immer schon gegeben. In früheren Zeiten gab es zu festen Anlässen öffentliche sexuelle Orgien, etwa bei religiösen Festen.

Bei religiösen Festen?
Der Hexensabbat, die so genannte Schwarze Messe, war ein religiöses Fest, bei dem die Priester Geschlechtsverkehr mit Jungfrauen hatten und die anderen Anwesenden ihrem Beispiel folgen mussten. Angeblich war es der Teufel, der diese Tat vollbrachte, aber die Priester hatten selbst schon auch etwas davon. Auch in anderen Religionen ist Sex wichtig. Mohammed sagte seinen Jüngern, der Himmel sei eine einzige große Orgie, die mit den schönsten jungen Frauen gefeiert wird. Nach dem jüdischen Glauben gibt es im Himmel kein Essen, dafür aber unbegrenzten Sex.

Wir haben bis jetzt nur über männliche Bordellbesucher und weibliche Prostituierte gesprochen. Gehen Frauen nicht zu männlichen Prostituierten?
Ganz gewiss. Aber der Geschlechtstrieb ohne Liebe ist eher ein Merkmal des Mannes als der Frau. Weil bei Frauen Intimität in der Beziehung eine größere Rolle spielt als Genitalität, haben sie sowieso ein geringeres Verlangen nach genitaler Befriedigung. Frauen setzen in der Regel eine Beziehung voraus, wenn nicht gar eine tiefe Liebe. Es gibt natürlich Frauen, die ein rein körperliches Bedürfnis nach sexuellem

Kontakt haben, die Orgasmen erleben wollen. Wenn diese Frauen das mit ihrem Partner nicht oder nur selten erreichen, dann engagieren sie gelegentlich männliche Prostituierte. Auch das gibt es nicht so selten.

Vom Narzissmus

Narzissmus ist die Ursache vieler Beziehungsprobleme, sexueller Probleme und abweichender sexueller Wünsche. Bei diesem Thema legt Bo Coolsaet schon auf dem Weg zur Kaffeemaschine los: »Um Narzissmus verstehen zu können, sollten wir kurz rekapitulieren, was wir unter Liebe verstehen. Liebe können wir als die unaufhörliche Suche nach der allerersten Beziehung definieren, nach dem, was wir das ödipale Liebesobjekt nennen.«

Die Mutter?
Von dem Moment an, da die Einheit zerstört ist, also direkt nach der Geburt, sind wir auf der Suche nach einer Beziehung, in der zwei Individuen erneut miteinander verschmelzen können. Aber die vollständige Erfüllung, wie sie in der ersten Liebesbeziehung gegeben war, ist nie wieder möglich. Es wird immer etwas fehlen. Daraus entspringt das Begehren. Man kann nur begehren, was man nicht hat und vermisst. Darum ist Liebe auch dem Trauerprozess verwandt.

Dem erzwungenen Verlust unserer ersten Liebe werden wir bis an unser Lebensende nachtrauern. Man ist sich dessen nicht bewusst, aber man spürt, dass man seine erste große Liebe auf ewig verloren hat. Man spürt, dass jede Person, mit der man eine neue Beziehung eingeht - eine Beziehung, von der man hofft, dass sie zu einer echten Liebesbeziehung wird -, gewissermaßen zweite Wahl ist.

Ich kenne eine Menge Menschen, die dennoch in der Liebe aufrichtig glücklich sind.
Ja, weil wir Mechanismen entwickelt haben, die die Liebe möglich machen. Ein solcher Mechanismus ist die Idealisierung unseres Partners. Unsere Phantasie ergänzt das Fehlende. Mit dem Partner, den wir uns besser, schöner und liebevoller vorstellen, als er oder sie in Wirklichkeit ist,

identifizieren wir uns. Weil wir uns mit diesem verzerrten, geschönten Bild identifizieren, bekommen wir auch ein besseres Selbstbild, größere Selbstachtung.

Basiert Selbstachtung nicht auf Selbsterkenntnis?
Zum Teil. Aber weil wir uns in der Liebe mit dem Partner, den wir überhöhen, eins fühlen, überhöhen wir auch uns selbst. Darum macht die Liebe aus uns mehr, als wir als Individuum sein können. In der erwachsenen Liebe akzeptiert man auch Eigenschaften an dem Geliebten, die auf den ersten Blick schlecht scheinen, weil man sich gegenseitig vertraut. Vertrauen ist die Grundlage einer guten Liebesbeziehung. Es hat nicht nur mit Treue zu tun. Es bedeutet beispielsweise auch, die Aggressivität des anderen zu akzeptieren. Eine Frau, die ihren Mann liebt und ihm vertraut, nimmt ein bisschen Aggressivität in der Sexualität hin. Sie akzeptiert seine Dominanz, weil sie weiß, dass diese Teil seiner Identität als Mann ist.

Du schilderst die Liebe jetzt, als würde sie nur im Akzeptieren von Fehlern und Mängel bestehen.
Das ist natürlich nicht alles, aber es gehört dazu. Und es gibt dafür Kompensationen: die gegenseitige Bewunderung, das Füreinander-Sorgen und schließlich die Teilhabe am Leben des anderen. In der erwachsenen sexuellen Liebe gilt unser erotisches Verlangen immer einer spezifischen Person, weil auch unsere erste Liebe eine einzige Person war.

Abgesehen davon haben wir auch eine Reihe ganz bewusster Erwartungen an das Leben. Man lernt einen Menschen kennen und sieht, was seine oder ihre Möglichkeiten, Talente, emotionalen und sexuellen Eigenschaften und Vorzüge sind. Wenn man mit dieser Person sein Leben teilen möchte, entscheidet man sich, sie so zu nehmen, wie sie ist. Irgendwann geht man eine solche Bindung ein, um gemeinsam das Ideal der Zweisamkeit anzustreben.

Ist von diesem Augenblick an gemeinsame Beziehungsarbeit verlangt, um sich der Idealvorstellung anzunähern?

Es geht nicht um »Arbeit« an einer Beziehung. Wichtig ist es zusammenzusein. »Beziehungsarbeit« klingt nach einem mühseligen Unterfangen. Doch vieles geht ganz von selbst, weil man in seinen ersten Lebenserfahrungen so viel über die Liebe mitbekommen hat. Man muss die Liebe nicht noch einmal neu erfinden. Was Liebe ist, lebt im Unterbewusstsein eines jeden Menschen.

Wenn man in einer Beziehung nicht ab und zu bewusst eingreift, kann doch aber alles Mögliche schief gehen.
Wenn irgendwo eine Fehlentwicklung droht oder tatsächlich eintritt, muss man natürlich etwas tun. Aber das ist nicht dasselbe wie Arbeiten. Es handelt sich nicht um einen Acker, der gepflügt werden muss, sondern um Gefühle und Empfindungen in der erwachsenen sexuellen Liebe. Bei den Gefühlen spielt in der Sexualität unter anderem die Dankbarkeit der Partner eine Rolle. Die Liebe zum Partner schmeichelt dem Narzissmus.

Was verstehst du unter Narzissmus?
Narzissmus ist ein übersteigertes Selbstwertgefühl. In seiner extremen Form ist Narzissmus eine krankhafte Verliebtheit in sich selbst, die sich in unterschiedlicher Weise äußern kann. Wir sind alle in gewissem Maße Narzissten. Wir idealisieren uns selbst ein bisschen und wir tun das auch indirekt über die geliebte Person. Das ist eine normale, keineswegs krankhafte Form von Narzissmus.

Um lieben zu können, müssen wir auch uns selbst lieben, das hast du bereits mehrfach erklärt.
Eine gewisse Selbstachtung muss man haben. Zum normalen Funktionieren braucht man einen leichten Narzissmus. Aber es gibt Abstufungen im Narzissmus mit Extremen, die ein normales Zusammenleben mit anderen unmöglich machen. Eine mäßige Selbstüberschätzung bestimmt das eigene Verhalten und sogar die Emotionen eines Menschen, hält ihn jedoch nicht davon ab, sich zu verlieben. Bei ernsten Ausprägungen von Narzissmus ist Verliebtheit geradezu unmöglich.

Können Narzissten in längerfristigen Beziehungen leben?
Viele Menschen mit leichtem Narzissmus haben eine Beziehung, und es gelingt ihnen durchaus, diese dauerhaft zu gestalten. Andere wiederum haben zahlreiche, sehr kurze Beziehungen. Das heißt aber nicht, dass diese Narzissten sich oft verlieben würden. Wer ernstlich narzisstisch veranlagt ist, kann sich nicht verlieben, sondern einen anderen Menschen nur bewundern.

Wo liegt da der Unterschied?
Wenn ein normaler Mann eine schöne, attraktive, intelligente, geistreiche Frau trifft, kann er sich in sie verlieben. In der gleichen Situation wird ein Narzisst den Eindruck erwecken, er sei verliebt, es aber nicht sein. Er bewundert vielleicht ihre physische Schönheit oder andere Vorzüge, aber verliebt ist er nicht. Das ist ein himmelweiter Unterschied. Narzissten bewundern oft auch Reichtum oder Menschen, die Großes geleistet haben.

Ich habe immer gedacht, Narzissmus sei mit Eigenliebe gleichzusetzen. Passt denn Eigenliebe zu Bewunderung für einen anderen?
Das ist eine höchst interessante Frage. Es gibt das klassische Beispiel von bekannten, mächtigen oder reichen Männern, die narzisstische Frauen anziehen. Was ich jetzt sage, gilt natürlich für beide Geschlechter, denn man darf nicht vergessen, dass es weibliche wie männliche Narzissten gibt. Narzisstische Frauen erwecken den Eindruck, in einen mächtigen Mann verliebt zu sein, empfinden jedoch in Wirklichkeit nur eine ungeheure Bewunderung für ihn. Hier spielt sich der Identifikationsprozess ab, den ich bereits vorhin angedeutet habe. Eine narzisstische Frau lässt die Eigenschaften des Mannes, den sie bewundert, auf sich selbst zurückstrahlen. In ihrer Bewunderung für den Mann bewundert sie sich also selbst. Verstehst du das Prinzip? Ein Narzisst liebt nicht den anderen, er kann gar nicht lieben. Narzissten streben keine Liebesvereinigung an, weil ihre ganze Gefühlswelt gestört ist.

Auch sexuell?
Die meisten Narzissten sind zu sexueller Erregung fähig, aber sie bleibt diffus, allgemein, nicht auf eine einzige Person gerichtet.

Jeder fühlt sich doch wohl gelegentlich von einem anderen als seinem festen Partner sexuell angezogen.
Aber durchaus wieder von einem einzigen Menschen. Bei normalen Menschen entsteht sexuelle Erregung durch den Kontakt zu einer einzigen Person. Die Erregung richtet sich dann auf diesen anderen. Das ist wesentlich für das erotische Begehren, weil es auf die eine, die ursprüngliche Liebe zurückverweist. Ein Narzisst dagegen fühlt eine mehr allgemeine sexuelle Erregung. Sie kann zur Ursache von Promiskuität werden, dazu führen, dass er gleichzeitig verschiedene Partner hat. Seine bzw. ihre sexuelle Erregung richtet sich auch niemals auf den Charakter eines anderen Menschen, sondern immer auf das Äußere, wie Schönheit oder Reichtum. Er ist nicht oder kaum an den tieferen Gefühlen der Menschen, zu denen er ein intimes Verhältnis hat, interessiert. Es bleibt bei sehr oberflächlichen Kontakten. Der Narzisst ist nicht zu erotischem Begehren fähig, extreme Narzissten sind nicht einmal zu sexueller Erregung fähig.

Regelmäßig konsultieren mich Männer und Frauen, die in ihrer Beziehung nicht sexuell erregt werden. Dennoch sind ihre genitalen Organe völlig einwandfrei, bei normalem Hormonspiegel, guter Nervenversorgung, guten Blutgefäßen und so weiter. Es sind also Menschen, die biologisch gesehen tadellos funktionieren könnten. Aber es gelingt ihnen nicht. Durch den Einsatz bestimmter Techniken können sie zwar den Penis aufrichten oder die Klitoris stimulieren. Aber genitale Erregung ist nicht ganz dasselbe wie sexuelle. Wenn es überhaupt eine sexuelle Erregung gibt – also in den schwächeren Fällen von Narzissmus –, wird diese Erregung überwiegend von Missgunst dominiert.

Wie kann das sein?
Ein Narzisst wird von Neid, Missgunst und Eifersucht beseelt. So wie er einst neidisch auf seinen Vater war, wird er auch später seinem Partner nichts gönnen. In der Sexualität wird ein Narzisst also unbewusst fast unablässig von Emotionen wie Eifersucht und Neid geschüttelt. Diese Gefühle können sogar in Hass umschlagen. Narzissten können beginnen, ihre Partner zu hassen.

Muss die Ursache dafür in den ersten Lebensjahren gesucht werden?
Narzissmus geht immer auf die in der Mutter-Kind-Beziehung verweigerte Befriedigung zurück. Narzissten sind im Allgemeinen auch habsüchtig. Sie wollen immer alles haben. In einem Arbeitsteam oder in einer Beziehung glauben Narzissten stets, sie selbst bekämen zu wenig und die anderen zu viel. Sie suchen den Fehler immer beim anderen.

Das Zusammenleben mit einem solchen Menschen wird nicht gerade leicht sein.
Ganz gewiss nicht. Ein Narzisst vermeidet jede Abhängigkeit, im Intimleben wie am Arbeitsplatz. Im Berufsleben wird er versuchen, in leitende Stellung aufzusteigen, im familiären Bereich wird er stets und ständig dominieren wollen. Narzissten sind zudem enorm anspruchsvoll, und sie schäumen vor Wut, wenn ihre Forderungen nicht immer und sofort erfüllt werden. Weil sie so hohe Ansprüche haben, sind sie auch schnell frustriert. Die Frustration provoziert wiederum den nächsten Wutausbruch. Das alles kommt im Alltag regelmäßig vor, auch im Intimleben und in der Sexualität, falls es überhaupt noch zu sexuellen Kontakten kommt. Wenn ein Partner nicht genau das tut, was der Narzisst möchte, folgt ein Wutanfall.

Auch in intimen Momenten?
Sogar beim Geschlechtsverkehr, wenn andere Paare ihre Probleme vergessen und sich Paarbeziehungen oft bessern und Spannungen sich lösen, können Narzissten nicht wirk-

lich genießen und loslassen. Wenn er unfähig zum liebevollen, sexuellen Kontakt ist, wird ein Narzisst behaupten, der andere hätte keine Lust auf Sex. Er projiziert seine eigenen Fehler und Mängel auf einen anderen Menschen. Ein bisschen neigen wir alle dazu. Den meisten Menschen fällt es schwer, Fehler einzugestehen, sei es in ihrer Beziehung oder im Beruf. Wem das nicht schwer fällt, der ist eindeutig kein narzisstischer Typ.

Bei Scheidungen kann man oft ein ähnliches Muster beobachten: Einer der Partner möchte nicht zugeben, dass auch er oder sie möglicherweise Fehler in der Ehe gemacht hat.

Wenn es in einer Beziehung zu knirschen beginnt, schiebt sehr oft einer der Partner dem anderen die ganze Schuld zu. Das ist sehr typisch. Ich habe es in meiner Karriere mehrmals erlebt, dass immer dieselben Ärzte ihre eigenen Fehler zum Beispiel einer Krankenschwester zuschieben. Das ist ein typisches Beispiel für narzisstisches Verhalten.

Narzissmus bei einem der Partner ist daher oft ein wichtiger Scheidungsgrund. Nicht jeder Mensch kann auf Dauer Aggressivität und ständige Verunglimpfung hinnehmen. Aber so muss es nicht immer sein. Es gibt auch Narzissten, die ihre Partner wegen ihrer Vorzüge bewundern. Typische Beispiele sind die Ehefrauen bekannter Persönlichkeiten, wichtiger Politiker, angesehener Geschäftsleute, erfolgreicher Künstler, und so weiter. Die Frauen haben oft selbst kaum etwas geleistet, entlehnen aber ihre Selbstachtung dem Status des Ehemannes. Sie leben über den Lebensgefährten ihren eigenen Narzissmus aus.

Es ist völlig normal, bei seinem Partner eine Kompensation der eigenen Fehler und Mängel zu suchen. Das tun wir alle, und wir gehen darin sogar relativ weit. Indem wir eine Beziehung mit einer Person des anderen Geschlechts eingehen, was der Wunsch eines jeden Heterosexuellen ist, möchten wir unser Ego vergrößern. Man möchte sich auch mit den Eigenschaften des anderen Geschlechts schmücken. Das ist ebenfalls eine Form von Narzissmus. Wir wollen mehr sein, indem wir mit einer Person des anderen Geschlechts zusammenleben und sie lieben. Das ist sogar eine schöne Form des Narzissmus. Diese Form von Selbstzufriedenheit und Saturiertheit der Lust gehört zu einer normalen Beziehung. Ein normales Paar erlebt das alles in Harmonie. Egozentrische und narzisstische Züge werden in einer Liebesbeziehung durch Altruismus, durch eine Neigung zur Selbstaufopferung ausgeglichen, indem man für den anderen sorgen möchte.

Fehlen den Narzissten dann solche kompensierende Charaktereigenschaften?
Sie können einfach nichts für einen anderen empfinden. Sie sind nicht einmal neugierig auf die andere Person, sie sind einfach nicht interessiert. Sie haben keine Empathie, um einen modischen Begriff zu verwenden. Das fühlt man auch. In einem Gespräch hört man zu, was der andere zu sagen hat, dann sagt man selbst etwas, dann hört man sich die Reaktion des Partners an. Ein Narzisst wird nicht zuhören, was die anderen sagen, sondern immer seine eigene Geschichte in den Vordergrund schieben. Man muss nur die Debatten von Politikern beobachten. Sie nehmen einen bestimmten Standpunkt ein und reden einfach drauflos, am liebsten alle zugleich, und keiner hört, was der andere sagt, Fragen werden nur selten beantwortet. Sie gehen von ihrer feststehenden Meinung aus, und selbst nach einer stundenlangen Debatte mit vier anderen Politikern hat sich daran noch nichts geändert.

Ist das nicht charakteristisch für die Politik? Oder hältst du Politiker für Narzissten?
Nicht alle, aber es ist bekannt, dass viele Politiker zu den Narzissten gehören.

Aber sie setzen sich doch auch für die Gesellschaft und für ihre Mitmenschen ein.
Manche Politiker können sehr gut den Eindruck erwecken, sie würden sich um das Schicksal anderer kümmern, aber in

erster Linie sorgen sie für sich selbst. Ich denke, viele Menschen spüren das. Bei narzisstischen Ärzten spüren Patienten einen Mangel an Empathie, sie fühlen, dass der Arzt nicht an ihrem Wohl und Weh interessiert ist. Diese Ärzte können zwar die richtigen ärztlichen Entscheidungen treffen, die richtige Medizin verschreiben, eine Operation perfekt durchführen, aber sie tun es nicht mit Liebe. Ein Patient spürt diesen gestörten Kontakt.

Finden Narzissten Sex langweilig oder sogar unangenehm?
Sex ist für Narzissten eine Quelle der Frustration. Der Geschlechtsverkehr ist für sie die kühle Penetration eines Gegenstandes. Ein Narzisst spürt durchaus den Mangel an Intimität, dass er oder sie keine intime Beziehung zu dem Partner bzw. der Partnerin aufbauen kann. Auch Sex wird also zur Quelle von Frustration, Angst und Aggressivität. Narzissten leben nicht nur emotional, sondern auch sexuell in einem leeren Raum. Sie brauchen keinen anderen Menschen.

Mir scheint aber doch, dass Narzissten andere Menschen sehr dringend bräuchten.
Jeder von uns braucht andere Menschen. Aber Narzissten sind so in ihrer eigenen Welt gefangen, dass die erwachsene, gegenseitige Liebe für sie nicht möglich ist. Nicht einmal der Orgasmus des Partners ist erwünscht.

Aber warum sollte der Partner keinen Orgasmus haben dürfen?
Der Orgasmus ist eine Art Applaus, eine Form der Dankbarkeit, ein Moment, in dem man sich im anderen verliert. Narzissten wollen die emotionale Transzendenz, die Empathie, die Liebe nicht erleben. Sie können es nicht. Daher gibt es auch Narzissten, die Sexualität zu etwas Schmutzigem machen, ja Intimität und Liebe richtiggehend zerstören wollen. Das ist eine der Ursachen für sadistische und sadomasochistische Praktiken.

Wie kommt jemand zu solchen extremen Wünschen?
Wenn Psychiater die ersten Lebensjahre von Menschen mit typisch narzisstischen Eigenschaften analysieren, stellt sich meist heraus, dass die Kinder entweder sehr kalte Mütter hatten, ohne jede gefühlsmäßige Bindung, oder im Gegenteil überbesorgte Mütter, die ihre Kinder zu sehr beschützt und die Ablösung dadurch noch schmerzlicher gemacht haben. Je größer die Liebe, desto größer der Schmerz, desto tiefer die Trauer beim Verlust dieser Person. Die übertriebene Mutterliebe kann den Schmerz über die unvermeidliche Ablösung von Mutter und Kind also derart vergrößern, dass das Kind später Probleme bekommt.

Jungen Eltern fällt es oft schwer einzuschätzen, ob sie ihrem Kind zu viel oder zu wenig Aufmerksamkeit schenken.
Wie in allem ist es auch hier eine Frage der Ausgewogenheit. In jedem von uns gibt es Gut und Böse, Selbstvertrauen und Angst, Aggression, Liebe und noch vieles mehr. So muss es auch sein, denn es ist die ausbalancierte Bündelung all unserer kleinen Abweichungen, die uns zu normalen Menschen macht. Jeder, der Kinder erzieht, macht Fehler, unter anderem, weil jeder ein bisschen narzisstisch veranlagt ist. Wenn man aber eine gute Beziehung zu den Kindern hat, wird ein Fehler den anderen ausgleichen. Die Kinder werden ihre eigenen Probleme bekommen, aber es wird eine ganz große Palette kleinerer Probleme sein, so dass auch sie im Großen und Ganzen wieder im Rahmen der Norm bleiben. Was sie nicht in sich kompensieren, kann durch die Person, der sie einmal begegnen werden, die sie lieben und idealisieren können, wieder ausgeglichen werden.

Gibt es noch weitere Ursachen für den übermäßigen Narzissmus?
Die extreme Ausprägung sehen wir auch bei ernsten Fällen von Verwahrlosung. Es spricht fast für sich, dass Kinder aus Problemfamilien, Kinder von alkoholkranken oder drogensüchtigen Eltern, später selbst Probleme bekommen. Nun, extremer Narzissmus kann die Folge einer solchen Fami-

liensituation sein. In manchen Fällen kommen Kinder aus solchen Familien jedoch erstaunlich gut zurecht.

Existiert möglicherweise auch ein erblicher Faktor oder eine Veranlagung?
Vermutlich spielt das nur begrenzt eine Rolle. Es ist das Vorrecht des Menschen und anderer Primaten, dass für sie der Lernprozess unglaublich wichtig ist. Bekanntlich sind Kinder narzisstischer Mütter oft selbst narzisstisch, aber das heißt noch nicht, dass Narzissmus erblich wäre. Eine narzisstische Mutter leidet unter einer Kontaktstörung. Sie hat keine emotionale Bindung zu ihrem Kind. Sie wird es zwar versorgen, ihm die Windeln wechseln, es aufs Töpfchen setzen und füttern, aber das Kind wird den gestörten Kontakt unbewusst spüren. Eine narzisstische Mutter benutzt ihr Kind, um sich selbst einen Status zu verschaffen. Sie neigt sogar zu übertriebene Fürsorge, und zwar nicht des Kindes wegen, sondern aus Selbstsucht. Man kann sich vorstellen, wie sehr das andere täuschen kann. Denn man sieht ja, wie sehr sich diese Frau um ihr Kind bemüht, und denkt: Was für eine phantastische Mutter. Und dennoch kann sie als Mutter kalt sein, ohne jedes Gefühl für ihr Kind; dadurch kann sie auch kein Gefühl auf ihr Kind übertragen.

Väter würden nur zu gern hören, dass nicht sie dafür verantwortlich sind.
Väter sind dennoch oft die Ursache. Gehen wir davon aus, dass ein Junge eine stabile, warme Liebesbeziehung zu seiner Mutter hat. Wir haben bereits ausgeführt, dass Söhne den Vater als Rivalen oder sogar als Feind ansehen können. Hat der Vater dazu noch Charakterzüge, die ihn mit dem Kind in Konflikt bringen, dann kann dies beim Kind zu narzisstischem Verhalten entarten. Der Vater kann auch zu oft abwesend bzw. nur im Hintergrund anwesend sein. Wir haben schon öfter auf die Bedeutung eines aktiv anwesenden Vaters hingewiesen. Das gilt auch in diesem Fall.

Es ist bemerkenswert, dass narzisstische Kinder alles, was ihre Mutter für sie und mit ihnen tut, als eine Art Schikane erfahren. Sogar Liebkosungen sind für sie Schikane. Und die Schikane wiederum macht sie aggressiv. Auch erwachsene Narzissten, die verführt werden, fühlen sich schikaniert. Wir beide würden aufgeregt oder zumindest entzückt sein, wenn uns eine Frau verführen möchte. Narzissten nicht.

Ist Verführen nicht immer auch ein bisschen Schikanieren?
Verführen heißt, etwas zeigen und es dann wieder verstecken, ein wenig geben und wieder zurücknehmen. Das ist ja gerade das Schöne daran. Was das betrifft, ist ein wenig Schikanieren die Grundlage jeder Verführung. Wenn man zu viel gibt, ist es vorbei, dann ist das Verlangen gestillt. Nehmen wir einmal einen guten Striptease. Eine Stripperin weiß, wie sie sich ausziehen muss, um ihr Publikum auf die Folter zu spannen. Sie zeigt etwas und versteckt es schnell wieder. Sie zieht ein Kleidungsstück aus und dreht sich dann gleich um. Wenn die letzte Hülle gefallen ist, ist auch die Tänzerin verschwunden. Professionelle Stripperinnen wissen, dass sie am Ende nicht auf der Bühne bleiben dürfen. Dann schwinden nämlich die Spannung und der Wunsch, etwas Verborgenes zu entdecken.

Mit einigen Kollegen kam ich vor kurzem zu dem Schluss, dass Bilder einer spärlich bekleideten Frau erotischer sind als die einer nackten. Frauen denken vielleicht genau dasselbe über Darstellungen von Männern.
Garantiert. Wenn man bekommt, was man möchte, ist die Sehnsucht erfüllt. Normale Männer und Frauen genießen den Reiz der Verführung. Es stimuliert sie, sie lassen sich langsam erregen. Für den Narzissten bedeuten diese Reize jedoch eine Bedrohung. Er möchte nicht gereizt werden, er will sehen, beherrschen und dann zurückstoßen. Verführt zu werden, treibt ihn in den Hass, auch wenn er es nicht immer offen zeigt.

Nicht gerade angenehm für eine Frau, die sich dabei so viel Mühe gibt.

Oder für einen Mann, der sich in eine narzisstische Frau verliebt. Aber nehmen wir der Einfachkeit halber einen narzisstischen Mann. Ich denke, dass viele Frauen in eine unangenehme Situation geraten, wenn sie sich in einen Narzissten verlieben. Sie merken das natürlich nicht gleich, denn Narzissmus ist ja kein äußeres Merkmal. Sie verführen den Mann und erwarten, dass er darauf eingeht, dass es irgendwann zum Intimkontakt kommt. Narzisstische Männer werden den sexuellen Kontakt aber oft meiden, weil sie die Frau unterschwellig zu hassen beginnen.

Es kann aber dennoch zu intimen Beziehungen kommen, sagtest du.
Es gibt Männer, die sich unbewusst gegen ihren Frauenhass wehren, indem sie die Frau *in ihrer Körperlichkeit* überhöhen. In ihren Phantasien machen sie die Frau attraktiver, als sie in Wirklichkeit ist. Das tun wir natürlich alle mehr oder weniger, aber ein Narzisst wird die Würde der Frau insgesamt herabsetzen und aus ihr ein schönes Sexualobjekt, einen anmutigen Gebrauchsgegenstand machen. Nicht alle Narzissten werden impotent - ich möchte keine Missverständnisse aufkommen lassen -, aber für sie hat der sexuelle Kontakt nichts mit Liebe zu tun. Die Frau ist einfach das Objekt, das seine sexuelle Erregung zu ertragen hat. Das ist für eine Frau natürlich eine gewaltige Missachtung. Nur diese Nichtachtung macht dem Narzissten Geschlechtsverkehr mit ihr möglich, aber gleichzeitig bedeutet sie auch eine Bedrohung für die Beziehung.

Denn rein sexuelle Beziehungen währen selten lange. Es sind oberflächliche Beziehungen, gleichermaßen beschränkt in ihrer Tiefe wie in der Dauer. Wenn der Hunger nach sexueller Befriedigung erst einmal gestillt ist, dann tritt buchstäblich Langeweile auf den Plan. Es ist daher eines der typischen Verhaltensmuster narzisstischer Männer, von einer Frau zur nächsten zu wandern. Sie lernen eine Frau kennen, verführen sie, oder lassen sich von ihr verführen, benutzen sie, und suchen sich anschließend eine neue Schöne und einen neuen Kick, bis sie auch davon wieder genug haben. Diese Männer wechseln ständig ihre Partner, bis sich das nach einer Reihe von Jahren ändert. Nach einigen Jahren stellt sich Langeweile ein. Erfahrungsgemäß liegt das kritische Alter bei vierzig Jahren.

Also eine Midlife-Krise?
Mit einer Midlife-Krise hat das nichts zu tun. Es ist die Art von Langeweile, die sich nach unzähligen Kontakten zu unzähligen Frauen unvermeidlich einstellt. Im Allgemeinen suchen diese Männer in diesem Alter einen Psychiater auf, mit der Klage, sie würden impotent. Oft kommen sie aber auch zu uns, den Urologen. Es hängt davon ab, ob sie bereits selbst eine psychogene Ursache vermuten, etwa auf organische Störungen tippen. Sie behaupten dann, mit ihren Hormonen sei etwas nicht in Ordnung oder sogar, sie hätten an ihrem Arbeitsplatz in der Fabrik giftige Stoffe eingeatmet. Ich höre immer wieder die unwahrscheinlichsten Geschichten, weil Narzissten ihre Impotenz immer mit einer externen Ursache zu erklären suchen.

Und sie erwarten, dass der Arzt ihre Mechanik wieder repariert.
Es ist nicht leicht, ihnen zu sagen, dass ihr Körper keinerlei Funktionsstörungen aufweist und sie lieber einen Psychiater konsultieren sollten. Du siehst, wie wichtig es ist, dass auch Fachärzte wie etwa Urologen den Gesamtzusammenhang des Narzissmus-Problems verstehen. Kollegen bitten mich immer wieder zu Vorträgen über diese Phänomene.

Kann Narzissmus noch andere Auswirkungen auf die sexuelle Praxis haben?
Gelegentlich betrachten narzisstische Männer Frauen nicht als Objekt, sondern bleiben ihnen gegenüber quasi indifferent oder entwickeln sogar eine Abneigung gegen sie. Diese Männer ekeln sich buchstäblich vor den weiblichen Geschlechtsorganen. Nach einer Behandlung bei einem Facharzt kann ein Mann seine Abneigung überwunden haben und dann durchaus anschließend in die Promiskuität

verfallen und von einer Frau zur nächsten wandern. Dieser Typ von Narzisst hat sich dann zwar gewandelt, aber der Narzissmus an sich ist noch nicht überwunden, nur die Abneigung.

Unbewusst erzwungene Partnerwahl

Die Wahl eines Partners hängt nicht nur von vielen Zufälligkeiten ab, sondern auch von unbewussten Eigenschaften, die oft bis in unsere Kindheit zurückreichen. Bo Coolsaet erläutert: »Die Abneigung gegen weibliche Geschlechtsorgane, von der wir sprachen, kann eine Ursache für narzisstisch gefärbte Homosexualität sein. Männer mit einer Abneigung gegen den weiblichen Körper fühlen sich sexuell natürlich nicht zu Frauen hingezogen, sondern wenden sich anderen Männern zu. Dann entwickeln sie häufig eine besondere Verehrung für den Penis.«

Ist Interesse am Penis eines anderen Mannes nicht ein typisches Merkmal der Homosexualität?
Homosexuelle interessieren sich selbstverständlich für die Geschlechtsorgane anderer Männer. Aber die von mir angesprochene Verehrung geht darüber hinaus. Diese Männer idealisieren die Genitalien ihrer Liebhaber, weil sie sich mit ihnen identifizieren. In ihren Phantasien machen sie das Geschlechtsteil ihres Freundes dicker, länger, schöner. Sie machen es zum Symbol für Stolz und Kraft, weil sie den Penis ihres Partners als Teil ihrer selbst betrachten. Die Idealisierung des männlichen Glieds befreit sie von ihrer Abneigung gegen Frauen.

Welche Folgen hat das?
Jeder weiß, dass Homosexuelle ungeheuer charmant zu Frauen sein können. Nicht nur das, in dieser Phase können homosexuelle Männer Frauen auch wirklich lieben.

In sexuellem Sinne?
Nein, das nicht, aber doch lieben.

Es kann einer Frau doch nicht viel bringen, von einem homosexuellen Mann nicht-sexuell geliebt zu werden?
Ganz im Gegenteil, viele Frauen sind dafür sehr empfänglich. Ein homosexueller Mann bedeutet für eine Frau keine Bedrohung, und umgekehrt ebenso. Diese Liebe ist fast die reine Liebe und gerade deshalb so schön.

Ist das ein wichtiger Teil der Homosexualität?
Homosexualität hat viele Varianten und Ursachen. Die narzisstisch gefärbte Homosexualität ist nur eine Variante. In einer anderen Form des Narzissmus sucht ein Mensch Bestätigung für seine Schönheit. Das wird dir sicher auch schon aufgefallen sein, dass sehr schöne Frauen oft ausgerechnet einen wenig schönen Mann als Partner haben, oder schöne Männer eine wenig schöne Frau. Dann hört man Kommentare wie: »Ist das die Möglichkeit? Eine so schöne Frau mit einem so hässlichen Mann.« Und dabei kann der Mann durchaus warmherzig, liebenswert und außerordentlich wertvoll sein. Man sollte erwarten, dass sich die äußere Schönheit beider Partner die Waage hält, aber manchmal hängt sie auffällig schief.

Ist das nicht der beste Beweis dafür, dass Liebe blind macht?
Schöne Männer oder Frauen suchen sich oft einen weniger schönen Partner, um ihre eigene Schönheit hervorzuheben. Sie zweifeln an ihrer eigenen Schönheit und suchen einen Partner, neben dem sie mit Sicherheit schön wirken.

Glaubst du denn, dass eine Frau wie Sophia Loren an ihrer Schönheit zweifelt?
Ich möchte lieber keine Namen nennen. Jeder kennt genügend Beispiele in seiner eigenen Umgebung oder aus den Medien. Eine schöne Frau, die sich für einen erheblich weniger schönen Partner entscheidet, hat tatsächlich Zweifel an ihrer eigenen Schönheit. Durch das Zusammensein mit diesem Mann und die gemeinsamen Auftritte in der Öffentlichkeit, bei der sie sich von der Presse oder im Fernsehen feiern lassen, möchte sie ihre Schönheit beweisen.

Sich selbst oder anderen?
Indem sie sie anderen beweist, bestätigt sie sich indirekt selbst. Andererseits sieht man auch manchmal ein wirklich bildhübsches Paar. Häufig handelt es sich um zwei Narzissten, die sich füreinander entscheiden, um ihre eigene Schönheit zu verdoppeln.

Wir sprechen jetzt von Äußerlichkeiten. Wie steht es mit der Qualität einer solchen Beziehung?
In diesen Beziehungen ist Qualität unwichtig, daher gehen sie oft schnell in die Brüche. Wie viele hübsche Schauspielerinnen haben nicht schon eine ganze Serie von Ehen hinter sich, oft mit gut aussehenden Schauspielern. Das sind keine Liebesbeziehungen, sondern typisch narzisstische Beziehungen, in denen beide Partner gewissermaßen ihre äußerlichen Vorzüge steigern möchten.

Wollen solche Schauspielerinnen einen Partner, aber keine Beziehung?
Das ist keine bewusste Entscheidung. Sie können nicht anders. Ihr Narzissmus treibt sie einander gewissermaßen in die Arme. Beziehungen wie diese sind oft kurzlebig, weil beide Partner nicht akzeptieren können, dass der andere schöner, beliebter oder erfolgreicher ist bzw. wird. Sie leben in einem labilen Gleichgewicht. Beide Partner entscheiden sich füreinander, um ihr Selbstbild zu stärken; aber in der Beziehung darf niemals der Eindruck entstehen, der andere stünde auf einer höheren Stufe der Erfolgsleiter als man selbst. Ein Narzisst will sich dem Partner nicht unterordnen, oder der Partner möchte sich nicht mit einer Person identifizieren, die womöglich vorübergehend etwas weniger im Medienmittelpunkt steht. Daher scheitern so viele dieser Beziehungen. Kein Mensch hält das auf die Dauer durch. In der nächsten Beziehung wird es im selben eingeschränkten Rahmen wieder eine Weile gut gehen und dann folgt der Absprung. Das ist unvermeidlich, verstehst du? Eine solche Beziehung kann einfach nicht stabil sein.

Niemals?

Natürlich gibt es auch schöne Menschen, die in einer wunderbaren Ehe leben. Wenn eine Beziehung die richtige Basis hat, kann jeder glücklich werden – schöne ebenso wie weniger schöne Menschen. Wir sprechen jetzt von Menschen, die nie zufrieden sein werden, die eine unbewusste Verpflichtung spüren, immer neue Beziehungen anzufangen, die ihr Narzissmus fast zur Promiskuität zwingt.

Man sieht, wie nah das alles beim so genannten Don-Juan-Syndrom liegt, bei dem Männer das Bedürfnis haben, ständig neue Frauen zu verführen. Ein Don Juan verführt nicht, um zu lieben, sondern verführt, um zu erniedrigen, sexuell zu erniedrigen, als Antwort auf den Hass, den er auf Frauen empfindet. Männer, die alle naselang eine neue Freundin haben, sind keine Frauenliebhaber, sondern sehr oft Frauenhasser. Da sind wir also wieder bei den Männern des sadistischen Typs angelangt. Aber es gibt auch völlig ungefährliche Männer, Kind-Männer.

Was sind Kind-Männer?

Bei einer Reihe von Männern tritt eine Kombination von Narzissmus und Infantilität auf. Ihnen fehlt die wahre Männlichkeit. Diese Männer meinen oft, ihr Penis sei zu klein. Für manche Frauen sind diese kindlichen Anteile sehr attraktiv, sogar für Frauen, die im Allgemeinen Männer hassen. Denn es gibt natürlich auch Frauen, die Männer hassen. Für sie sind diese Kind-Männer ideale Freunde und sogar Partner, weil sie durch ihre Kindlichkeit ungefährlich wirken. Frauen hegen und bemuttern diese Männer gern. Und dennoch wollen die meisten Narzissten, Männer wie Frauen, keine Kinder. Sie würden das als eine Einschränkung ihrer Freiheit und ihrer Möglichkeiten empfinden. Bekommen sie dennoch Kinder, dann sind sie den Narzissten bald lästig und zu teuer.

Für Kinder muss man auch vieles aufgeben. Die Entscheidung für Kinder schränkt die eigenen Möglichkeiten effektiv ein.

Kinder erfordern große Investitionen, an Geld wie an Zeit, aber vor allem an Liebe. Narzissten sind selten bereit, in Kinder zu investieren. Haben sie dennoch Kinder, dann sind sie nur so lange willkommen, wie sie von den Eltern abhängig sind. Sobald die Kinder heranwachsen und allmählich ihre eigenen Wege gehen, haben die Eltern nichts mehr mit ihnen gemeinsam.

Wenn ihre Kinder aufbegehren, wie verhalten sie sich dann?
Rebellierende Kinder sind in solchen Familien nicht selten. Ihnen fehlt die Liebe in der Beziehung zu den Eltern. Zwischen Kindern und narzisstischen Vätern kommt es häufig zum Bruch. Es gibt selten Probleme, solange die Kinder beispielsweise in der Schule gute Leistungen bringen. Sobald es jedoch in dieser oder anderer Hinsicht nicht so gut läuft, lassen die Väter ihre Kinder links liegen und flüchten sich unter anderem in ihre Arbeit. Sie verschafft ihnen zudem noch die Ausrede, dass sie ja für ihre Nachkommen sorgen.

Sie arbeiten hart, aber nicht für ihre Kinder?
Sie wollen den Eindruck erwecken, ein guter Vater zu sein, empfinden jedoch im Grunde nichts für ihre Kinder. Das kommt am schnellsten heraus, wenn die Kinder in Schwierigkeiten geraten. Etwas Vergleichbares ist bei Frauen zu beobachten, die sich narzisstisch mit ihren erfolgreichen Ehemännern identifizieren. Nach außen hin kann die Beziehung relativ lange stabil wirken, aber sobald der Marktwert des Mannes sinkt, ist es aus mit der Liebe.

Sinkt für die Frau sein Wert, wenn die Aktienkurse seines Unternehmens sinken?
Es muss nicht immer um das rein Materielle gehen. Es kann auch die künstlerische oder intellektuelle Ausstrahlung des Mannes sein, in der so eine Frau sich sonnt. Alma Mahler, die Frau des Komponisten, ist für mich der Prototyp der narzisstischen Frau. Nach dem Tod Gustav Mahlers heiratete sie den weltberühmten Architekten Walter Gropius und anschließend den Schriftsteller Franz Werfel. Sie hatte

auch eine Beziehung zu dem Maler Kokoschka, und sogar zu Freud.

Wir können doch kaum behaupten, der Marktwert Gustav Mahlers sei im Lauf seines Lebens gesunken.
Das ist es ja gerade, sobald sie eine Berühmtheit erobert hatte, war ihr Verlangen gestillt. Sie setzte den Wert seiner Musik herab, um nach einem neuen Mann Ausschau halten zu können. Und sobald ihr die Bauten Walter Gropius' nicht mehr gefielen, wandte sie sich einem erfolgreichen Schriftsteller zu. Sie konnte auch schrecklich eifersüchtig sein, eine typische Eigenschaft von Narzissten.

Ist nicht jeder Mensch eifersüchtig?
Wir sind tatsächlich alle ein wenig eifersüchtig, aber die Eifersucht eines Menschen, der sich selbst bewundert, ist auffällig und auch voraussehbar. Der Mann ist nicht eifersüchtig auf die Frau, und die Frau nicht auf ihn. Narzissten denken gar nicht daran, sie könnten betrogen werden, weil sie sich selbst für die allergrößten und wichtigsten Personen halten. Aber wenn es doch so weit kommt - und das geschieht natürlich tagtäglich -, dann mündet es in eine sehr aggressive Scheidung. Mit dem Scheidungsurteil ist es aber noch nicht getan. Manchmal versuchen sie danach noch, den früheren Ehepartner buchstäblich zu zerstören.

Eine Frau sagte in einem Fernsehprogramm, ihr Exgatte drohe ihr wortwörtlich, sie »kaputtzumachen«. »Wenn ich dich nicht haben kann, wird dich kein auch anderer bekommen«, lautete seine Botschaft.
Solche Menschen sind nicht an den Gedanken und Gefühlen anderer interessiert. Sie wissen einfach nicht, wer der andere ist. Manche spüren sogar die eigene Unfähigkeit, Liebe zu empfinden, und bekommen dadurch Schuldgefühle. Daraus entsteht eine ziemlich komplexe Mischung von Narzissmus, Hass, Schuldgefühlen und schließlich einer Art Minderwertigkeitsgefühl. Und nichts ist gefährlicher als Narzissten mit Minderwertigkeitskomplexen. Denn

ein Mensch, der in einer anormalen Bewunderung für seine eigene Person lebt und zugleich das Gefühl hat, er sei minderwertig, trägt einen unerträglichen Konflikt in sich. Er wird seine Mitmenschen herunterziehen und sogar zerstören wollen.

Und kann man dagegen etwas tun?
Solange eine gewisse Emotionalität vorhanden ist, Sexualität und Erregung, solange diese Menschen - klar ausgedrückt - Orgasmen haben, können sie durch eine Langzeitbehandlung geheilt werden. Das geschieht dann mit Hilfe der Psychoanalyse, die auf unbewusste Situationen der frühkindlichen Entwicklung zurückgeht und unglaublich viele Sitzungen benötigt. Manchmal verändert sich nur die Art des Narzissmus durch die Behandlung. Gelegentlich treten auch spontane Besserungen auf. So gibt es Frauen, die keine Spur von Emotionalität oder Empathie zeigen, deren Persönlichkeit sich aber nach der Geburt eines Kindes durch die Sorge dafür völlig verändert. Sie lernen zu lieben. Das ist zwar selten, aber durch ein Kind kann sich eine Frau von ihrem Narzissmus befreien.
Ich habe auch viele Briefe über verheiratete Männer bekommen, die anscheinend anfänglich eine gute Beziehung hatten, Karriere machten und eine Familie gründeten, alles wie im Bilderbuch. Nach einiger Zeit begegnen sie einer anderen Frau und beginnen mit ihr eine außereheliche Beziehung. Diese Männer bleiben bei ihrer Ehefrau und der Familie, nehmen sich aber zusätzlich eine Mätresse. Das kommt oft vor. Ihre Ehefrauen fragen sich dann, was ihr Mann eigentlich sucht. Hat er ein übermäßiges Interesse an Sex? Ist er pervers? Hat er einen schlechten Charakter? Sehr oft ist dieses Verhalten auf Narzissmus zurückzuführen. Der Mann benutzt beide Frauen, um das Konkurrenzproblem mit seinem Vater zu bewältigen. Statt den Vater als Rivalen im Kampf um die Mutter zu erleben, begehren ihn jetzt zwei Frauen.

Zu seinen Freunden wird ein Mann in dieser Situation oft sagen: »Ich will meine Frau nicht verlassen, aber ich kann ebenso wenig auf meine Freundin verzichten.« Und das ist auch wahr. Sie können nicht ohne eine von beiden leben. Diese Männer haben oft die besten Absichten. Sie nehmen sich vor, die Beziehung zu ihrer Mätresse zu beenden, aber es gelingt ihnen nicht. Sie möchten sich von ihrer Frau trennen, aber sie können es nicht. Sie können ihre Familie nicht verlassen, und sie können auch die Geliebte nicht fallen lassen. Dabei sind sie voller Schuldgefühle und suchen sogar nach Hilfe. Sie leiden darunter. Es sind keine »Dreckschweine«. Sie sind Opfer ihres eigenen Narzissmus.

Die Lust am Schmerz

In der Liebe Schmerz zu leiden ist nicht immer krankhaft. Ein wenig Schmerz gehört einfach zum Liebesspiel. Der Schmerz, über den Bo Coolsaet nun spricht, ist auch nicht immer körperlicher Natur. Er erläutert die Gründe. »Vielleicht sollte ich zunächst einmal beschreiben, was Sadismus ist«, fängt er an. »Sadisten genießen es, anderen Schmerz zuzufügen. Das kann variieren: vom relativ harmlosen, leicht zu ertragenden Schmerz bis hin zu ernsten, sogar blutigen Szenen. Auch einen anderen zu schikanieren und ihn, wo es nur geht, immer weiter zu piesacken, ist zweifellos eine Form von Sadismus.«

Warum tut man das?
Es gibt ein gutes Gefühl, eine Art von Lust, es erregt den Sadisten sexuell. Seltsamerweise erregt ihn weniger der Schmerz als die Tatsache, dass er der Verursacher des Schmerzes ist. Mir ist bewusst, dass das sehr grausam klingt.

Und Masochismus?
Ein Masochist ist gewissermaßen das Spiegelbild des Sadisten. Der Masochist empfindet Lust aufgrund der Tatsache, dass ein anderer ihm physischen oder psychischen Schmerz zufügt. Wie immer in der Liebe, ist es auch beim Sadomasochismus so, dass sich der Sadist wie der Masochist mit dem anderen identifiziert, also entweder mit dem Opfer oder aber mit dem Peiniger.

Gibt es also keine echten Sadisten oder Masochisten?
Im allgemeinen vermischt sich das. Den reinen Sadisten gibt es nur als Klischee, genauso wie den reinen Masochisten. Aber aufgrund der Tatsache, dass beide sich mit dem anderen identifizieren, sind beide ein wenig sadomasochistisch.

Menschen, die Lust am Schmerz empfinden, sind doch die Ausnahme, oder etwa nicht?
Nach einer aktuellen amerikanischen Studie praktizieren immerhin fünf bis zehn Prozent der Erwachsenen irgendeine Form von sexuellem Masochismus. Daher kann man kaum von Ausnahmen sprechen.

Vor einiger Zeit hast du erzählt, dass die Zentren von Schmerz und Lust dicht beieinander liegen und Schmerz daher als Lust empfunden werden kann. Genießen Masochisten deshalb den Schmerz?
Das ist ein sehr nützlicher Hinweis, aber nein, so ist es nicht. Du sprichst jetzt von einem physiologischen Vorgang. Der Sadomasochismus, von dem wir jetzt sprechen, ist psychischer Art. Auch das subjektive Gefühl für Lust und Schmerz liegt dicht beieinander. Wie man selbst einen Reiz erfährt und einordnet, lässt sich nur schwer bestimmen. Schmerz und Lust können nur indirekt, über bestimmte Anzeichen, gemessen werden. Es ist sicherlich nicht ausgeschlossen, dass sich das Nervensystem bei manchen Menschen derart anpasst, dass neue Nervenverbindungen entstehen, durch die sich der Schmerz wirklich in Lust verwandelt.

Du sagtest, dass es bei Sadismus und Masochismus eine große Bandbreite der Intensität des Schmerzes geben kann.
Ja, von der normalen leichten Form bis hin zu extremen Formen. Beim Sadismus ist das dann der sadistische Mord und beim Masochismus die Selbsttötung. In der extremsten Form von Masochismus wird also die Selbstvernichtung zur Quelle der Lust. Aber ich habe schon einmal darauf aufmerksam gemacht, dass die erwachsene Sexualität immer eine gewisse Aggressivität birgt. Ohne einen Hauch von Aggressivität gibt es keinen sexuellen Akt. In der Liebe wird die Aggressivität in Zärtlichkeit verwandelt.

Können wir das bisschen Aggression, das die Liebe möglich macht, gleichsetzen mit dem Bedürfnis, sich gegenseitig Schmerzen zuzufügen?

Im Englischen sagt man: *It hurts*. Das bedeutet nicht nur: Es schmerzt. Sondern auch: Es berührt mich. Leichte Aggressionen berühren einen. Bei einem Paar kann dieses »Berühren« eine normale Form des Kontaktes sein. Ich möchte den Masochismus gern in drei Kategorien einteilen, um das alles zu verdeutlichen. Die erste Kategorie ist der moralische Masochismus. Jeder kennt Männer, Frauen oder junge Menschen, die sich enorm für irgendeine Sache einsetzen, sich dafür ganz oder teilweise aufopfern. Das kann Sammeln für einen guten Zweck oder etwa die Pflege behinderter Mitmenschen sein. Außerdem kennt fast jeder Menschen, die nicht heiraten, weil die eigenen Eltern pflegebedürftig sind, und somit bewusst auf eine Entwicklung des eigenen Lebens verzichten.

Das bewundere ich sehr.
Es wirkt tatsächlich sehr edel und ist auch sehr edel. Und dennoch kann es eine Form von Masochismus sein, von Selbstquälerei, möglicherweise unbewusst. Diese Menschen müssen sich dessen nicht unbedingt bewusst sein, dass sie sich in der Situation wohl fühlen. Sie empfinden es wahrscheinlich eher als eine Art Berufung und realisieren nicht, dass sich hinter der Berufung eine Abart des Masochismus verbirgt.

Gilt das auch für die religiöse Berufung?
In der Religion spielt Masochismus mit Sicherheit eine große Rolle. Ich denke nicht, dass es heute noch häufig praktiziert wird, aber ich weiß, dass Selbstgeißelung in vielen Klöstern üblich war. Ich habe nämlich Patres gekannt, die mir davon erzählten und mir sogar ihre Peitsche zeigten. Damit verrieten sie keine Geheimnisse. In manchen Klöstern verlangte die Ordensregel tägliche Geißelung. Auch eine weitgehende Askese kann man als eine Form von Selbstgeißelung interpretieren. Oder denke an die Märtyrer, die gefoltert, gekreuzigt oder gesteinigt wurden. Sie haben sich ihrem Martyrium nicht widersetzt. Damit will ich nicht sagen, dass sie ihren schmerzhaften Tod selbst anstrebten,

aber sie sind ihm auch nicht gerade aus dem Weg gegangen. Die Folgen ihres Handelns waren vorhersehbar. Das kann man als eine Form von Masochismus interpretieren.

Marquis de Sade, von dem der Sadismus seinen Namen hat, schrieb einmal: »Geißelung ist ein äußerst effektives Mittel, um die Körperkräfte wiederherzustellen, wenn sie durch die Exzesse der Wollust geschwächt sind.« De Sade, der ein Befürworter der Wollust war, ging also davon aus, dass Wollust die Lebenskraft mindert und den Geist schwächt. Durch Askese und Auspeitschen konnte man seiner Meinung nach die Kräfte wieder aktivieren.

Sind de Sades Bücher nicht Pornographie?
Ich habe sein gesamtes Werk studiert. Es ist ungeheuer interessant und für bestimmte Krankheitsbilder von grundlegender Bedeutung. Aber kehren wir zu den Kategorien des Masochismus zurück. Eine zweite Kategorie ist für mich der soziale Masochismus. Er tritt sehr häufig auf. Typisch ist etwa die Geschichte eines Mädchens, das sich in einen Jungen verliebt, eine Beziehung mit ihm anfängt und ihn heiratet. Schon relativ bald nach der Eheschließung stellt sich heraus, dass er besonders dominant ist bzw. wird. Bald schon erkennt sie den Freund, in den sie sich verliebt hatte, kaum noch wieder. Er wird zu einem aggressiven Individuum, schlägt und erniedrigt, benutzt und missbraucht sie. Er fühlt sich mächtig, weil er sie quälen und verletzen kann. Eltern, Geschwister, Freunde und Bekannte, alle fragen sich, wie sie das aushalten kann. Das ist wirklich eine Alltagserscheinung.

Ich habe viele Briefe von Frauen erhalten, die sich selbst fragen, weshalb sie nur um Himmels willen bei diesen Männern bleiben. Sie verstehen sich selbst nicht. Nun, viele Frauen, die sich in dieser Opferrolle befinden, fühlen sich dabei eigentlich wohl. Ich weiß, es mag hart klingen, und nicht jeder wird diese Erklärung akzeptieren, aber diese Frauen bleiben nicht aus Liebe bei einem aggressiven Mann. Sie bleiben bei ihm, weil sie gern in die Rolle der untertänigen, versklavten Frau schlüpfen.

Gelegentlich behaupten Frauen, die von ihrem Mann grün und blau geschlagen werden, sie würden ihren Mann dennoch lieben. »Eigentlich ist er sehr lieb«, sagen sie sogar.
Das ist tatsächlich die übliche Erklärung, und für bestimmte Situationen mag sie auch zutreffen. Man darf nicht vergessen, dass auch eine masochistische Frau, die so schreckliche Dinge mitmacht und erträgt, ihre Liebe auf diesen Mann überträgt. Auch sie idealisiert ihren Partner.

Ignoriert sie seine negativen Eigenschaften?
Keine Situation ist gleich. Wir müssen uns vor Verallgemeinerungen hüten. Aber es wäre gut, wenn Frauen, die mit einem Partner derartige Erfahrungen machen und selbst nicht verstehen, weshalb sie bei ihm bleiben, die Hilfe eines Fachmannes suchen würden. Ich habe auch viele Briefe von Frauen und Männern bekommen, die bei einem alkoholabhängigen Partner bleiben.

Auch von Männern?
Sicher sind nicht allein Frauen masochistisch. Die Mann-Frau-Verteilung ist in etwa gleich, auch beim Sadismus. Ich habe überwiegend Briefe von Frauen bekommen, weil männliche Alkoholiker unter Alkoholeinfluss ihre Partnerin schlagen und demütigen. Dann ergibt sich die gleiche Situation, wie ich sie gerade geschildert habe, und stellt sich die gleiche Frage: »Wie halte ich das durch?« Die Erklärung ist ähnlich. Der Vollständigkeit halber möchte ich hier sehr klar betonen, dass Alkoholikern geholfen werden kann.

Auch in Arbeitsverhältnissen findet man regelmäßig sozialen Masochismus. Ich denke etwa an Sekretärinnen oder männliche Mitarbeiter, die sich ihrem Chef unterwerfen, sich sklavisch verhalten und sich dabei wohl fühlen. In Ehen kann man das gleiche Phänomen beobachten. Es gibt Paare im Dauerstreit, die konstant aggressiv und feindselig miteinander umgehen und sich nicht trennen, obwohl die Beziehung nicht mehr zu retten ist. Diese Menschen bleiben möglicherweise beisammen, um sich zu quälen.

Bei dem Wort Masochismus denke ich eher an Sex als an schwierige Ehen.

Der erotische Masochismus ist die dritte, besonders faszinierende Kategorie. Jeder war schon einmal in unerreichbare Personen verliebt. Wie viele Männer sind nicht verliebt in Claudia Schiffer? Wie viele Mädchen nicht in den Sänger Helmut Lotti. Jede Frau, die sich in Lotti verliebt, oder jeder Mann, der sich in Claudia Schiffer verguckt, weiß, dass diese Liebe aussichtslos bleiben wird. Mir sind Männer begegnet, die ihre Wohnung mit Bildern einer für sie unerreichbaren Frau voll pflastern. Auch das ist eine Form von Masochismus. Nach etwas Unerreichbarem streben, auch in seinen Träumen, das ist selbstquälerisch.

Aber nicht erotisch, oder doch?

Wir kommen allmählich in den Bereich der Erotik. Ich glaube, viele Menschen werden in solchem Verhalten etwas wieder erkennen. Die Ursache, sich bei seiner Suche nach Liebe selbst zu quälen, liegt beim Mann in einer unerreichbaren Mutterliebe bzw. bei der Frau in einer unerreichbaren Vaterliebe. Wir kommen immer wieder auf dieses Thema zurück. Wenn ein heranwachsender Junge seine Mutter als aggressive Person erlebt, die ihn schikaniert, ihm Dinge vorenthält oder wegnimmt, bekommt er früher oder später ein Problem.

Du sagst: »Wenn er seine Mutter so erlebt«, nicht: »Wenn seine Mutter so ist«.

Jedes Kind erlebt eine bestimmte Situation anders. Das ist immer sehr subjektiv. Ein Kind ist empfindlicher als das andere, das eine Kind wird eine Mutter, die es mit Entschiedenheit erzieht und ihm deshalb beispielsweise niemals Süßigkeiten gibt, nicht als liebevolle, gebende Mutter erleben, ein anderes Kind hingegen sehr wohl. Aber wer glaubt, ihm habe eine sinnliche, warme Mutter gefehlt, der wird später mit ziemlicher Sicherheit Probleme bekommen. Und glaube mir, diese Probleme treten sehr häufig auf. Glücklicherweise bei vielen Menschen in einer akzeptablen Form, bei anderen leider mit krankhaften Zügen.

Wann ist es krankhaft?
Wenn eine Obsession das Verhalten eines Menschen zwanghaft bestimmt, dann ist es krankhaft. Wenn jemand zwanghaft masochistisch und nicht in der Lage ist, Lust zu genießen ohne Schmerz zu erleiden, dann wird es pervers, und wir kommen in das Gebiet der Pathologie. Ich spreche also nicht von dem geringen Quäntchen Schmerz, das Teil der Sexualität ist. Das Penetrieren, das Verlangen, in die Partnerin einzudringen, oder der Wunsch, vom Partner penetriert zu werden, ist ein normaler Ausdruck von Aggressivität. Das Quäntchen Schmerz gibt der Beziehung Würze. Schmerz ist ein sehr intensiver Reiz, der oft noch die Lust übertrifft. Wenn Schmerz in den Rahmen der gegenseitigen Liebe eingepasst wird, kann er die Bindung zwischen den Partnern stärken.

Wo liegt dann der Unterschied zum Masochismus?
Ein richtiger Masochist kann ohne Schmerzen keine Lust empfinden. Das ist der Unterschied. Es gibt übrigens zwei Arten von Masochisten und Sadisten, nämlich Menschen, deren ganzes Denken sich darum dreht, und solche, die ihre Neigung eher sporadisch ausleben. Wir sprachen bereits von der Frau, die ihrem alkoholkranken Ehemann trotz allem weiterhin Liebe schenkt. Die Frau lebt ständig in der Opferrolle. Es gibt auch Menschen mit einer gespaltenen Persönlichkeit, die im Alltag eine sehr dominante Position einnehmen - in einem Unternehmen oder in der Politik - und sich in ihrer Freizeit in Clubs erniedrigen lassen, indem sie beispielsweise wie ein Hund angeleint herumkriechen. Das ist nur ein Beispiel. Es handelt sich nicht um Komödianten, sondern um Männer und Frauen mit einer gespaltenen Persönlichkeit. In der einen Funktion können sie dominant sein und nur wenig später in einem anderen Umfeld ein völlig anderes Leben führen.

Auf mich wirkt das schon ein wenig verlogen.
Viele masochistisch veranlagte Menschen bemühen sich gerade, authentisch zu sein. Die Gesellschaft schreibt vor,

was gut und böse, was Tugend und Untugend, was erlaubt und verboten ist. Unsere Gesetze sind keineswegs allesamt aus dem Wesen des Menschen oder den tiefsten Bedürfnissen des Individuums hervorgegangen. Der Sadomasochismus passt beispielsweise nicht zum Selbstbild unserer heutigen Gesellschaft. Wer Sadomasochismus erleben möchte, fügt einem anderen aber nicht ungewollt Schmerz zu, sondern alles geschieht im gegenseitigen Einvernehmen. Das meine ich mit »authentisch sein«. Sadomasochisten wollen sich nicht von anderen ihre Lebensweise vorschreiben lassen, sondern ihr Leben nach eigener Fasson einrichten.

Vergessen wir nicht, dass Sadismus und Masochismus auch Teil der erwachsenen Sexualität sind. Sadomasochistische Elemente können in der Liebe eine wichtige, sogar positive Rolle spielen. Ich werde ein klassisches Beispiel anführen. Masochistische Frauen kommen bei sexuellen Kontakten manchmal nicht zum Orgasmus. Das machte einer Frau Sorgen, sie begab sich in Behandlung. Allmählich stellte sich heraus, dass ihre erste Liebe – zu ihrer Mutter und in einer zweiten Phase zum Vater – verletzend war. Die Mutter war dominant und der Vater meist abwesend. Als Kind hat sie nie wirkliche Liebe gekannt. Inzwischen ist sie verheiratet, aber, wie ich schon sagte, sie hat noch nie einen Orgasmus erlebt. An einem bestimmten Punkt des Geschlechtsaktes bittet sie ihren Mann, ihr an den Brüsten wehzutun. Damit wird ihr Mann eigentlich zu ihrem Kind. Zugleich verwandelt sie sich in ihre Mutter, zu der sie diese sehr schwierige, schmerzliche Beziehung hatte. Ihr Mann wird zum hungrigen Kind, das nach der Mutterbrust verlangt, wie sie nach einer liebevollen Mutter. Sie lässt sich in der heutigen Situation als Mutter vom Kind Schmerz zufügen und repariert so die Bindung zur eigenen Mutter.

Das klingt ziemlich kompliziert.
Es wird noch komplizierter. In dem Moment ist der Mann – natürlich nur in ihrem Unterbewusstsein – nicht nur ihr Kind, sondern auch der immer abwesende Vater. Während des Geschlechtsakts ist sie also die Mutter und ihr Partner

das Kind. Aber ihr Mann ist auch ihr Vater, während sie als Mutter Schmerz empfindet, weil sie nicht das gegeben hat, was sie hätte geben müssen. Nun, irgendwann zerkratzt sie den Rücken ihres Mannes. So verletzt sie ihren Vater und straft ihn für alles, was er ihr versagt hat. In dem Moment erlebt sie ihren ersten Orgasmus.

Muss diese Frau in Zukunft jedesmal den Rücken ihres Mannes wund kratzen, um zu einem Orgasmus zu kommen?
Nicht unbedingt. All das ist Teil der Therapie. Man sollte es als Versuch sehen, die ursprüngliche Liebesbeziehung wiederherzustellen. Es ist durchaus denkbar, dass ihr Problem nachher definitiv vom Tisch ist.

Sprechen wir hier von einer masochistischen oder von einer sadistischen Frau?
Dieses Szenario enthält sadistische wie masochistische Elemente. Wenn sie darum bittet, ihr an den Brüsten wehzutun, dann ist das eine masochistische Bitte, wenn sie den Rücken ihres Partners zerkratzt, handelt sie sadistisch.

Für einen Mann ist es gewiss nicht leicht, wenn er beim Liebesspiel gebeten wird: »Tu mir an der Brust weh!«
Diesem Moment waren Monate der Therapie vorangegangen. Auch für den Mann. Er war nicht unvorbereitet. Er wusste, dass seine Frau quasi genau in dem Moment gerettet war, als sie diese Bitte aussprach. Das geht nicht immer so, und außerdem kann nicht allen Frauen geholfen werden. Manche wollen auch gar keine Hilfe, denn das Opfer zu sein oder zu spielen, ist schließlich kein reiner Akt der Unterwerfung. Von einem anderen verlangen, dass er oder sie einem Schmerz zufügt, und selbst den Schmerz auch zu ertragen, gibt einem eine gewisse Macht über den, der es tut. Menschen, die verletzt werden wollen, tun das oft, um den Täter in ihre Gewalt zu bekommen. Man kann sich vorstellen, welch eine unglaubliche Überlegenheit daraus erwächst, wenn sie offen zeigen, dass ihnen der Schmerz gut tut.

Das kann ich mir ehrlich gesagt nicht vorstellen.
Der Peiniger kann vom gequälten Opfer tyrannisiert werden. Ich will ein Beispiel aus meinem eigenen Leben erzählen. Wie du weißt, bin ich auf dem Lande aufgewachsen. Vor fünfzig Jahren lebten die Menschen dort wirklich noch hinter dem Mond. Im Sommerurlaub wohnte bei unseren Nachbarn ein sehr schönes Mädchen. Ich hatte mich in sie verliebt. Eines Tages ging ich mit ihr spazieren, auf der Straße, vermutlich keine hundert Meter weit. Meine Schwester hatte es beobachtet und meiner Mutter gepetzt. Nach dem völlig unschuldigen Spaziergang – wir waren beide etwa zehn Jahre alt – kam ich nach Hause, und meine Mutter wurde unglaublich wütend. Sie tobte. Ich habe nie verstanden, weshalb, bis heute nicht. Sie nahm einen Teppichklopfer und schlug mit dem Stiel auf meine Beine. Ich trug kurze Hosen, und deshalb tat es ziemlich weh. »Wirst du das noch einmal tun?« fragte sie. »Ja«, antwortete ich. Meine Mutter schlug zu, fragte mich noch einmal, und wieder antwortete ich »ja«. Sie hat mich blutig geschlagen. Man kann die Narben heute noch sehen. Eine so aggressive Tat hätte ich nie von ihr erwartet. Für mich war es ein Angriff auf meine Liebe. Dennoch habe ich die Zähne zusammengebissen. Ich spürte nicht einmal viel Schmerz, obwohl es objektiv betrachtet sehr wehgetan haben muss. Ich fühlte mich im Gegenteil unglaublich gut, während ich ständig wiederholte, ich würde es noch einmal tun. Ich sagte immerzu »ja«, und irgendwann musste sie aufhören zu schlagen. Dieses Beispiel beweist, dass das »Opfer« mächtiger sein kann als der »Täter«.

Deine Mutter sollte vielleicht einmal erklären, was damals in ihr vorging.
Meine Mutter ist absolut keine aggressive Frau. Es war ein wirklich außergewöhnlicher Vorfall. Aber wenn Kinder mit aggressiven Eltern aufwachsen oder Inzest erleben, sind ganz andere Szenarien möglich. Inzest ist natürlich ein gewaltiger Angriff auf die ödipale, die ursprüngliche Liebe. Aber selbst wenn die Bedingungen, unter denen ein Kind aufwächst, außerordentlich schlecht sind, kann es noch als

Erwachsener zu einer akzeptablen Form von Masochismus finden oder sogar zu der edlen, selbst aufopfernden Form, von der ich zu Beginn gesprochen habe.

Es kann auch sein, dass so jemand später freiwillig in der Opferrolle verbleibt. In den Medien sieht man manchmal Menschen, die einmal Opfer waren und diese Opferrolle weiterhin kultivieren. In einigen Fällen führen sie sogar die entsprechenden Umstände selbst herbei. Sie können den Schmerz und die Strafe auch auf ihr Sexualleben übertragen. Das nennen wir »erotisieren«. Sie verlangen in der Sexualität nach Schmerz, der für sie eine Quelle der Lust ist. Aber der Masochismus kann auch zu Anorexie und Bulimie führen, die eigentlich Formen der Selbstzerstörung sind. Unbewusst wollen Anorexie-Patienten das Schlechte in sich vernichten, obwohl sie selbst daran keinerlei Schuld trifft. In Wirklichkeit tragen sie natürlich gar nichts Schlechtes in sich, sie haben nur schlechte Erfahrungen gemacht.

Masochismus besitzt auch Aspekte, die uns vor allem im juristischen Kontext zur Vorsicht mahnen sollten. Er gibt nämlich Frauen mit masochistischen Phantasievorstellungen. Das ist ein sehr heikles Thema. Manche dieser Geschichten konnten wir die letzten Jahre in den Medien verfolgen. Diese Frauen bilden sich ein, sie seien vergewaltigt oder auf andere Art missbraucht worden oder würden immer noch missbraucht. Sie erleben den Missbrauch in ihrer Phantasie, erfahren ihre Phantasiebilder jedoch als real. Das kommt relativ häufig vor, bei Kindern und auch bei Erwachsenen. Dieses Phänomen bringt natürlich enorme Probleme mit sich. Wenn eine Frau oder ein Mädchen behauptet, sie sei missbraucht oder vergewaltigt worden, dann ist es für Außenstehende, natürlich auch für Juristen, ungeheuer schwer, zu beurteilen, was Phantasie und was Wirklichkeit ist. Man wird begreifen, dass es für einen Angeklagten ebenfalls sehr schwierig und manchmal unmöglich ist, sich gegen Hirngespinste zu verteidigen. Ich verurteile Mädchen oder Frauen nicht, die fälschlich behaupten, sie seien vergewaltigt worden. Sie trifft keine Schuld.

Begreifen sie denn selbst nicht, dass alles nur in ihrer Phantasie geschieht?

Nein. Die Opferrolle dominiert ihr Unterbewusstsein so stark, dass sie die Kontrolle darüber verlieren und aufrichtig glauben, alles geschehe wirklich oder sei so geschehen. Für den unschuldigen Angeklagten sind die Schwierigkeiten groß. Aber auch für die tatsächlichen Opfer, die es natürlich ebenfalls gibt, sind diese Falschaussagen von Nachteil. Ein Mädchen, das wirklich von einem Familienangehörigen missbraucht wurde, oder eine Frau, die wirklich vergewaltigt wurde, wirkt deshalb unter Umständen weniger glaubwürdig. Masochistische Phantasien dieser Art können wirklich sehr weit gehen. Es gibt Frauen, die alles dafür tun, ihren Wahn so gut wie möglich mit der Wirklichkeit zu verzahnen. Sie reichen eine Klage ein, weil ein Prozess ihre Phantasien realer erscheinen lässt. Vielleicht wenden sie sich an die Medien, um ihre Geschichte zu erzählen. Die allgemeine Berichterstattung und das Interesse der Öffentlichkeit bestätigen sie dann in ihrer Rolle.

Sind das nicht die typischen Ausreden von Vergewaltigern? Ist es denn die Wirklichkeit, was du hier erzählst?

Natürlich ist das die Wirklichkeit. Therapeuten kennen diese Situationen, sie sind auch ausführlich in der psychoanalytischen Literatur beschrieben worden. Häufig bezichtigen masochistische Frauen gerade ihren Therapeuten des Missbrauchs. Oder sie versuchen, ihn zu verführen, um so zu beweisen, dass er unfähig ist und ihnen nicht helfen kann. So können sie in ihrem Masochismus verharren, denn sie wollen sich eigentlich gar nicht helfen lassen. Obwohl sie die Therapie nicht abbrechen, versuchen sie gleichzeitig, diese zu sabotieren. Dass Vergewaltiger so etwas aufgreifen, um ihr eigenes verwerfliches Tun zu beschönigen, macht die ganze Sache nur noch undurchschaubarer.

Sadismus

»Man hat lange angenommen, dass Sadomasochismus bei Männern häufiger vorkommt als bei Frauen«, sagt Bo Coolsaet. »Das ist auch verständlich. Der Mann hat Tausende von Jahren die Gesellschaft im Allgemeinen und insbesondere die Frau ›dominiert‹. Daher assoziiert man den Mann mit Dominanz, mit Macht und Machtmissbrauch. Also wird man den Mann auch leichter verdächtigen, seine Partnerin in einer Liebesbeziehung zu missbrauchen. Ganz allgemein werden Perversitäten aller Art schneller Männern als Frauen zugeschrieben, vermutlich auch zu Recht.«

Perverses Verhalten wird möglicherweise von biologischen Faktoren wie dem Testosteron, dem männlichen Hormon, mit ausgelöst. Andererseits äußern sich Frauen, etwa in Umfragen, leichter zu diesen Themen. Männer sind in dieser Beziehung erheblich weniger mitteilsam. Dadurch kommt von Frauenseite mehr ans Licht als aus der Männerwelt. Beim Sadomasochismus deuten die Zahlen auf eine gleiche Verteilung unter den Geschlechtern hin, aber möglicherweise sind diese Zahlen durch die bessere Kommunikationsfähigkeit der Frau verzerrt. Vermutlich kommt Sadomasochismus bei Männern häufiger vor als bei Frauen, aber sicher wissen wir es nicht. Deutlich ist aber, dass viele Probleme, die in der frühesten Phase des Liebeslebens entstehen, in Zusammenhang mit der Kastrationsangst stehen.

Ist diese Angst typisch männlich?
Ja und nein. Relativ viele Männer leiden unter einer realen Kastrationsangst. Sie assoziieren Männlichkeit mit Hoden und haben Angst, dass diese ihnen irgendwie abhanden kommen könnten. Ein allzu dominanter Vater kann diese Angst bei seinem Sohn auslösen. Aber auch Mädchen können sich vor einer dominanten Mutter oder einem tyran-

nischen Vater fürchten. Nur wird sich die Angst der Mädchen nicht auf ihre Geschlechtsorgane übertragen, da eine Frau nun einmal anders gebaut ist als ein Mann.

Wie erlebt denn eine Frau »Kastrationsangst«?
Bei einer Frau bezieht sich die Angst nicht etwa auf ihre Genitalien oder Eierstöcke, sondern auf den ganzen Körper. Frauen mit »Kastrationsangst« fürchten also, ihrem Körper könne etwas zustoßen. Im Masochismus gibt es noch weitere Unterschiede zwischen Männern und Frauen, die wir vielleicht kurz anreißen sollten. In jeder Beziehung ist es gut zu wissen oder immerhin zu ahnen, welche Bedeutung bestimmte Gefühle für den Partner haben. Masochistische Männer wollen im Allgemeinen von einer starken, mächtigen, fast grausamen Frau befriedigt werden. Masochistische Frauen wollen von starken Männern gewissermaßen - ich sage mit Absicht: gewissermaßen - vergewaltigt werden. Sogar im normalen Liebesleben bitten manche Frauen ihren Liebhaber beim Geschlechtsverkehr: »Nimm mich!« oder verlangen wortwörtlich: »Vergewaltige mich!« Im Liebesleben kann diese Bitte ein positiver Anreiz sein. Sucht eine masochistisch veranlagte Frau nach gefährlichen Männern, die sie tatsächlich vergewaltigen, dann bekommt das Ganze natürlich krankhafte Züge, die eine Behandlung erfordern.

Männliche Masochisten erleben im Allgemeinen gern auch relativ starken Schmerz, weibliche dagegen nicht; sie bevorzugen häufige, aber weniger tiefe Schmerzerfahrungen. Schmerz kann Männer wirklich körperlich befriedigen, sie können dadurch zum Orgasmus kommen. Für masochistische Frauen bringt der Schmerz nicht unbedingt einen Orgasmus. Ihnen geht es eher um das Gefühl, brutal penetriert zu werden.

Es erstaunt mich noch immer, dass manche Menschen mehr Lust durch Schmerz empfinden als durch sanftes, liebevolles Streicheln.
Die Ursache all dieser sexuellen Variationen ist immer wieder in der ursprünglichen Liebe zu suchen. Warum möchte

ein masochistischer Mann von einer starken Frau gepeinigt werden? Weil er sich wieder als kleiner Junge fühlt und die gescheiterte Beziehung zu seiner starken Mutter erneut aufnehmen und sogar vertiefen kann. Nun hat er wirklich sexuellen Kontakt zu seiner ersten Liebe und fühlt sich in seiner Beziehung zur dominanten Mutter als Mann. Das ist eine kurze Umschreibung dessen, was unbewusst abläuft. Der Erfolg der SM-Clubs beweist, wie viele Männer und Frauen in ihrer allerersten Liebesbeziehung Probleme hatten und diese noch einmal erleben wollen. Früher war das nur in Therapie möglich, heute suchen viele Menschen in SM-Gruppen und -Clubs selbst nach einer Lösung. Wir müssen also vorsichtig sein, wenn wir über Menschen, die Sadomasochismus erleben wollen, urteilen. Für manche ist es unbedingt notwendig. Andererseits sind diese Art Clubs heute ein Modetrend. Sie werden inzwischen auch von Menschen aufgesucht, die keinen Sadomasochismus brauchen, die kein Gespür dafür haben, die nicht einmal wissen, worum es dabei geht.

Viele Menschen langweilen sich in der gewöhnlichen Sexualität und suchen nach Alternativen. Ich bin ein erklärter Gegner von SM-Praktiken als Trend, als Modeerscheinung. Sie demonstriert, dass unsere Gesellschaft mit der Pornographie zu weit gegangen ist. Die Pornographie - nicht die Erotik! - ist meines Erachtens wirklich ein gesellschaftliches Problem. Menschen müssen ihr Interesse und ihre Begeisterung für den normalen Sexualkontakt wieder finden. Das wird aber erst möglich sein, wenn wir wieder lernen, richtig zu lieben.

Manchen Menschen wird ein normaler Sexualkontakt wohl nie genügen.

Manche Menschen brauchen den Sadomasochismus in irgendeiner Form. Sie sollten ihn besser in einer kontrollierten Umgebung ausleben, in der alle Teilnehmer mit dem Geschehen einverstanden sind.

Sadomasochismus setzt oft schon im Kindesalter ein. Jungen, die in ihrer eigenen Identität noch unsicher sind, neigen dazu, andere zu schikanieren. Bekannt ist, dass Piesackereien in der Schule ein sehr großes Problem sind. Nun, das ist ebenfalls eine Art von Sadismus. Das Identitätsproblem des Quälgeistes ist dabei die Ursache. Das Opfer der Quälerei hat im Grunde weniger Probleme als sein Peiniger.

Wer in der Schule gepiesackt wird – und es trifft immer dieselben, wie ich höre –, kann sehr darunter leiden.
Es sind tatsächlich oft dieselben, weil Quälgeister sich ein Opfer suchen, das sich nicht gut wehren kann. Für den Gequälten kann das schlimme Folgen haben, aber eigentlich hat der Quälgeist ein grundsätzliches Problem, nicht sein Opfer. Quälgeister sind oft neidisch auf ihre Opfer. Das sollte man nie aus den Augen verlieren und es, falls erforderlich, auch seinen Kindern sagen.

Es gibt übrigens auch Formen von sozialem Sadismus, die mehr oder weniger akzeptiert sind. In manchen amerikanischen Staaten kann man die Vollstreckung eines Todesurteils im Fernsehen ansehen. Diese Sendungen erzielen immer hohe Einschaltquoten. Ich finde es seltsam, aber es zeigt doch, dass es viele Menschen interessiert.

Jeder von uns hat ein gewisses Maß an Sadismus und Masochismus in sich. Das kann nicht schaden, solange es im Gleichgewicht bleibt, aber dieses Gleichgewicht ist sehr labil.

Glaubst du wirklich, dass es in der Liebe einen Platz für Sadismus gibt?
Auch hier identifiziert sich die Person, die gepeinigt wird, mit der Person, die sie quält, und umgekehrt. Daher sprechen wir besser von Sadomasochismus als von Sadismus und Masochismus. Zudem ist Sadismus nicht absolut. Sogar der Marquis de Sade war nur zum Teil Sadist. Am Ostersonntag teilte er die Hostien in der Kirche aus! Selbst er, den wir doch als extremen Sadisten bezeichnen dürfen, hatte eine Art gespaltener Persönlichkeit, eine zweite Rolle, die ihn zu einem normalen Leben befähigte.

Ich habe weiterhin meine Probleme mit dieser Kombination.
Das ist verständlich. Du erinnerst dich, dass wir von Gleichberechtigung der Partner als einem der tragenden Elemente der wahren, auf Gegenseitigkeit beruhenden Liebe ausgegangen sind. Nun, ein Sadist akzeptiert keine Gleichberechtigung. Er möchte prinzipiell, dass der andere ihrer oder seiner Macht bedingungslos unterworfen ist.

Entwertet er oder sie den Partner zum Objekt, wie wir es bereits beim Narzissmus beobachtet haben?
Das nun gerade nicht. Für einen Sadisten ist es wesentlich, dass ihm der andere als Individuum zur Verfügung steht. Ein Sadist wird keinem Stuhl wehtun, weil ein Stuhl keinen Schmerz fühlt. Ein Sadist wird auch keine Lust dabei empfinden, eine Person zu verletzen, die er oder sie nicht achtet. Und dennoch darf die betreffende Person nicht mit ihm oder ihr auf einer Stufe stehen. Du siehst, wie heikel die ganze Angelegenheit ist.

Aber SM steht im Widerspruch zur Liebe.
Die Liebe ist dem tatsächlich diametral entgegengesetzt. Es geht beim Sadismus auch nicht um den Schmerz, sondern um das Wehtun, um den Akt, Schmerz zuzufügen. Ein Sadist möchte in einen anderen eine Öffnung hineinschneiden, weil er oder sie keinen Kontakt zu dieser Person finden kann. Man kann einen Sadisten als eine Art Autisten sehen. Kennst du den Film *Rain Man*? Dieser Film illustriert sehr gut, was Autismus ist: eingesperrt zu sein in sich selbst. Die liebevollen Gefühle, aber auch die Geschlechtstriebe des Sadisten sind de facto in ihm eingesperrt. Sadisten können sich nicht öffnen. Sie finden keinen Kontakt zum Anderen. In der Sexualität, in erotischen, sadomasochistischen Akten bleiben Sadisten immer kalt. Sie sind frigide Liebhaber, oder nicht einmal Liebhaber, sondern kalte, geistig klare Spieler.

Können sie sich denn genug gehen lassen, um einen Orgasmus zu bekommen?

Sadisten erleben einen Orgasmus ganz anders als andere Menschen. Die Spasmen der Beckenbodenmuskeln werden bei ihnen nicht vom Gefühl der äußersten Verschmelzung begleitet, sondern von einem Gefühl der Eiseskälte. Normale Menschen suchen und finden in einer warmen Liebesbeziehung Kontakt zueinander, indem sie sich anschauen, ansprechen, berühren und streicheln. Sadisten stellen einen Kontakt anders her: über heißes Kerzenwachs, scharfe Gegenstände, Ketten, Peitschen. Alles, womit man Schmerzen zufügen kann, setzen sie ein, um Kontakt zum Partner zu bekommen.

Zwischen zwei warme Körper, die sich am liebsten nackt aneinander schmiegen, schalten sie immer einen Gegenstand.

Ja, es ist kein emotionales Begehren. Es kommen immer Objekte mit ins Spiel. In Wirklichkeit ist das ein Zeichen von Ohnmacht. Es zeugt von der eigenen Unfähigkeit zu lieben. Sie fühlen, dass sie anders sind als andere, nicht zu einer emotionalen Bindung in der Lage. Das erinnert an den bereits früher besprochenen Narzissmus. Narzissmus und Sadismus treten tatsächlich oft zusammen auf. Abgesehen von diesem Gefühl der Ohnmacht macht es Sadisten auch stolz, dass sie einem anderen Schmerzen bereiten können. Dennoch wird Sadismus oft von Schuldgefühlen begleitet. Aber auch diese Reize haben Sadisten nötig. De Sade schrieb: »Das Glück liegt in dem, was uns reizt. Und nur das Verbrechen reizt uns.« Für ihn waren alle tugendhaften und liebevollen Reize, die wir so sehr genießen, leerer Schein. Nur im schmerzhaften Laster lag für ihn der Reiz. De Sade hat das sehr weitgehend in die Tat umgesetzt. Er spielte keine oberflächlichen Spielchen.

Du hast all seine Bücher gelesen. Konntest du die Lektüre genießen?

Die Arbeiten des Marquis de Sade sind vor allem interessant, weil man alle von ihm beschriebenen Elemente auch irgendwo in unserem Alltag wieder findet. Das Prinzip der

Sünde zum Beispiel: Warum fluchen wir? Weil es uns gut tut, die Grenzen der Norm zu übertreten. Je gläubiger ein Mensch ist, desto größere Erleichterung bringt es ihm, »Herrgott noch mal« oder »zum Teufel!« zu sagen. Es tut manchmal auch gut, den Geliebten zu beschimpfen. Daraus könnte man schlussfolgern, dass ein sadistisches Verlangen in vielen von uns lebt. Das Sündenprinzip hat für uns alle einen gewissen Reiz. Das steht in den Büchern von de Sade. Er hat vor zweihundert Jahren schon geschrieben, dass wir weitgehend in einer scheinheiligen Gesellschaft leben. Das stimmt auch. Wir sind allesamt ein bisschen scheinheilig.

Ohne einen Hauch von Scheinheiligkeit wäre die Welt unbewohnbar.
Stimmt. Die Balance all dieser unterschiedlichen kleinen Abweichungen macht das Leben, macht unsere Beziehungen und unsere Gesellschaft erst interessant. Wenn keiner einen Funken Ehrgeiz, Narzissmus, oder eben auch Sadismus hätte, würde auch keiner ein Buch schreiben, ein Unternehmen gründen oder Bundeskanzler werden wollen. Ich will nur sagen, dass alles, was wir in den vergangenen Wochen angesprochen haben, viele positive Seiten hat. Nur wenn das Gleichgewicht fehlt, kommt es zu den extremen, krankhaften Fällen, unter denen die Patienten selbst leiden und die in der Gesellschaft auffällig werden. Sobald bestimmte Grenzen überschritten werden, fällt es der Gesellschaft schwer, diese Phänomene zu tolerieren. Dennoch kommen sie vor, und wir müssen lernen, mit ihnen zu leben. Ich verteidige damit keinesfalls sadistische Handlungen, das möchte ich klarstellen. Wir müssen nur versuchen, aus der kleinen Portion Sadismus heraus, die in uns allen steckt, das Phänomen Sadismus zu verstehen; und zwar nicht aus Eigennutz, sondern um den Menschen zu helfen, die darunter leiden.

Bevor wir zum Schluss kommen, möchte ich noch kurz betonen, dass de Sade keineswegs geistesgestört war. Jeder sieht Sigmund Freud als Genie, aber der Marquis de Sade war ihm weit voraus. Freuds Pansexualismus, der von der

Annahme ausgeht, dass alles, was wir tun, von unserer Sexualität bestimmt und gesteuert wird, hat schon lange vor ihm de Sade wortwörtlich beschrieben.

Ein Jahrhundert vor Freud?
De Sade wurde zwar das Etikett des sprichwörtlichen Sadisten aufgeklebt, aber als Wissenschaftler war er seiner Zeit weit voraus.

Neue Formen des Zusammenlebens

Das Ende unserer Gesprächsreihe naht, auch wenn das Thema Liebe natürlich nie erschöpft sein wird. Glücklicherweise. Wir nehmen uns jetzt noch ein bisschen Zeit, um über die Zukunft der Mann-Frau-Beziehung zu sprechen. »In den vergangenen Monaten haben wir ein buntes Mosaik der Liebe skizziert«, beginnt Bo Coolsaet. »Ich habe wiederholt darauf hingewiesen, dass wir uns heute in einer Übergangsphase befinden, nicht nur in gesellschaftlicher Hinsicht, sondern auch in der Mann-Frau-Beziehung, in der Familiensituation und in der Intimität. Wir leben in einer ziemlich chaotischen Phase, aber ihr wird bestimmt eine neue Periode der Stabilität folgen, eine Periode, in der die Beziehungen zwischen Mann und Frau anders aussehen werden.«

Ich glaube, die frühere Stabilität in der Gemeinschaft von Mann und Frau beruhte hauptsächlich auf wirtschaftlichen Aspekten. Eine Beziehung auf ökonomischer Grundlage ist eine der stabilsten Formen des Zusammenlebens. Bis in die sechziger Jahre hinein wurde das Zusammenleben von Mann und Frau zudem von einem Normen- und Wertesystem beherrscht, das Kirche und Staat vorgaben. Sobald ein Paar sich gebunden hatte, konnte die Bindung nur schwer wieder gelöst werden. Allein schon aus ökonomischen Gründen konnte man aus so einer Ehe nicht ganz leicht wieder heraus. Aber auch, weil die Kirche die Scheidung verbot und der Staat sie erschwerte. Noch heute ist die Gesetzgebung nicht darauf eingerichtet, Scheidungsverfahren zügig verlaufen zu lassen.

Wurden die Werte und Normen nur von der Kirche und vom Staat vorgegeben?
Sie wurden in erster Linie vom Vater auf den Sohn übertragen, in wörtlicher wie in übertragener Bedeutung. Die

Männer bildeten die Machtpyramide, und die Väter gaben die Normen und Werte an ihre Söhne weiter. Diese Übertragung der Normen wurde von den typischen Vater-Sohn-Konflikten begleitet. Aber ein Sohn wird irgendwann selbst Vater und gibt dann seinen eigenen Söhnen doch wieder die gleichen Normen weiter. So lernten die jungen Männer, was man von ihnen erwartete, nämlich Karriere zu machen. Sie lernten auch von ihren Vätern, wie sie mit Frauen umzugehen hatten. Außerdem wurden sehr viele praktische und emotionale Bereiche des Lebens, darunter auch die Sexualität in einer Paarbeziehung, durch religiöse Vorschriften bestimmt und somit standardisiert.

Beispielsweise verdiente der Mann das Familieneinkommen. Vor etwa fünftausend Jahren, mit dem Entstehen der Städte, hat er diese Rolle übernommen. Wie das genau kam, kann nur schwer rekonstruiert werden. Möglicherweise hat sich der Mann diese Funktion freiwillig angeeignet, aber es kann ebensogut die Folge einer logischen Entwicklung sein. Zuerst sorgte er für die Nahrung und später dann für das Geld, mit dem Nahrungsmittel gekauft werden konnten. Es kann durchaus auch sein, dass die Frau dem Mann diese Rolle aufgedrängt hat. Wenn ein Mann selten zu Hause ist, kann die Frau in der Familie eine starke Machtposition aufbauen. Frauen hatten das Monopol auf den Haushalt und die Kinder. Es ist gut denkbar, dass die Frau diese Aufgabe bewusst eingefordert hat.

Deshalb ist Dominanz kein exklusiv männlicher Charakterzug. Beide Geschlechter haben bis zu einem gewissen Grade ihren eigenen Bereich dominiert, die Frau innerhalb, der Mann außerhalb des Hauses.

Mit der Dominanz im Haus kann es doch nicht besonders weit her gewesen sein. Sonst hätten die Frauen doch nicht gegen die existierende Rollenverteilung rebelliert.

In der japanischen Kultur ist die Dominanz der Frau im häuslichen Bereich noch heute viel ausgeprägter, als sie es bei uns war. Japanische Männer arbeiten nicht nur außer Haus, sondern erleben dort auch einen Großteil ihres Intimlebens, nämlich in der Geishakultur. Im häuslichen Bereich besitzt die Frau dagegen die absolute Macht. Bei einem Besuch in Japan habe ich einmal bei einem Kollegen übernachtet, der nicht einmal Kaffee kochen durfte. Der Haushalt war die ausschließliche Domäne der Frau, sogar in diesem intellektuellen Milieu. Bei uns ging es früher vielleicht nicht ganz so weit, aber auch in Europa war der Mann für Frau und Kinder verantwortlich. Bei einer Schiffskatastrophe verlassen Frauen und Kinder zuerst das Schiff, als ob eine Frau mehr wert sei als ein Mann. Für den Mann bedeutete die Verantwortung für Weib und Kind so viel, dass es ihn das Leben kosten konnte.

Das Prinzip »Frauen und Kinder zuerst« gilt aber heute nicht mehr; das hört man zumindest von Menschen, die in jüngster Zeit eine Schiffskatastrophe erlitten haben.
Das ganze Mann-Frau-Verhältnis hat sich gewandelt. Früher wäre es undenkbar gewesen, dass eine Frau im Restaurant gezahlt hätte, wenn ein Paar ausging. Aber weshalb sollten immer die Männer zahlen, wenn die Frau doch emanzipiert ist? Solche Dinge ändern sich tatsächlich allmählich. Die Folgen der historischen Aufgabenteilung waren natürlich sehr viel größer, als es ein paar Anekdoten zeigen. Der Mann übte immer die gefährlichen Berufe aus. Man sagt so leicht, dass Frauen in minderwertige Positionen abgerutscht sind (was natürlich auch stimmt), aber es waren die Männer, die in die Bergwerke hinabstiegen und die schwierigsten und gefährlichsten Arbeitsstellen in der Industrie übernahmen. Erst seit kurzer Zeit wird in Belgien bei Nachtschichten kein Unterschied mehr zwischen Männern und Frauen gemacht. Früher gab es für Frauen ein Nachtarbeitsverbot, obwohl diese Arbeit für Männer ebenso ungesund ist wie für Frauen. Es gibt viel mehr Berufsunfälle bei Männern als bei Frauen. Bis vor kurzem gab es auch beim Militär keine Frauen. Das hat sich geändert, und das ist auch gut so.

Dass Veränderungen im Gange sind, ist unübersehbar. Gelegentlich wird behauptet, dass die Frau früher keine andere Wahl gehabt habe, als Mutter am häuslichen Herd zu werden. Aber ein junger Mann hatte ebenfalls keine Wahl. Er musste eine Familie ernähren können, sonst fand er nicht einmal eine Frau. Sein Verdienst war praktisch sein einziges Lockmittel. Das hatte Folgen, für den Mann und für die Liebe. Nicht alle Männer mögen ihre Arbeit. Arbeit zu haben, ist wichtig, aber eine Arbeit zu haben, die man gern macht, ist noch viel wichtiger. Viele Männer müssen außer Haus schlecht bezahlten oder unangenehmen Tätigkeiten nachgehen. Das treibt sie in die Oberflächlichkeit, denn die Verpflichtung, ihre Familie zu ernähren, zwingt Männer einerseits zum materiellen Denken und andererseits zur Abwesenheit von der Familie. Dann kann ein Mann seine Vaterrolle nicht wirklich ausfüllen und ist auch nicht in der Lage, für seine Frau der Traumprinz, der liebevolle, zärtliche Liebhaber zu sein. Dies machen ihm heute die Frauen zum Vorwurf, aber es ist nicht allein sein Fehler. Auch er ist ein Opfer des Systems.

Du hämmerst mir doch ständig ein, dass sich ein Mann mehr Zeit für Kinder, die Frau und für die Liebe nehmen sollte.

Hier muss absolut eine Veränderung eintreten, aber es nützt nichts, sich gegenseitig Vorwürfe zu machen. Ein Wandel muss aus der Erkenntnis kommen, wie diese Situation entstanden ist. Mann und Frau müssen zuerst herausfinden, wer sie selbst sind und wer ihr Partner ist, und welche Vorstellungen beide haben. Wenn wir einander besser kennen, werden wir zu einer neuen Form des Zusammenlebens finden, in dem Männer wie Frauen die ihnen gemäße Position einnehmen werden.

Der Mann wurde wegen seiner dominanten Rolle, die er auch in der Sexualität spielt, negativ beurteilt. Allmählich wurde er nur noch als eine Art Vergewaltiger, als liebloser Mensch gesehen. Es ist jedoch sehr die Frage, ob er daran allein schuld ist. Ein Mann, der am Arbeitsplatz ständig kämpfen muss, um sich zu behaupten, kommt völlig erschöpft nach Hause. Er arbeitet, um Geld für Frau und Kind zu verdienen, und kann dann abends nicht auch noch ein zärtlicher Liebhaber sein. Viele Frauen können es sich erlauben, zu Hause ihre Empfindsamkeit und ihre Sensibilität zu bewahren, sich ihre Liebesfähigkeit zu erhalten. Männer haben dazu nicht immer die Gelegenheit.

Frauen werfen Männern manchmal vor, sie könnten nicht lieben.

Natürlich können Männer lieben, natürlich können Männer gute Väter sein, aber man muss ihnen die Möglichkeit dazu geben. Gemeinsam müssen wir versuchen, ihnen eine reelle Chance zu bieten. Das ist nicht nur für die Männer wichtig, sondern auch für die Frauen und ganz sicher für die Kinder, für unsere nächste Generation. Ich denke, dass dies den Frauen schwer fallen wird.

Warum?

Die Frau hat natürlich das Recht, sich aus einer Position zu befreien, die sie als minderwertig und sogar als unterdrückend erfährt. Männer dürfen diese Befreiung nicht blockieren. Eine Frau kann sich heute aussuchen, ob und wann sie Kinder möchte, ob mit oder ohne Mann, mit oder ohne Karriere. Das sind wichtige Veränderungen, die in den sechziger Jahren eingesetzt und den Mann seither in viele Schwierigkeiten gebracht haben. Vergleichen wir zum Beispiel einmal die Lebenserwartung von Männern und Frauen. 1920 lebte eine Frau im Schnitt ein Jahr länger als der Mann, heute sind es sieben Jahre. Als der Mann noch der dominante Herrscher war, der alles allein bestimmen konnte, sah es genau umgekehrt aus. Biologisch hat sich in diesen achtzig Jahren nichts verändert.

Es gibt weitere Elemente, die dabei eine Rolle spielen. Das wichtigste ist Stress am Arbeitsplatz. Die meisten Männer sind außerordentlich viel Stress im Berufsleben ausgesetzt, und dieser Stress nimmt ständig zu, unter anderem, weil die Sicherheit des Arbeitsplatzes nicht garantiert ist. Es gibt immer häufiger Entlassungen mit sofortiger Wirkung.

Ein amerikanischer Psychologe hat die emotionalen und psychischen Folgen einer unerwarteten Entlassung untersucht. Dabei stellte sich heraus, das die Folgen für einen Mann etwa so schwerwiegend sind wie für eine Frau eine Vergewaltigung. Und das will wohl etwas heißen.

Vielleicht messen Männer ihrer Arbeit zu viel Wert bei, und deshalb macht ihnen eine Entlassung so zu schaffen. Wenn man sich klarmacht, dass Arbeit nur ein Teil des Lebens ist, kann man den Verlust des Arbeitsplatzes vielleicht leichter verkraften.

Das mag ja so sein, aber damit ist noch nicht die ganze Frage gelöst. Auch die Selbstmordrate liegt bei Männern viel höher als bei Frauen. Bei Männern nehmen Depressionen dramatisch zu. Auch aus diesen Gründen lebt der Mann kürzer als die Frau.

Ein Mann gibt weniger Acht auf sich selbst, auch, weil er weniger Zeit dafür hat. Männer hegen immer noch eine Abneigung gegen Vorsorgeuntersuchungen. Die meisten Frauen suchen regelmäßig den Gynäkologen auf. Hausärzte und Andrologen sowie die eigentlichen »Männerärzte«, die Urologen, müssen sich absolut mehr um die Männer kümmern, nicht nur in medizinisch-biologischer Hinsicht, sondern auch emotional. Ein Mann muss die Gelegenheit haben, mit jemandem zu sprechen. Männern fällt das Reden an sich schon schwer. Frauen sprechen oder schreiben viel leichter über ihre Probleme, sie suchen eher den Hausarzt oder Frauenarzt auf. Männer gehen oft erst zum Arzt, wenn es zu spät ist. Unter dem Gesichtspunkt der historischen Funktion des Mannes als Ernährer der Frau mag das alles gut und schön sein, aber es wird sich doch etwas ändern müssen. Der Mann wird die heutige Situation buchstäblich nicht überleben.

Leben Karrierefrauen denn ebenfalls kürzer?

Darüber gibt es nur unzureichende Daten. Das Phänomen Karrierefrau existiert noch nicht lange genug. Fast alle sind junge Frauen. Ich nehme jedoch nicht an, dass die Lebenserwartung von Frauen sinken wird. Frauen haben eine größere empathische Fähigkeit. Ein Mann sagt nichts, wenn ihn sein Chef ständig anschnauzt oder ihm seine Untergebenen das Leben schwer machen. Er frisst alles in sich hinein, wird langsam unglücklich und auf die Dauer krank. Frauen sprechen Probleme an und nehmen so den Druck vom Kessel. Sie sind weniger stressanfällig.

Können wir daraus schließen, dass Frauen besser für die Arbeit in unserer schnellen, stressigen Gesellschaft geeignet sind?
Ich denke tatsächlich, dass sie dazu biologisch besser geeignet sind, aber ich frage mich, ob sie auf die Dauer weiter im Wirtschaftsleben mitarbeiten wollen. Die Ehefrauen höherer Führungskräfte gehen in Belgien zu achtzig Prozent keiner bezahlten Arbeit nach, die Ehemänner der weiblichen Führungskräfte sind jedoch fast alle berufstätig. Männer spüren also weiterhin einen Leistungsdruck, sogar wenn sie es finanziell nicht nötig hätten. Es gibt zwar Familien, in denen die Frau das Familieneinkommen verdient und der Mann den Haushalt führt, aber ich glaube, nur Männer mit einer starken Persönlichkeit können diesen Rollentausch tatsächlich verkraften.

Sind Hausmänner denn nicht schwache Männer?
Eine Frau möchte einen liebevollen und zugleich starken Mann. Auch die Kinder verlangen nach einem starken Vater. Ich weiß nicht, ob er das ausstrahlen kann, wenn er nicht auch der Ernährer der Familie ist. Ich frage mich übrigens auch, ob eine Frau ihre Vormachtstellung in der Familie ohne weiteres dem Mann überlassen würde. Damit würde sie auch das Monopol auf die Kinder verlieren. Noch immer ist es bei Scheidungen fast selbstverständlich, dass die Frau die Kinder bekommt. Da könnte man sich auch fragen, ob das denn gerecht ist.

Geschiedene Männer wehren sich immer häufiger dagegen.

Dieser Protest sollte nicht nur aus der Männerecke kommen. Ich denke, dass es Ausgeglichenheit zwischen den Geschlechtern nicht geben kann, solange der Mann nicht das gleiche Recht auf die Kinder hat wie die Frau. Die Kinder wurden gemeinsam in die Welt gesetzt, und dann verliert ein Mann bei einer Scheidung die Kinder, muss jedoch weiterhin für sie zahlen.

Oft ist auch der Mann schuld an der Scheidung, habe ich mir sagen lassen.
Ich weiß nicht, ob das stimmt. Eheprobleme sind selten die Schuld nur eines Partners. Man unterschätzt die emotionalen Folgen einer Scheidung für einen Mann. Verschiedene Untersuchungen haben gezeigt, dass sie für Männer sogar härter sind als für Frauen. Ein Mann kommt also nach einer Scheidung emotional, und sehr oft auch finanziell, in Schwierigkeiten. Die Frau ist noch lange nicht emanzipiert, nur weil sie wichtige Positionen im Wirtschaftsleben einnimmt. Gleichzeitig muss dem Mann die Möglichkeit eingeräumt werden, einen wichtigen Platz in der Familie und als Vater seiner Kinder einzunehmen.

Immer mehr Ehen werden geschieden. Müssen wir daraus nicht schließen, dass die Beziehungen immer ungleichgewichtiger werden?
Wir leben in einer Periode des extremem Individualismus, der eine große emotionale Einsamkeit mit sich bringt. Aber der moderne Individualismus ist nicht mehr als eine Reaktion auf das Vorangegangene. Vor dem Zweiten Weltkrieg fand das Individuum kaum Beachtung. Man war in erster Linie Teil einer Gruppe, sie gab die Strukturen vor, in denen man lebte, und sie definierte auch die Normen und Werte, die man respektieren musste. Eine gewisse Abweichung war zwar je nach sozio-ökonomischer Position möglich, aber das Leben des Durchschnittsbürgers unterlag doch relativ strengen Regeln. Das machte das Leben übrigens andererseits auch einfacher.

Was hat dann den Wandel bewirkt?
Im Zusammenleben einer Gruppe entsteht fast von selbst ein hierarchisches Gefüge, das die Gruppe ordnet. Die Gruppe akzeptiert normalerweise diese Hierarchie. Heute, da wir in einer Zeit des extremen Individualismus leben, fällt es uns immer schwerer, Hierarchie und Autorität zu akzeptieren. Wenn man die Reaktionen auf manche Politiker oder andere Führungskräfte beobachtet, kann man nur konstatieren, dass inzwischen ihre Autorität nur noch sehr gering ist. Das ist sicher nicht ihnen allein zuzuschreiben. Die wahre Ursache ist unser modernes Gesellschaftssystem, wie wir miteinander leben und verkehren. Aus den Wahlergebnissen lässt sich nicht nur ein Verlust des Vertrauens in die bestehenden Machtverhältnisse ableiten, sondern auch, dass man überhaupt keine Machtverhältnisse mehr will. In den Nachbarländern kann man dieses Phänomen ebenfalls beobachten. Auch dort wird Autorität nur noch eingeschränkt akzeptiert.

Werden denn die goldenen Türme der Macht in absehbarer Zeit einstürzen?
Ich denke, das hierarchische System wird zurückkehren, aber in anderer Form. Ich erwarte, dass der Mann sein Monopol auf die Spitzenstellungen aufgeben wird. Frauen nehmen heute schon wichtige Positionen ein, kommen sogar bis in die Chefetagen, und das werden sie auch in Zukunft tun. Also wird der Mann auch seine Funktion als Familienernährer verlieren. Das wird nicht einfach für ihn sein. Wenn Frauen diese Aufgabe übernehmen, müssen sie im Gegenzug jedoch ihr Kinder- und Familienmonopol abtreten, was für sie wie für die Familie ebenso wenig leicht sein wird. Wir erkennen einen klaren Trend der Ablösung der Mutter von den Kindern. Wir sehen sogar mehr und mehr - beängstigend oft sogar - Mütter, die ihre Kinder im Stich lassen. Von Hausärzten habe ich Dutzende solcher Fälle gehört. Vergangene Woche wurde ich sogar zu einer Familie gerufen, in der eine junge Mutter von fünf Kindern ohne ein Abschiedswort gegangen war.

Ist die Bindung zwischen Mutter und Kindern nicht in erster Linie biologischer Art?
Aus dem, was wir beobachten, können wir schließen, dass die Familienbindung weniger biologisch bestimmt ist, als lange angenommen wurde. Diese Bindung ist zumindest teilweise auch kulturell bestimmt. Wenn Mütter ihre Kinder verlassen, müssen die Väter deren Aufgaben übernehmen. Sie werden nicht nur im Geiste mehr zum Vater, sondern sind auch in der Realität gezwungen, ihrer Vaterrolle zu entsprechen. Das halte ich nicht für schlecht.

Ein Mann, der allein verantwortlich ist, soll nun auch noch die Mutterrolle übernehmen.
Der Mann wird einige Aufgaben übernehmen, die früher von seiner Frau erledigt wurden, aber er wird natürlich selbst nicht zur Frau. Die Auswirkungen all der Aufgaben-Umverteilung zwischen Mann und Frau hat eine Reihe positiver Auswirkungen. Lange Zeit ging man davon aus, dass bestimmte Funktionen und Positionen geschlechtsgebunden seien. Diese Sichtweise verschwindet glücklicherweise zunehmend, ebenso wie die strenge Polarisierung so genannter »männlicher« und »weiblicher« Aufgaben.

Wir müssen also dem alten System nicht nachtrauern.
Ich sehe mit Sicherheit Probleme, aber auch Möglichkeiten. Die Auflösung aller Gruppenverbände führt zu Individualismus, zur Trennung von Liebe und Sexualität, zu einem vagen, flüchtigen oder schwebenden Charakter sehr vieler Beziehungen. Aber genau das bietet auch Möglichkeiten, alles wieder zu vereinen, die Familie, die Verwandtschaft, sogar Regionen und Länder, mit dem großen Vorteil, dass Menschen sich dann im Intimleben als Paar wie auch außerhalb davon auf freiwilliger Basis organisieren können. Die von Kirche oder Staat vorgeschriebene Moral wird nicht mehr hingenommen. Das ist der große Vorteil unseres heutigen Individualismus. Früher war man zwangsläufig Teil einer Gruppe, und die Gruppe stand immer und überall an erster Stelle. Heute denkt jeder zuerst an sich selbst und erst

dann an die Interessen der Familie oder der Gesellschaft. Viele Menschen scheinen sogar jedes Gemeinschaftsgefühl verloren zu haben. Lange kann das nicht gut gehen. Der extreme Individualismus ist zwangsläufig ein vorübergehendes Phänomen, denn die großen und kleinen Probleme im Zusammenleben werden wir gemeinsam lösen müssen. Wenn etwa die Hälfte der Ehen mit Scheidung endet, läuft etwas falsch. Das einengende Ehesystem ist ein Überbleibsel der von Kirche und Staat dominierten Gesellschaft. Daher wird dieses System mit ihnen zusammen verschwinden. Aber aus der neuen Freiheit muss eine neue Gruppenbildung erwachsen, auch im Intimbereich. Die Anwesenheit von Vater und Mutter in der Familie ist zu wichtig, als dass sie einfach verloren gehen darf. Auf der Grundlage der Freiheit müssen die familiären Bindungen in irgendeiner Form wiederhergestellt werden.

Und wenn wir das alles nicht möchten, wenn wir die Freiheit, die wir jetzt haben, behalten wollen?
Im Interesse der nächsten Generation muss sich eine neue Familiensituation herausbilden. Es ist unser aller Aufgabe, heranwachsenden jungen Menschen in der Pubertät in kleinen wie in großen Zusammenhängen die Liebe erfahrbar zu machen. Wir können lange über die Liebe reden; wir können viel darüber schreiben; wir können sie analysieren und alle ihre Aspekte besprechen. Aber ein Kind lässt sich nichts vormachen. Es spürt, ob in der Familie Liebe herrscht oder nicht. Die Mutter- und die Vaterfigur sind von enormer Bedeutung, weil sie unser ganzes Leben prägen. Ein amerikanischer Psychoanalytiker schrieb einmal, selbst die besten Paare gingen niemals zu zweit, sondern immer zu sechst ins Bett; denn die Eltern beider Partner lägen gewissermaßen mit im Bett. Wir kommen nicht um die Familie herum.

Glaubst du wirklich an eine bessere Welt?
Ich habe viel Vertrauen in die Zukunft. Ich glaube, dass immer mehr Menschen einsehen, dass Sex allein nicht glücklich macht, ebenso wenig wie die romantische Liebe

ohne körperliche Lust wahres Glück bringt. Wahre Liebe ist gerade die typisch menschliche Kombination aus beiden. Wenn Liebe die Grundlage wird, auf der die Geschlechter miteinander verkehren, und wenn daraus eine freie, harmonische Paarbildung entsteht, wird sich so manche Familiensituation bessern. Man wird sich automatisch mehr Zeit für die Kinder nehmen und weniger an materiellen Wohlstand und an Leistung denken. Wenn wir unserer Art des Zusammenlebens im Familienbereich größere Aufmerksamkeit widmen würden, hätte das auch Auswirkungen auf die Gesellschaft. Und das ist zur Zeit dringend nötig. Gesetze können das sicher nicht leisten, das können nur die Menschen selbst.

Du meinst wohl: Wenn es mehr Liebe zwischen zwei Menschen gibt, dann gibt es auch mehr Liebe in der Familie und damit auch mehr Liebe in der Welt. Das sind ja sehr optimistische Töne.
Ja, ich sehe hoffnungsvoll in die Zukunft. Zum ersten Mal in der Geschichte der Menschheit bekommen wir die Chance, in Freiheit eine neue Art des Zusammenlebens zu finden – nicht durch eine von oben vorgeschriebene Entwicklung, sondern durch ein Wachstum von unten. Diese einmalige Chance müssen wir alle zusammen nutzen.